jetzt lerne ich **TYPO3**

Unser Online-Tipp
für noch mehr Wissen …

informit.de

Aktuelles Fachwissen rund um die Uhr
– zum Probelesen, Downloaden oder
auch auf Papier.

www.informit.de

jetzt lerne ich

TYPO3

Ihr Einstieg in das Content-Management-System, inkl. TypoScript

DIRK LOUIS

Markt+Technik

Bibliografische Information der Deutschen Nationalbibliothek
Die Deutsche Nationalbibliothek verzeichnet diese Publikation in der Deutschen
Nationalbibliografie; detaillierte bibliografische Daten sind im Internet
über http://dnb.d-nb.de abrufbar.

Die Informationen in diesem Produkt werden ohne Rücksicht auf einen
eventuellen Patentschutz veröffentlicht.
Warennamen werden ohne Gewährleistung der freien Verwendbarkeit benutzt.
Bei der Zusammenstellung von Texten und Abbildungen wurde mit größter
Sorgfalt vorgegangen.
Trotzdem können Fehler nicht vollständig ausgeschlossen werden.
Verlag, Herausgeber und Autoren können für fehlerhafte Angaben
und deren Folgen weder eine juristische Verantwortung noch
irgendeine Haftung übernehmen.
Für Verbesserungsvorschläge und Hinweise auf Fehler sind Verlag und
Herausgeber dankbar.

Alle Rechte vorbehalten, auch die der fotomechanischen Wiedergabe und der Speicherung
in elektronischen Medien. Die gewerbliche Nutzung der in diesem Produkt gezeigten
Modelle und Arbeiten ist nicht zulässig.

Fast alle Hardware- und Softwarebezeichnungen und weitere Stichworte und sonstige
Angaben, die in diesem Buch verwendet werden, sind als eingetragene Marken geschützt.
Da es nicht möglich ist, in allen Fällen zeitnah zu ermitteln, ob ein Markenschutz besteht,
wird das ® Symbol in diesem Buch nicht verwendet.

Umwelthinweis:
Dieses Buch wurde auf chlor- und säurefreiem PEFC-zertifiziertem Papier gedruckt.
Um Rohstoffe zu sparen, haben wir auf Folienverpackung verzichtet.

10 9 8 7 6 5 4 3 2 1

12 11 10

ISBN 978-3-8272-4516-8

© 2010 by Markt+Technik Verlag,
ein Imprint der Pearson Education Deutschland GmbH,
Martin-Kollar-Straße 10–12, D-81829 München/Germany
Alle Rechte vorbehalten
Lektorat: Brigitte Bauer-Schiewek, bbauer@pearson.de
Herstellung: Martha Kürzl-Harrison, mkuerzl@pearson.de
Sprach- und Fachlektorat: Petra Alm
Coverkonzept: independent Medien-Design, Widenmayerstraße 16, 80538 München
Covergestaltung: Thomas Arlt, tarlt@adesso21.net
Satz: text&form GbR, Fürstenfeldbruck
Druck und Verarbeitung: Kösel, Krugzell (www.KoeselBuch.de)
Printed in Germany

Übersicht

Ein Wort vorab		15
1	Installation und Einrichtung oder ... 1-2-3 TYPO3	17
Teil I: Grundtechniken		**39**
2	Darf ich bekannt machen: TYPO3	41
3	In fünfzehn Minuten zur ersten Webseite	61
4	Text, Bilder, Hyperlinks, Tabellen und Co.	107
5	Individuelle Layouts mit eigenem Template und CSS	131
Teil II: Content Management		**167**
6	Von der Seite zur Site	169
7	Designvorlagen	195
8	Menüs und Klickpfade	215
Teil III: Weiterführende Themen		**233**
9	Formulare, Suche und die Erweiterungen	235
10	Grafikbearbeitung	255
11	Tipps und hilfreiche Techniken	271
Anhang A: Lösungen		279
Anhang B: Inhalt der Buch-DVD		289
Anhang C: Installation		293
Anhang D: TYPO3-Site auf anderen Server transferieren		311
Anhang E: TypoScript-Referenz		315
Stichwortverzeichnis		347

Inhaltsverzeichnis

Ein Wort vorab		15
1	**Installation und Einrichtung oder ... 1-2-3 TYPO3**	17
1.1	Überlegungen zur Installation	17
1.1.1	TYPO3 stellt Ansprüche	18
1.1.2	Wie sollten Sie vorgehen?	19
1.2	TYPO3-Installation	22
1.2.1	Vorbereitende Maßnahmen	22
1.2.2	Entpacken der TYPO3-Archive	23
1.2.3	Konfiguration mit dem TYPO3-Installations-Tool	26
1.3	TYPO3 aufrufen	32
1.4	Backend-Sprache auf Deutsch umstellen	34
1.4.1	Übersetzung für deutsche Sprache importieren	34
1.4.2	Sprache für Benutzer einstellen	36
1.5	Für jedes Webprojekt eine eigene TYPO3-Site	37
1.6	Fragen und Übungen	38

Teil I: Grundtechniken 39

2	**Darf ich bekannt machen: TYPO3**	41
2.1	Backend und Frontend	41
2.1.1	Aufbau der Backend-Oberfläche	42
2.1.2	Kontextmenüs und Symbole	45
2.1.3	Eingabemasken	51
2.1.4	Caching	51
2.1.5	Automatische und manuelle Abmeldung	52
2.2	Alles Typo oder doch lieber Designvorlagen?	54
2.3	Seiten in TYPO3	56
2.3.1	Was aber entspricht den TYPO3-Seiten?	56
2.3.2	Wie werden TYPO3-Seiten aufgebaut?	57
2.4	Templates und TypoScript	57
2.5	Die Tour beenden	59
2.6	Fragen und Übungen	59
3	**In fünfzehn Minuten zur ersten Webseite**	**61**
3.1	Vorgehensweise	61
3.2	Vorbereitung der TYPO3-Site	63
3.3	Seite anlegen	66
3.4	Layout festlegen	68
3.4.1	Template auswählen	69
3.4.2	Die Standard-Templates	71
3.5	Seite mit Inhalt füllen	77
3.5.1	Die Eingabemaske für die Seiteninhaltselemente	77
3.5.2	Spaltenanzeige der Eingabemaske anpassen	78
3.5.3	Inhalte einfügen	80
3.5.4	Inhalte bearbeiten	91
3.6	Layout anpassen (= Template konfigurieren)	92
3.6.1	Das Modul Web/Template	93
3.6.2	Seitenaufteilung	97
3.6.3	Banner und Logo	98
3.6.4	TYPO3-Verweise	100
3.6.5	Formatierung mit CSS	101
3.6.6	Abschlussarbeiten	104
3.7	Fragen und Übungen	105

4	**Text, Bilder, Hyperlinks, Tabellen und Co.**	107
4.1	Grundlagen der Inhaltselemente	107
4.1.1	Die tt_content-Tabelle	107
4.1.2	Die Seiteninhaltsansicht	108
4.1.3	Die Listenansicht	111
4.1.4	Die Eingabemaske	113
4.1.5	Austauschbarkeit	113
4.1.6	Rendern	114
4.2	Überschriften	114
4.2.1	Erzeugung	114
4.2.2	Konfiguration	115
4.3	Text	116
4.3.1	Erzeugung	116
4.3.2	Konfiguration	116
4.4	Bilder	117
4.4.1	Erzeugung	117
4.4.2	Konfiguration	118
4.5	Aufzählungen	120
4.5.1	Erzeugung	120
4.5.2	Konfiguration	120
4.6	Tabellen	121
4.6.1	Erzeugung	121
4.6.2	Konfiguration	122
4.7	Hyperlinks	123
4.7.1	Erzeugung	123
4.7.2	Konfiguration	124
4.8	Dateiverweise	126
4.8.1	Erzeugung	126
4.8.2	Konfiguration	126
4.9	Medien	127
4.9.1	Erzeugung	127
4.9.2	Konfiguration	127
4.10	Sitemap	128
4.10.1	Erzeugung	128
4.10.2	Konfiguration	128
4.11	Reines HTML	129
4.11.1	Erzeugung	129
4.11.2	Konfiguration	129
4.12	Trennlinie	130
4.12.1	Erzeugung	130
4.13	Fragen und Übungen	130

5	Individuelle Layouts mit eigenem Template und CSS	131
5.1	Vorbereitung des Beispiels	132
5.1.1	Beispiel-Site herrichten	132
5.1.2	Template löschen	134
5.2	Neues Template anlegen	135
5.3	TypoScript-Grundkurs	136
5.3.1	Zum TypoScript-Editor wechseln	136
5.3.2	Erster Blick auf den Code	138
5.3.3	Das PAGE-Objekt	139
5.3.4	Ressourcen	141
5.3.5	Zuweisungen	144
5.3.6	Bedingungen	144
5.4	Das <div>-Layout vorgeben	145
5.4.1	Das anvisierte Layout	145
5.4.2	Umsetzung des Layouts in TypoScript	146
5.4.3	Template-Code testen	147
5.5	Formatierung mit CSS	150
5.5.1	Inline-Stile	150
5.5.2	Eingebettete Stildefinitionen	151
5.5.3	Externe CSS-Datei als Ressource hinzufügen	151
5.6	Die Seiteninhalte einlesen	156
5.6.1	Bilder und externer HTML-Code	156
5.6.2	Seiteninhaltselemente	158
5.6.3	Bildgrößen anpassen	161
5.7	Konstanten	163
5.8	Fragen und Übungen	165

Teil II: Content Management — 167

6	Von der Seite zur Site	169
6.1	Neue Seiten anlegen	170
6.1.1	Der Root-Knoten	170
6.1.2	Weitere Seiten anlegen und positionieren	171
6.1.3	Seiteneigenschaften	172
6.1.4	Meta-Informationen	177
6.2	Mehrere Seiten gleichzeitig anlegen	179
6.3	Mehrere Seiten gleichzeitig konfigurieren	180

6.4	Organisation des Seitenbaums	182
6.4.1	Aufnahme der späteren Webseiten	182
6.4.2	Template-Vererbung unterstützen	183
6.4.3	Menü-Navigationselemente nachbilden	184
6.4.4	Strukturierung mit nicht sichtbaren Verweis-Seiten	185
6.5	Seiten verschieben	186
6.6	Die Seitentypen	187
6.6.1	Seitentyp umstellen	188
6.6.2	Übersicht über die Seitentypen	190
6.7	Fragen und Übungen	194
7	**Designvorlagen**	**195**
7.1	Statische und dynamische Bereiche	196
7.2	Designvorlage erstellen	197
7.2.1	Komplette Übernahme oder Selektion?	200
7.2.2	Platzhalter (Marks)	201
7.2.3	Teilbereiche (Subparts)	201
7.3	Designvorlage einbinden	203
7.3.1	Designvorlage laden	204
7.3.2	Bilder und Pfade in der Designvorlage	206
7.3.3	Header ersetzen (CSS-Datei, Meta-Informationen etc.)	207
7.3.4	Platzhalter und Teilbereich-Markierungen austauschen	209
7.4	Noch einmal: das Konzept der Template-Vererbung	212
7.5	Fragen und Übungen	213
8	**Menüs und Klickpfade**	**215**
8.1	Menüs aufbauen	215
8.1.1	Die Menüpunkte	215
8.1.2	Die Menüzustände	218
8.1.3	Die Formatierung	219
8.2	Text-Menüs	219
8.2.1	Menü anlegen	220
8.2.2	Menüzustände definieren	224
8.3	Grafische Menüs	226
8.4	Untermenüs	228
8.5	Klickpfad	231
8.6	Fragen und Übungen	232

Teil III: Weiterführende Themen ... 233

9 Formulare, Suche und die Erweiterungen ... 235

9.1 Formulare ... 235
9.1.1 Formular anlegen ... 235
9.1.2 Formular anpassen ... 238
9.1.3 Empfänger angeben ... 240
9.1.4 Bestätigungsseite angeben ... 240
9.2 Suche ... 241
9.2.1 Suchfunktion einrichten ... 241
9.2.2 Suchformular anpassen ... 243
9.2.3 Ergebnistabelle anpassen ... 246
9.3 Das Extension-Repository (Erweiterungsbibliothek) ... 247
9.3.1 Übersicht ... 247
9.3.2 Herunterladen ... 249
9.3.3 Installieren ... 251
9.3.4 Verwenden ... 251
9.4 Das Frontend-Editing-Plugin ... 252
9.4.1 Installation des »Advanced Frontend Editing«-Plugins ... 252
9.4.2 Frontend-Bearbeitung ... 253
9.5 Fragen und Übungen ... 254

10 Grafikbearbeitung ... 255

10.1 Bilder und andere Ressourcendateien verwalten ... 255
10.1.1 Das Verzeichnis fileadmin ... 256
10.1.2 Dateiverwaltung mit dem Element-Browser ... 260
10.2 Bilder einfügen ... 262
10.2.1 Inhaltselemente Bild und Text m/Bild ... 262
10.2.2 TypoScript ... 262
10.2.3 Seitenressource ... 263
10.2.4 Designvorlage ... 265
10.2.5 Übersicht ... 265
10.3 Bilder mit TypoScript generieren ... 265
10.3.1 Text einblenden ... 267
10.3.2 Schatten erzeugen ... 268
10.3.3 Linien und Rechtecke ... 268
10.3.4 Bilder einblenden ... 269
10.4 Fragen und Übungen ... 270

11	**Tipps und hilfreiche Techniken**	**271**
11.1	Papierkorb anlegen	271
11.2	Caching ausschalten	273
11.3	E-Mail-Adressen verschlüsseln	273
11.4	Shortcuts einrichten	273
11.5	Benutzer anlegen	274
11.6	Seiten rekursiv löschen	276
11.7	Arbeitsumgebungen	276
11.8	Backend konfigurieren	277

Anhang A: Lösungen		**279**
Anhang B: Inhalt der Buch-DVD		**289**
B.1	Die Software	289
B.2	Die Dokumentationen	290
B.3	Die Beispiele	290
Anhang C: Installation		**293**
C.1	Der Winstaller für Windows	293
C.1.1	Bezug	293
C.1.2	Installation	294
C.1.3	Verwendung	295
C.1.4	Port-Belegung	296
C.1.5	Weitere TYPO3-Sites einrichten	297
C.2	XAMPP	299
C.2.1	Bezug	300
C.2.2	Installation	300
C.2.3	Verwendung	301
C.3	ImageMagick/GraphicsMagick	304
C.4	Seitenbaum exportieren	305
Anhang D: TYPO3-Site auf anderen Server transferieren		**311**
D.1	Erstellung einer neuen Site mit identischem Seitenbaum	311
D.2	Synchronisierung zweier TYPO3-Installationen	312
D.3	Backup-Dump einer Site	312
D.4	Wenn es Probleme gibt	312

Anhang E: TypoScript-Referenz 315
E.1 Grundlagen 316
E.1.1 Objekte, Eigenschaften und Datentypen 316
E.1.2 Bearbeitung im Backend 320
E.1.3 Auslagerung in externe Dateien 320
E.2 Syntax 321
E.2.1 Kommentare 321
E.2.2 Zuweisungen 322
E.2.3 Objektinstanzen kopieren, referenzieren und löschen 323
E.2.4 Konstanten 324
E.2.5 Bedingte Codeausführung 325
E.3 Objekt-Referenz 329
E.3.1 PAGE 329
E.3.2 TEXT 330
E.3.3 HTML 330
E.3.4 COA 331
E.3.5 FILE 331
E.3.6 IMAGE 331
E.3.7 GIFBUILDER 332
E.3.8 CONTENT 332
E.3.9 HMENU 333
E.3.10 TMENU 335
E.3.11 NO, ACT, CUR ... (TMENUITEM) 335
E.3.12 GMENU 336
E.3.13 CASE 337
E.3.14 FORM 337
E.3.15 TEMPLATE 338
E.4 Funktionen-Referenz 339
E.5 Feldnamen der Seiteneigenschaften 344
E.6 Feldnamen der Inhaltselemente 345

Stichwortverzeichnis 347

Ein Wort vorab

Es gibt Bücher, die den Eindruck erwecken, TYPO3 wäre ein Konfigurationstool für System- und Webadministratoren. Wieder andere vermitteln das Gefühl, dass TYPO3 ziemlich kompliziert wäre oder dass man Programmierer sein müsste, um mit TypoScript arbeiten zu können.

Dieser Eindruck täuscht. Damit soll allerdings keineswegs die Qualität oder der Nutzen besagter Bücher in Abrede gestellt werden. Ich möchte lediglich deutlich zum Ausdruck bringen, dass dieses Buch einen anderen Ansatz verfolgt: Das vorliegende Buch wurde für Webdesigner und andere Interessierte geschrieben, die

- bereits über eine gewisse Erfahrung in der Erstellung von Webseiten sowie der Formatierung mit CSS verfügen,
- die sich nun auch die Möglichkeiten des Content Management-Systems TYPO3 erschließen möchten und
- denen es Freude macht zu sehen, wie ihre Ideen Klick für Klick Gestalt annehmen.

Um dabei insbesondere Lesern, die noch über keinerlei Erfahrung im Umgang mit Content Management-Systemen verfügen, den Einstieg zu erleichtern, werden Sie sich in diesem Buch quasi in drei Stufen in TYPO3 einarbeiten:

1. Stufe

Auf der ersten Stufe werden Sie, nachdem Sie TYPO3 auf Ihrem lokalen Rechner installiert haben, eine erste einfache Website (bestehend aus einer einzigen Seite) erstellen. Dabei werden Sie

- sich mit der Backend-Oberfläche bekannt machen,

- lernen, wie Sie Inhaltselemente (Überschriften, Textblöcke, Bilder etc.) generieren und auf einer Webseite platzieren,
- mehr über verschiedene Schlüsselkonzepte von TYPO3 erfahren.

2. Stufe

Auf der ersten Stufe nutzen wir für Design und Formatierung unserer Webseite eines der vordefinierten TYPO3-Templates. In der zweiten Stufe befreien wir uns von den Beschränkungen, die uns dieser Ansatz auferlegt, und erstellen ein eigenes Template für unser Design. Sie lernen auf dieser Stufe

- wie man mit TYPO3-Templates arbeitet,
- was TypoScript ist und wie man in dieser Sprache »programmiert«,
- wie Sie mit TypoScript Templates schreiben, die aus den in der Datenbank abgelegten Inhaltselementen Webseiten zusammenbauen,
- wie Sie CSS-Stylesheets nutzen können, um das Layout und die Formatierung der Webseiten festzulegen.

3. Stufe

Auf der dritten Stufe machen wir den Schritt von der einzelnen Seite zu einer umfangreicheren Website. Außerdem nutzen wir die besonderen Vorteile eines Content Management-Systems, um dynamische Inhalte (wie z.B. Menüs, Klickpfade oder wechselnde Texte/Bilder) automatisch generieren zu lassen. Dabei lernen Sie,

- wie Sie Seiten effizient anlegen und konfigurieren,
- wie Sie HTML-Vorlagen als Ausgangspunkt eines Designs verwenden können (der von TYPO3-Profis wohl am häufigsten verwendete Ansatz),
- wie Sie textbasierte oder grafische Menüs erstellen,
- wie Sie Klickpfade, Formulare und andere Elemente erstellen,
- wie Sie die Möglichkeiten Ihrer TYPO3-Installation durch TYPO3-Erweiterungen ausbauen.

Nicht behandelt werden dagegen die Bearbeitung von TYPO3-Sites durch Redakteure (d.h. Personen, die den Inhalt der Site pflegen) bzw. die Punkte, die zu beachten sind, um eine TYPO3-Site so zu konfigurieren, dass sie möglichst sicher und effizient von Redakteuren bearbeitet werden kann. Zu diesem Thema gibt es mittlerweile eine recht umfangreiche Fachliteratur.

Sie sehen, es gibt viel zu lernen. Packen wir's an!

Dirk Louis

Website zum Buch: *www.carpelibrum.de*

E-Mail-Kontakt über: *www.carpelibrum.de/autoren_kontakt.html*

KAPITEL 1

Installation und Einrichtung oder ... 1-2-3 TYPO3

jetzt lerne ich

In diesem Kapitel erfahren Sie, wie Sie TYPO3 auf Ihrem Rechner installieren können. Anschließend werden Sie die Installation testen und die TYPO3-Oberfläche auf die deutsche Sprache umstellen. Zum Abschluss erkläre ich Ihnen, wie Sie für jedes neue Webprojekt, das Sie beginnen, eine eigene TYPO3-Instanz anlegen.

1.1 Überlegungen zur Installation

Wenn Sie später mit TYPO3 erstellte Websites im Web veröffentlichen (siehe Anhang D), benötigen Sie natürlich eine geeignete TYPO3-Installation auf einem Produktionsserver. Für die Einarbeitung in TYPO3 sollten Sie aber unbedingt mit einer lokalen Installation auf Ihrem eigenen Rechner arbeiten. Erstens ist es in der Regel bequemer, zweitens können Sie frei experimentieren, drittens schonen Sie die Ressourcen des Produktionsservers und viertens müssen Sie keine Angst haben, durch irgendwelche unbedachten Aktionen die Konfiguration und Funktionsweise des Webservers oder dessen TYPO3-Installation zu zerstören.

Richten Sie sich eine lokale TYPO3-Installation ein!

Die lokale TYPO3-Installation auf Ihrem Rechner können Sie im Bedarfsfall jederzeit ohne große Schwierigkeiten löschen und durch eine fehlerfreie Neuinstallation ersetzen.

1.1.1 TYPO3 stellt Ansprüche

Berücksichtigt man die enormen Möglichkeiten von TYPO3 klingt es fast zynisch, TYPO3 als eine simple Sammlung von PHP-Skripten zu bezeichnen – und doch ist es wahr[1]. Und entsprechend einfach ist die Installation: Im Grunde müssen Sie lediglich zwei Archiv-Dateien herunterladen und in ein Verzeichnis unter dem Dokumentenverzeichnis Ihres Webservers entpacken – fertig!

Der eine oder andere Leser wird jetzt allerdings stutzen: »das Dokumentenverzeichnis meines Webservers?« Nun, dies ist die schlechte Nachricht: Damit aus einem TYPO3-Archiv ein lebendiges, funktionierendes TYPO3-System wird, muss es in eine spezielle Umgebung entpackt werden, bestehend aus:

- einem Webserver ...

    In der Regel ist dies der Apache-Server[2]. Seit kurzem ist aber auch eine Installation unter dem IIS von Microsoft möglich.

- ... mit PHP[3] inklusive GDLib-Unterstützung und FreeType

    Für die TYPO3-Version 4.3.0 wird PHP 5.2 oder höher benötigt.

- MySQL[4]

    Als zugrunde liegende Datenbank. Empfohlen wird MySQL 4.0.18 und höher.

- GraphicsMagick[5]

    Nicht unbedingt nötig, aber sehr empfehlenswert und für das Nachvollziehen der Beispiele in diesem Buch notwendig ist die Installation der Bildbearbeitungssoftware GraphicsMagick. (Frühere Versionen von TYPO3 konnten nur mit ImageMagick zusammenarbeiten.) TYPO3 nutzt diese für automatische Konvertierungen, Beschriftungen von Grafiken oder die Erstellung von Thumbnails.

Glücklicherweise bedeutet ein lokaler Rechner, auf dem keine oder nur einzelne dieser Technologien zu finden sind, nicht automatisch, dass man sich auf einen Installationsmarathon begeben muss.

---

1. Diskutieren ließe sich allerdings über die Titulierung »simple«.
2. Apache-Server: *http://httpd.apache.org*
3. PHP: *http://www.php.net*
4. MySQL-DBMS: *http://dev.mysql.com*
5. GraphicsMagick: *http://www.graphicsmagick.org/*

1.1.2 Wie sollten Sie vorgehen?

Abhängig von der Ausgangskonfiguration Ihres lokalen Systems bieten sich drei verschiedene Installationsverfahren an:

- die Komplett-Installation
- die reine TYPO3-Installation
- die Quick-and-Easy-Installation

Die Komplett-Installation mit XAMPP und TYPO3

Wenn auf Ihrem System weder ein Webserver noch MySQL installiert sind, empfiehlt sich folgende Vorgehensweise:

Kein Webserver, kein MySQL

1. Installation des XAMPP-Pakets (wodurch in wenigen Schritten eine funktionierende Apache-MySQL-PHP-Umgebung bereitgestellt wird, siehe Anhang C.2).
2. Installation von TYPO3 in das *htdocs*-Dokumentenverzeichnis des Apache-Servers (siehe Abschnitt 1.2).
3. Installation von GraphicsMagick unter XAMPP (siehe Anhang C.3).

Wenn auf Ihrem Rechner bereits ein Apache-Server oder gar MySQL installiert ist, müssen Sie mit dem XAMPP-Paket vorsichtig sein, da es zu Konflikten mit den bestehenden Servern kommen kann (dies betrifft insbesondere MySQL). In diesem Fall haben Sie drei Alternativen:

Webserver oder MySQL vorhanden

- Wenn Sie auf die bestehenden Server verzichten können bzw. diese durch die Server der XAMPP-Installation **ersetzen** möchten, legen Sie Backups Ihrer MySQL-Datenbanken bzw. der unter dem Apache-Server installierten Websites an und deinstallieren Sie die alten Server. Anschließend führen Sie die oben skizzierten Schritte durch.

- Wenn Sie die bestehende Systemkonfiguration möglichst unverändert beibehalten wollen, können Sie versuchen, mithilfe eines TYPO3-Installers eine vollständige TYPO3-Umgebung **parallel zu den bestehenden Servern einzurichten**.

  Mit dem Winstaller für Windows klappt dies in der Regel sehr gut (siehe Anhang C.1).

  Der TYPO3-Installer für Linux ist etwas heikler und überschreibt auf jeden Fall eine etwaig vorhandene MySQL-Installation. (Eine Anleitung zur Verwendung des Installers finden Sie unter *http://www.typo3-installer.de/index.php?id=693*, von wo Sie ihn auch herunterladen können.)

  Der Installer für Max OS soll recht gut sein, ich konnte ihn aber nicht selbst testen. (Eine Anleitung zur Verwendung des Installers finden Sie unter *http://www.in-genia.de/t3dmg.0.html*, von wo Sie ihn auch herunterladen können.)

  Achtung! Sichern Sie auf jeden Fall vor der Installation etwaige MySQL-Datenbanken oder die unter dem Apache-Server installierten Websites.

- Schließlich gibt es natürlich die Möglichkeit, das **bestehende System manuell so auszubauen**, dass es den Ansprüchen von TYPO3 genügt. (Tipp: TYPO3 kann Ihnen bei der Aufrüstung Ihres Systems helfen. Wenn Sie es so weit geschafft haben, dass TYPO3 unter dem Apache installiert ist, können Sie mithilfe des TYPO3-Installations-Tools die bestehende Konfiguration überprüfen und sich auf fehlende oder veraltete Komponenten hinweisen lassen.)

Die reine TYPO3-Installation

Apache mit PHP und MySQL vorhanden

Wenn auf Ihrem System die geforderte Unterstützungsumgebung für TYPO3 vorhanden ist (beispielsweise in Form einer XAMPP-Installation, siehe Anhang C.2), genügen im Wesentlichen drei Schritte, um TYPO3 zu installieren:

1. Sie entpacken die benötigten TYPO3-Archive in ein Verzeichnis unter dem Dokumentenverzeichnis des Apache-Servers.
2. Sie legen eine MySQL-Datenbank für das aktuelle Webprojekt an.
3. Sie nutzen das TYPO3-Installations-Tool, um die bestehende Systemkonfiguration zu überprüfen.

In Kapitel 1.2 wird dies detailliert beschrieben. Wie Sie gegebenenfalls GraphicsMagick nachrüsten, erfahren Sie in Anhang C.3.

Die reine TYPO3-Installation gestaltet sich in der Regel recht problemlos (vor allem bei Einbettung in eine passende XAMPP-Installation). Sollten Sie dennoch mit Schwierigkeiten zu kämpfen haben oder einfach den Aufwand scheuen, bleibt immer noch die Alternative, einen Installer zu verwenden:

Die Quick-and-Easy-Installation mit Installern

Vor allem der Installer für Windows ist schnell installiert und eignet sich für fast jedes System.

Installer sind Installationspakete, die zusammengestellt wurden, um den Aufwand für die Einrichtung einer vollständigen, funktionierenden TYPO3-Umgebung soweit es geht zu reduzieren und zu automatisieren. Zum Ausprobieren von TYPO3 sind sie nahezu ideal.[1]

Trotzdem möchte ich Ihnen raten, es zuerst mit der nachfolgend beschriebenen manuellen Installation der TYPO3-Archive zu versuchen (gegebenenfalls in Kombination mit einem XAMPP-Paket). Auf diese Weise lernen Sie gleich eine ganze Menge über Ihr TYPO3-System, und der zu betreibende Mehraufwand hält sich dennoch in Grenzen.

Sollten Sie aber auf Schwierigkeiten stoßen – oder einfach zu ungeduldig sein –, spricht auch nichts dagegen, auf einen der angebotenen Installer zurückzugreifen, um leichter über die Hürde der Installation hinwegzukommen und schneller mit der Einarbeitung in TYPO3 beginnen zu können.

---

1. Aber auch professionelle TYPO3-Designer können von den Installern profitieren – beispielsweise um für die Zugfahrt zur nächsten TYPO3-Konferenz schnell noch ein lauffähiges TYPO3-System auf dem Laptop zu installieren.

Überlegungen zur Installation

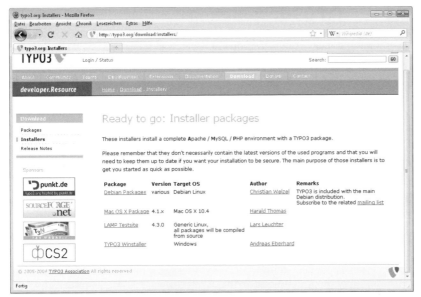

Abb. 1.1:
Auf der TYPO3-Website werden diverse Installer-Pakete für die verschiedenen Betriebssysteme angeboten.

Unter *http://typo3.org/download/installers* finden Sie Links zu Installern für alle unterstützten Betriebssysteme. Eine ausführliche Beschreibung zum Winstaller für Windows, inklusive Hinweise zur Verwendung in Kombination mit diesem Buch, finden Sie in Anhang C.1. Auf die Installer für Linux und Mac OS gehe ich nicht weiter ein. Der Mac OS X-Installer[1] soll sehr gut sein, einer eigenen Einschätzung muss ich mich allerdings mangels Mac-PC enthalten Die Linux-Installer[2] haben zum Teil ihre Tücken und greifen unter Umständen in die Systemkonfiguration ein. Werfen Sie also auf jeden Fall einen Blick in die Installationsskripte oder Dokumentationen und überlegen Sie sich, ob eine manuelle Installation der TYPO3-Archive (in eine bestehende Apache-Umgebung oder eine XAMPP-Installation) nicht doch die einfachere Alternative ist.

Installer eignen sich nicht für die Installation auf Internet-Rechnern, da sie nicht gegen unautorisierte Zugriffe abgesichert sind.

---

1. Folgen Sie von *http://typo3.org/download/installers* aus dem Link *Mac OS X Package* zu der Adresse *http://www.in-genia.de/t3dmg.0.html* und laden Sie eines der angebotenen Pakete herunter. Ausführliche Erläuterungen zur Installation finden Sie auf der TYPO3-Website unter *http://typo3.org/documentation/document-library/extension-manuals/doc_inst_macosx/current/*.

2. Folgen Sie zum Beispiel von *http://typo3.org/download/installers* aus dem Link *LAMP Testsite* zu der Adresse *http://www.typo3-installer.de/index.php* und laden Sie sich das Paket *fullpackage.tar.gz* und das zugehörige Build-Skript *build4.1_full.sh* herunter. (Achtung! Das Build-Skript löscht bestehende MySQL-Datenbanken. Legen Sie sich Sicherungskopien an.)

1.2 TYPO3-Installation

Sie haben nun nach bestem Wissen und Gewissen dafür gesorgt, dass auf Ihrem lokalen Rechner eine passende Unterstützungsumgebung eingerichtet ist – beispielsweise, indem Sie XAMPP installiert haben (siehe Anhang C.2). Die nächsten Schritte sind nun:

1. **Vorbereitung**: Sie müssen die Archiv-Pakete für TYPO3 herunterladen (bzw. von der Buch-DVD kopieren) und unter dem Dokumentverzeichnis Ihres Webservers ein Verzeichnis für die neu anzulegende TYPO3-Site einrichten.
2. **Entpacken**: Sie müssen die Archiv-Pakete in das angelegte Verzeichnis entpacken.
3. **Datenbankverbindung**: Mithilfe des 1-2-3-Tools müssen Sie eine MySQL-Datenbank für die TYPO3-Site anlegen oder auswählen.
4. **Testen**: Mithilfe des Installations-Tools von TYPO3 können Sie abschließend die Installation prüfen und eventuell nachbessern. Insbesondere die Bildbearbeitungssoftware GraphicsMagick muss meist nachgerüstet werden.

> ### Die TYPO3-Pakete
>
> Für eine TYPO3-Installation benötigen Sie zwei Pakete:
>
> - das *TYPO3 Source*-Paket – welches die eigentliche TYPO3-Funktionalität enthält, der sogenannte TYPO3-Kern
>
> - das *Dummy*-Paket – welches ein Grundgerüst zur Verfügung stellt, das als Ausgangspunkt für jedes mit TYPO3 zu bearbeitende Webprojekt zu verwenden ist
>
> Mit anderen Worten: Für jede neue Website, die Sie mit TYPO3 erstellen oder bearbeiten möchten, müssen Sie ein eigenes Verzeichnis anlegen, in welches Sie das *Dummy*-Paket entpacken und das Sie mit dem Code aus dem *TYPO3 Source*-Paket verbinden müssen. Letzteres geschieht unter Linux mithilfe eines symbolischen Links und unter Windows durch Entpacken in das Verzeichnis.

1.2.1 Vorbereitende Maßnahmen

Als Vorbereitung besorgen wir uns die beiden TYPO3-Pakete, starten die Server und legen unter dem Dokumentenverzeichnis des Apache ein neues Verzeichnis namens *Beispielsite* für unsere erste TYPO3-Site an:

1. Die komprimierten Archive für die beiden Pakete *Dummy* und *TYPO3 Source* finden Sie auf der Buch-DVD im Verzeichnis *Software/<IhrBetriebssystem>/TYPO3*.

   Ansonsten können Sie die Pakete der jeweils aktuellsten TYPO3-Version von der Website *http://typo3.org/download/packages/* herunterladen.

2. Starten Sie den Apache-Server und das MySQL-DBMS.

   Wie Sie dazu vorgehen, hängt von Ihrem System ab. Schlagen Sie die zugehörigen Befehle gegebenenfalls in den Server-Dokumentationen nach. (Wenn Sie, wie im Anhang C.2 beschrieben, XAMPP installiert haben, finden Sie die zugehörigen Befehle für Ihr Betriebssystem ebenfalls in Anhang C.2.)

3. Legen Sie unter dem Dokumentenverzeichnis Ihres Webservers ein neues Verzeichnis namens *Beispielsite* an.

   Für XAMPP lautet das Dokumentenverzeichnis z.B.*<xampp_verzeichnis>/htdocs*, d.h., Sie müssen ein Verzeichnis *<xampp_verzeichnis>/htdocs/Beispielsite* anlegen (siehe hierzu auch den nachfolgenden Warnhinweis und Abbildung 1.2). Unter Windows erstellen Sie das Verzeichnis am einfachsten vom Windows Explorer aus (Befehl DATEI/NEU/ORDNER). Linux-Anwender melden sich am besten in der Konsole als *root* an, wechseln in das Dokumentenverzeichnis (*/opt/lampp/htdocs*) und erstellen dann mit dem Befehl `mkdir Beispielsite` das gewünschte Verzeichnis.

   Wenn Sie mit einer alleinstehenden Apache-Installation arbeiten, lautet das Dokumentenverzeichnis ebenfalls *htdocs*, befindet sich aber unter dem Installationsverzeichnis des Apache-Servers.

Obwohl es in der XAMPP-Installation auch ein Verzeichnis *apache* gibt, lautet das Dokumentenverzeichnis tatsächlich nur *htdocs* und nicht etwa *apache/htdocs*, wie es bei einer reinen Apache-Installation der Fall wäre.

1.2.2 Entpacken der TYPO3-Archive

Bei diesem Schritt entpacken Windows-Benutzer beide Pakete in das neu angelegte Verzeichnis für die Website. Linux-Anwender entpacken nur das *Dummy*-Paket in das neu angelegte Verzeichnis, während das *Typo Source*-Paket in das übergeordnete *htdocs*-Verzeichnis kommt.

Windows

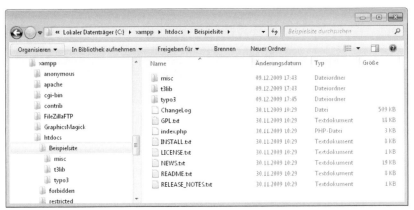

Abb. 1.2: Das Beispielsite-Verzeichnis nach Entpacken des TYPO3 Source-Pakets

1. Entpacken Sie den Inhalt des *TYPO3 Source*-Pakets (*typo3_src-4.X.X.zip*[1], wobei 4.X.X für die Versionsnummer steht) in das im vorangehenden Abschnitt erstellte *Beispielsite*-Verzeichnis.

   Entpacken Sie dazu das Archiv zuerst unter Beibehaltung der Pfadangaben in ein beliebiges Verzeichnis, wo Sie es später wieder löschen. Dann wechseln Sie in das soeben extrahierte Verzeichnis *typo3_src-4.X.X* und verschieben **dessen Inhalt** in das *Beispielsite*-Verzeichnis. Das leere Verzeichnis *typo3_src-4.X.X* können Sie danach wieder löschen.

   Besitzer von Windows Vista oder Windows 7 können es sich etwas einfacher machen: Klicken Sie einfach im Ordnerbereich des Windows Explorers auf das Pfeilsymbol vor der ZIP-Datei *typo3_src-4.X.X.zip* und anschließend auf das Verzeichnis *typo3_src-4.X.X*. Danach wählen Sie durch Drücken der Tastenkombination [Strg]+[A] den gesamten Inhalt des Verzeichnisses aus[2] und verschieben diesen durch Ziehen mit der Maus in das *Beispielsite*-Verzeichnis.

2. Entpacken Sie auf die gleiche Weise den Inhalt des *Dummy*-Pakets (*dummy-4.X.X.zip*[3], wobei 4.X.X für die Versionsnummer steht) in das *Beispielsite*-Verzeichnis.

   Stören Sie sich nicht daran, dass hierbei gleichlautende Dateien aus dem *TYPO3 Source*-Paket überschrieben werden.

Danach sollte Ihr *Beispielsite*-Verzeichnis wie in Abbildung 1.3 aussehen.

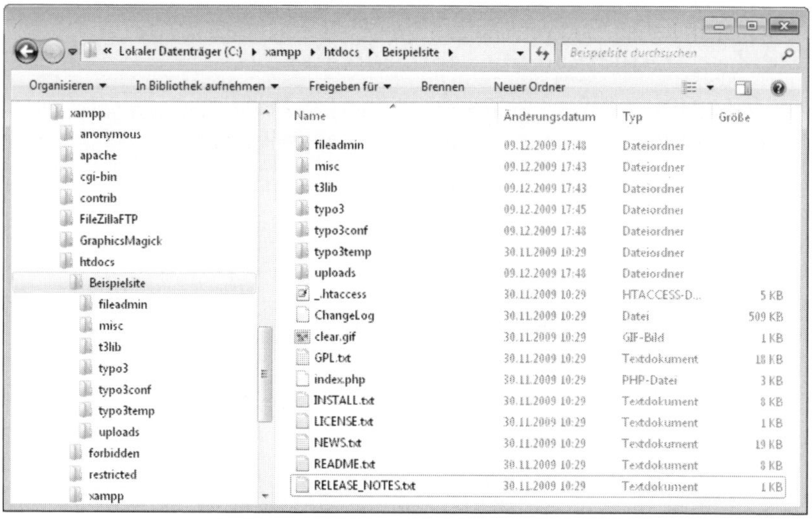

Abb. 1.3: So sollte Ihr Beispielsite-Verzeichnis nach der Installation der beiden TYPO3-Pakete aussehen.

---

1. Für dieses Buch wurde die Version 4.3.0 verwendet, die Sie auch auf der Buch-DVD finden.
2. Dies funktioniert nur, wenn die ZIP-Datei zuvor auf einen beschreibbaren Datenträger (z.B. die Festplatte) kopiert wurde.
3. Für dieses Buch wurde die Version 4.3.0 verwendet, die Sie auch auf der Buch-DVD finden.

Es geht auch schneller

Die obige Anleitung zum Entpacken der TYPO3-Archive unter Windows spiegelt sehr schön wider, wie aus den drei Komponenten Verzeichnis, TYPO3-Kern und Site-Rahmen (Dummy) eine neue TYPO3-Site zusammengebaut wird. Das geschilderte Verfahren ist allerdings ein wenig umständlich und ich möchte Ihnen daher nicht verheimlichen, dass es auch einfacher und schneller geht:

Anstatt für die Site vorab ein eigenes Verzeichnis unter *htdocs* anzulegen, extrahieren Sie das Archiv *typo3_src+dummy-4.X.X.zip* (welches nur für Windows angeboten wird) direkt unter das *htdocs*-Verzeichnis. Danach finden Sie unter *htdocs* das Unterverzeichnis *typo3_src+dummy-4.X.X*, welches Sie einfach in den von Ihnen gewünschten Siteverzeichnisnamen umbenennen, in unserem Fall *Beispielsite*. Fertig.

Linux

1. Entpacken Sie den Inhalt des *TYPO3 Source*-Pakets (*typo3_src-4.X.X.zip*[1], wobei 4.X.X für die Versionsnummer steht) in das Dokumentenverzeichnis (!) Ihres Webservers.

   Kopieren Sie dazu das Archiv zuerst in das Dokumentenverzeichnis (für XAMPP wäre dies */opt/lampp/htdocs*). Melden Sie sich beispielsweise in der Konsole als *root* an, wechseln Sie in das Verzeichnis, in dem Sie das Paket abgelegt haben, und verschieben Sie es mit folgendem Befehl:

   ```
   mv typo3_src-4.X.X.tar.gz /opt/lampp/htdocs
   ```

   wobei Sie natürlich die korrekte Versionsnummer angeben und gegebenenfalls */opt/lampp/htdocs* durch Ihr Dokumentenverzeichnis ersetzen müssen.

   Wechseln Sie sodann in das Dokumentenverzeichnis und entpacken Sie das Archiv:

   ```
   cd /opt/lampp/htdocs
   tar -xzf typo3_src-4.X.X.tar.gz
   ```

   Danach können Sie das Archiv wieder löschen:

   ```
   rm typo3_src-4.X.X.tar.gz
   ```

2. Entpacken Sie auf die gleiche Weise den Inhalt des *Dummy*-Pakets (*dummy-4.X.X.zip*[2], wobei 4.X.X für die Versionsnummer steht) in das *Beispielsite*-Verzeichnis.

   ```
   mv dummy-4.X.X.tar.gz /opt/lampp/htdocs/Beispielsite
   cd /opt/lampp/htdocs/Beispielsite
   tar -xzf dummy-4.X.X.tar.gz
   ```

---

1. Für dieses Buch wurde die Version 4.3.0 verwendet, die Sie auch auf der Buch-DVD finden.
2. Für dieses Buch wurde die Version 4.3.0 verwendet, die Sie auch auf der Buch-DVD finden.

1 Installation und Einrichtung oder ... 1-2-3 TYPO3

Jetzt besteht das Problem, dass der Inhalt des *Dummy*-Pakets noch in einem Unterverzeichnis *dummy-4.X.X* statt in *Beispielsite* steht. Um diesen Missstand zu beheben, verschieben Sie den Inhalt des Unterverzeichnisses und löschen danach das Unterverzeichnis und das Archiv.

```
mv dummy-4.X.X/* .
rm dummy-4.X.X/ -R
rm dummy-4.X.X.tar.gz
```

3. Um Rechteproblemen vorzubeugen, können Sie jetzt noch die Zugriffsrechte auf die *Beispielsite* und den TYPO3-Kern erhöhen:

```
cd /opt/lampp/htdocs
chmod 777 typo3_src-4.X.X/ -R
cd /opt/lampp/htdocs/Beispielsite
chmod 777 * -R
```

Danach sollte Ihr *Beispielsite*-Verzeichnis wie in Abbildung 1.4 aussehen. Beachten Sie insbesondere, wie der symbolische Link *typo3_src* auf das direkt unter dem Dokumentenverzeichnis gelegene Verzeichnis *typo3_src_4.X.X* verweist, das wir in Schritt 1 angelegt haben und in dem sich der TYPO3-Kern befindet.

Abb. 1.4:
Aufbau des
Beispielsite-
Verzeichnisses
unter Linux

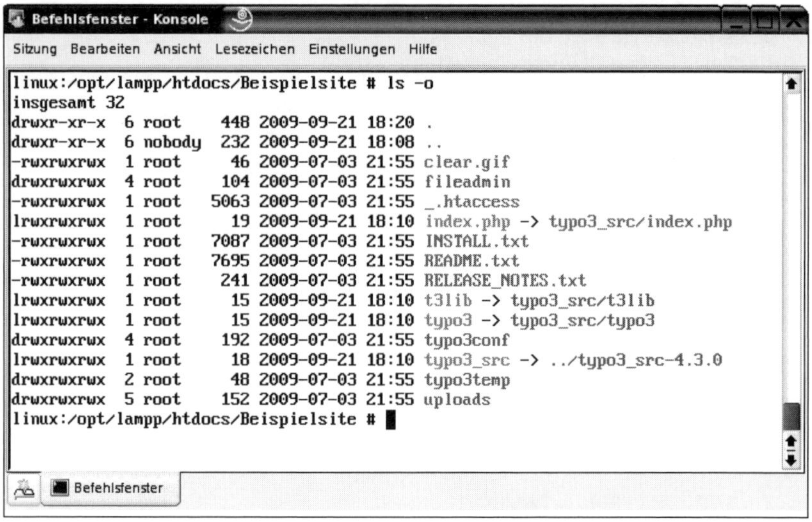

Hilfe zur Installation finden Sie auch in der Datei *INSTALL.txt* aus dem *TYPO3 Source*-Paket.

1.2.3 Konfiguration mit dem TYPO3-Installations-Tool

Von jetzt an geht es im Browser weiter. Mithilfe des TYPO3-Installations-Tools, das eigentlich besser »Konfigurations«-Programm heißen sollte, richten Sie Ihre TYPO3-Installation ein, stellen die Verbindungen zu den unterstützenden Programmen her und testen die Installation.

Das TYPO3-Installations-Tool ist einfach zu verwenden – vor allem im 1-2-3-Modus, in dem Sie im Grunde nur die Verbindung zur Datenbank herstellen. Zuvor aber möchte ich Sie noch auf einige Besonderheiten des Programms hinweisen:

- Damit das Installations-Tool (und später auch die TYPO3-Oberfläche) problemlos ausgeführt werden, muss Ihr Browser JavaScript, Popup-Fenster und Cookies zulassen. Wenn Sie diesbezüglich im Zweifel sind, kontrollieren Sie die Einstellungen Ihres Browsers bzw. achten Sie auf seine Meldungen.

- Das Programm wird standardmäßig im **1-2-3-Modus** ausgeführt, der Sie auf dem schnellsten Weg zu einer funktionierenden Installation führt. Daneben gibt es noch einen zweiten, ausführlicheren Modus, den Sie von der Startseite des Programms aus aktivieren können (siehe Ende dieses Abschnitts).

- Sie können das Programm jederzeit wieder aufrufen[1], um Ihre TYPO3-Installation umzukonfigurieren. Dies ist einerseits ganz nützlich, stellt aber andererseits für Ihre Installation ein gewisses Sicherheitsrisiko dar. TYPO3 fordert Sie daher mehrfach dazu auf, das Programm gegen Missbrauch durch Unbefugte abzusichern. Solange Sie TYPO3 aber nur testen bzw. sich in TYPO3 einarbeiten, können Sie die Sicherheitsempfehlungen in der Regel ignorieren.

- Nicht ignorieren lässt sich eine in manchen TYPO3-Versionen integrierte Sicherung: das Sperren des Installations-Tools nach Ablauf einer Stunde, siehe Kasten »The Install Tool is locked«.

»The Install Tool is locked«

Wenn Sie obige Meldung erhalten, ist das Installations-Tool von TYPO3 gesperrt. Um es zu entsperren, müssen Sie im Unterverzeichnis <*Installationsverzeichnis*>/*typo3conf* eine Datei namens *ENABLE_INSTALL_TOOL* anlegen. (Das Unterverzeichnis *typo3conf* stammt übrigens aus dem *Dummy*-Paket.)

Inhalt und Format der Datei sind nebensächlich. Entscheidend ist der Name – und dass die Datei keine Dateierweiterung trägt. Letzteres ist unter Windows nicht immer ganz einfach sicherzustellen. Eine Möglichkeit ist, mit dem Editor von Windows (START/PROGRAMME/ZUBEHÖR) eine Datei *ENABLE_INSTALL_TOOL.txt* anzulegen und dann in den Windows Explorer zu wechseln, wo Sie die Datei kopieren und die Kopie in *ENABLE_INSTALL_TOOL* (ohne Dateierweiterung) umbenennen können.

Wenn Sie das Installations-Tool schon einmal erfolgreich ausgeführt, TYPO3 auf Deutsch umgestellt und sich mit der TYPO3-Oberfläche ein wenig bekannt gemacht haben, können Sie die *ENABLE_INSTALL_TOOL*-Datei auch auf etwas einfachere Weise erstellen. Wählen Sie im TYPO3-Backend das

---

[1]. Neuerliche Aufrufe sind beispielsweise vom TYPO3-Backend aus möglich. Der Aufruf über die in Schritt 1 verwendete Adresse ist allerdings nach der Erstinstallation versperrt.

> Modul BENUTZERWERKZEUGE/EINSTELLUNGEN aus und wechseln Sie zur Registerkarte ADMINFUNKTIONEN. Dort finden Sie eine Schaltfläche zum Anlegen oder Löschen der Datei.
>
> Hinweis: Ist die Datei älter als eine Stunde, wird Sie von TYPO3 automatisch gelöscht.

1. Rufen Sie das TYPO3-Installations-Tool Ihrer Website auf.

   Starten Sie dazu Ihren Browser und geben Sie die Adresse Ihres lokalen Webservers (üblicherweise localhost oder 127.0.0.1), gefolgt von dem Namen des Installationsverzeichnisses ein, also:

   http://localhost/Beispielsite

   oder

   http://127.0.0.1/Beispielsite

   Leser, die ihre TYPO3-Site mithilfe des Winstallers eingerichtet haben, müssen an die Adresse des Webservers die Portnummer 8502 anhängen, also beispielsweise: *http://localhost:8502/Beispielsite* (siehe auch Erläuterungen in Anhang C.1.5). Leser, die XAMPP unter Linux verwenden, müssen evtl. zuvor die Ressourcenbeschränkungen von XAMPP heraufsetzen (siehe Anhang C.2.2).

   Leser, die eine ältere Webserver-Umgebung verwenden und eine Fehlermeldung wegen mangelndem Speicher erhalten, sollten versuchen, die Ressourcenbeschränkungen für PHP heraufzusetzen (siehe Anhang C.2.2).

2. Klicken Sie die nun erscheinende Sicherheitswarnung weg und es erscheint die Startseite des Installations-Tools (siehe Abbildung 1.5).

3. Geben Sie auf der ersten Seite die Administrator-Zugangsdaten zu Ihrem MySQL-Datenbankserver an. Anschließend drücken Sie auf CONTINUE.

   Falls Sie MySQL als Teil eines XAMPP-Pakets installiert haben (siehe Anhang C.2), melden Sie sich mit dem Username *root* und ohne Passwort an. Falls MySQL bereits auf Ihrem System eingerichtet war, ist das *root*-Passwort im Zuge der MySQL-Installation festgelegt worden. Wenn Sie selbst MySQL installiert haben, schauen Sie in Ihren Aufzeichnungen nach oder probieren Sie Ihre Standard-Passwörter aus. Ansonsten fragen Sie den zuständigen Administrator.

   Auf Ihrem lokalen System können Sie es sich erlauben, die Datenbanken ungeschützt zu lassen. Auf einem Produktionssystem würden Sie aber natürlich den Zugriff auf das Datenbanksystem mit einem Passwort absichern. Dies geschähe dann von XAMPP oder von MySQL aus. Im Installationsprogramm von TYPO3 geben Sie lediglich die eingerichteten Zugangsdaten an, damit TYPO3 Zugriff auf die Datenbank erhält.

TYPO3-Installation

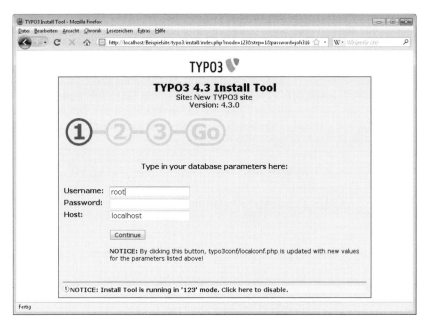

Abb. 1.5:
Startseite des TYPO3-Installations-Tools

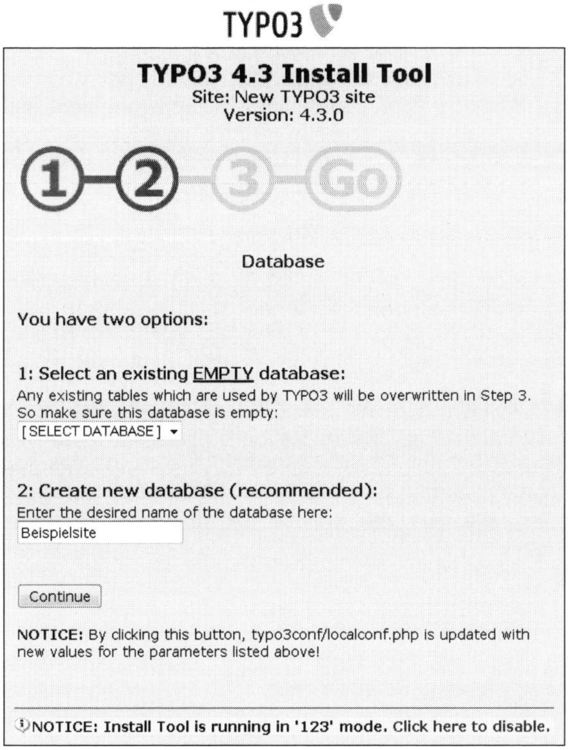

Abb. 1.6:
Auf der zweiten Seite wählen Sie die Datenbank aus, in der TYPO3 die Daten der Website speichern soll. Für neue Website-Projekte empfiehlt sich die Einrichtung einer neuen Datenbank (Option 2).

4. Geben Sie die Datenbank an, in der TYPO3 die Daten der Website speichern soll. Sie können eine bestehende Datenbank auswählen (Option 1) oder das Installations-Tool eine neue Datenbank anlegen lassen (Option 2). Anschließend drücken Sie auf CONTINUE.

Für neue Website-Projekte empfiehlt sich das Anlegen einer neuen Datenbank. Den Namen der Datenbank geben Sie in das Eingabefeld unter der 2. Option ein. Am sinnvollsten ist es, die Datenbank nach der Website zu benennen – in unserem Falle also Beispielsite. Beachten Sie aber, dass MySQL keine Sonderzeichen in den Namen erlaubt.

Abb. 1.7: Auf der dritten Seite bestätigen Sie die Verwendung der angelegten Datenbank durch Klick auf IMPORT DATABASE.

5. Verbinden Sie die gerade angelegte Datenbank mit der TYPO3-Website. Dazu müssen Sie lediglich auf den Schalter IMPORT DATABASE klicken.

Das war's. Na ja, vielleicht noch nicht ganz. Sie haben die Installation nun abgeschlossen, aber ist Ihre TYPO3-Installation auch funktionsfähig?

Da die Funktionsfähigkeit einer TYPO3-Installation von zahlreichen äußeren Faktoren abhängt, haben die Entwickler von TYPO3 daran gedacht, dem Installations-Tool ein Analyse-Tool beizufügen. Um das Analyse-Tool ausführen zu können, müssen Sie den 1-2-3-Modus des Installations-Tools verlassen. Am einfachsten geht dies von der Abschlussseite aus (siehe Abbildung 1.8).

Auf der Abschlussseite finden Sie drei Links:

- GO TO THE FRONTEND PAGES
- GO TO THE BACKEND LOGIN
- CONTINUE TO CONFIGURE TYPO3

TYPO3-Installation

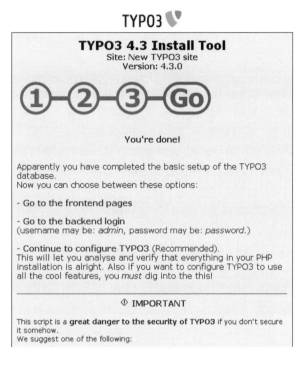

Abb. 1.8:
Die Installation wurde erfolgreich abgeschlossen.

6. Klicken Sie auf den Link CONTINUE TO CONFIGURE TYPO3.

Der Link führt Sie in den ausführlichen Installations-/Konfigurations-Modus, siehe Abbildung 1.9.

Der ausführliche Konfigurationsmodus

Das ausführliche Installations-Tool besteht aus einem Menü von 10 anklickbaren Links. Von diesen Links interessiert uns hier nur der Punkt 1: die BASIC CONFIGURATION.

Abb. 1.9:
Das »Menü« des ausführlichen Installations-Tools

7. Klicken Sie im Menü des Installations-Tools auf 1: BASIC CONFIGURATION.

31

8. Scrollen Sie nun auf der Seite nach unten und prüfen Sie, ob
   - TYPO3 Schreibrechte für die aufgeführten Verzeichnisse besitzt (Abschnitt DIRECTORIES),
   - PHP korrekt konfiguriert ist (Abschnitt PHP.INI CONFIGURATION),
   - GDLib und FreeType verfügbar sind (Abschnitt GDLIB),
   - das Programm ImageMagick bzw. GraphicsMagick verfügbar ist (Abschnitt CHECK IMAGE MAGICK),
   - die Datenbank verfügbar ist (Abschnitt CHECK DATABASE).

   Vor den zugehörigen Punkten sollten Sie jeweils ein grünes Häkchen sehen.

   Wenn im Abschnitt PHP.INI CONFIGURATION ein Speicherlimit unter 32 M moniert wird, setzen Sie das Speicherlimit auf 64 M oder besser noch 128 M herauf (siehe Anhang C.2.2).

   Wenn der Schriftzug in dem gelben Fenster unter FREETYPE QUICK-TEST nicht vollständig zu lesen ist, scrollen Sie ganz nach unten, ersetzen Sie im Eingabefeld zu [GFX][TTFDPI] den Wert 72 durch 96 und klicken Sie auf UPDATE LOCALCONF.PHP. Anschließend lassen Sie die Konfiguration durch nochmalige Auswahl von BASIC CONFIGURATION neu prüfen.

   Wenn Sie feststellen, dass ImageMagick nicht verfügbar ist, stellt dies grundsätzlich keinen Beinbruch dar, da ImageMagick für die Arbeit mit TYPO3 nicht unbedingt notwendig ist. Wenn Sie auf das Programm verzichten, verzichten Sie aber auch auf etliche äußerst hilfreiche Grafikoperationen, die TYPO3 nur mithilfe des Programms durchführen kann, und können die Beispiele nicht vollständig nachvollziehen. Es lohnt sich daher, das Programm nachzuinstallieren, siehe Anhang C.3.

9. Ändern Sie im unteren Abschnitt des Installations-Tools den Namen der Website (SITE NAME) von »New TYPO3 site« in »Beispielsite«.
10. Klicken Sie auf UPDATE LOCALCONF.PHP, um Ihre Einstellungen zu speichern.
11. Schließen Sie den Browser.
12. Fahren Sie den Apache-Server und MySQL herunter.

1.3 TYPO3 aufrufen

Zum Abschluss der Installation wollen wir TYPO3, genauer gesagt das sogenannte *Backend*, für die von uns neu angelegte Website aufrufen.

1. Falls die Server heruntergefahren sind, starten Sie den Webserver und MySQL. Wie Sie dazu vorgehen, hängt von Ihrem System ab.
   - Wenn Sie mit XAMPP arbeiten, müssen Sie dazu – abhängig von Ihrer XAMPP-Installation – entweder das Bedienpult aufrufen oder die zugehörigen Startprogramme aufrufen (siehe Anhang C.2.3).

TYPO3 aufrufen

- Wenn Sie TYPO3 mit dem Winstaller installiert haben, doppelklicken Sie auf das Desktopsymbol für TYPO3 oder rufen Sie die Bedienkonsole des Winstallers über START/PROGRAMME auf. Der Winstaller startet beim Aufruf automatisch Apache und MySQL.

- Oder starten Sie Apache und MySQL manuell (die zugehörigen Befehle finden Sie gegebenenfalls in den Server-Dokumentationen).

2. Starten Sie Ihren Webbrowser und vergewissern Sie sich, dass dieser JavaScript unterstützt, keine Popup-Fenster blockt und Cookies zulässt.

3. Rufen Sie das TYPO3-Backend für die Website auf. Geben Sie dazu im Browser die Adresse Ihres lokalen Webservers (üblicherweise localhost oder 127.0.0.1), gefolgt von dem Namen des Website-Verzeichnisses (in unserem Fall also *Beispielsite*) und anschließend das Unterverzeichnis *typo3* ein.

   Das Unterverzeichnis *typo3* wählt das Backend aus.

   `http://localhost/Beispielsite/typo3`

   Wenn Sie TYPO3 mit dem Winstaller installiert haben, entfällt die Angabe des Website-Verzeichnisses. Der Winstaller hat im Dokumentenverzeichnisses Ihrer TYPO3-Installation ein Website-Verzeichnis namens *Dummy* angelegt und den Apache-Server so konfiguriert, dass die Website über die Portnummer (standardmäßig 8505) ausgewählt wird:

   `http://localhost:8505/typo3`

   Wie Sie auf die anderen Winstaller-Sites zugreifen oder zusätzliche Sites unter dem Winstaller einrichten, lesen Sie in Anhang C.1.

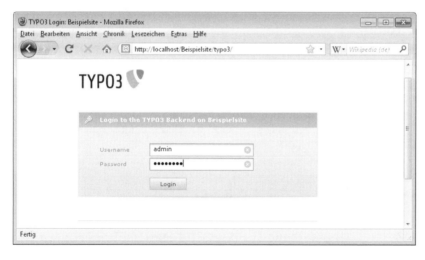

Abb. 1.10: Anmeldung beim TYPO3-Backend

4. Melden Sie sich beim Backend an (siehe Abbildung 1.10). Geben Sie als Benutzername (USERNAME) admin und als Passwort password an.

1 Installation und Einrichtung oder ... 1-2-3 TYPO3

Abb. 1.11:
Die Backend-
Oberfläche

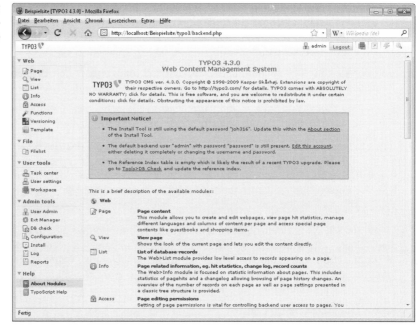

Stören Sie sich nicht an den Hinweisen, die in dem schwarz umrahmten Bereich angezeigt werden. In den Übungen zu Kapitel 2 werden wir diese beseitigen.

1.4 Backend-Sprache auf Deutsch umstellen

Für die Backend-Oberfläche, die standardmäßig ganz in Englisch verfasst ist, liegen Übersetzungen in einer ganzen Reihe von Sprachen vor, darunter auch Deutsch. Um Ihre Backend-Oberfläche auf Deutsch umzustellen, sind zwei Schritte erforderlich:

- Sie müssen die Übersetzung für die deutsche Sprache importieren.
- Sie müssen dem Backend mitteilen, dass für den Benutzer *admin* (als der Sie sich ja anmelden) die deutsche Sprache verwendet werden soll.

1.4.1 Übersetzung für deutsche Sprache importieren

Das Backend lädt die Dateien für die Übersetzung seiner Oberfläche direkt von der TYPO3-Website herunter. Für die folgenden Schritte ist daher eine Internetverbindung erforderlich.

1. Klicken Sie links im Bereich ADMIN TOOLS auf EXT MANAGER.
2. Wählen Sie anschließend im EXTENSION MANAGER ganz oben im Listenfeld den Eintrag *Translation Handling* aus (siehe Abbildung 1.12).

34

Backend-Sprache auf Deutsch umstellen

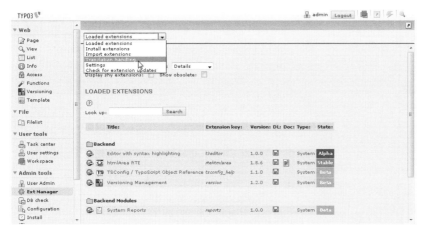

Abb. 1.12:
Aufruf der Spracheinstellungen

3. Wählen Sie in der Liste der angebotenen Sprachen den Eintrag GERMAN für die deutsche Sprache aus und klicken Sie auf SAVE SELECTION (siehe Abbildung 1.13).

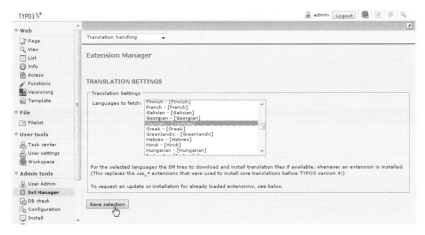

Abb. 1.13:
Die Spracheinstellungen

Unterhalb der Schaltfläche SAVE SELECTION werden daraufhin zwei weitere Schaltflächen eingeblendet.

4. Klicken Sie auf die Schaltfläche UPDATE FROM REPOSITORY, um die Dateien für die deutsche Sprache herunterzuladen.

Nach dem Download werden im unteren Bereich der Seite die übersetzten Backendmodule mit einem grünen Balken markiert. (Achtung! Da es derzeit nicht für alle Module deutsche Übersetzungen gibt, stehen nicht hinter allen Modulen grüne Balken.)

1 Installation und Einrichtung oder ... 1-2-3 TYPO3

Abb. 1.14:
Hinter den übersetzten Modulen sehen Sie einen grünen Balken mit der Aufschrift UPD (für »Updated«).

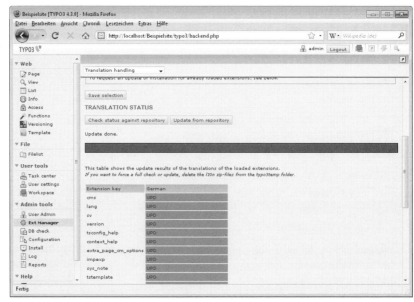

1.4.2 Sprache für Benutzer einstellen

Jetzt müssen Sie noch dafür sorgen, dass Ihnen das Backend auch in deutscher Übersetzung angezeigt wird. Diese Umstellung geschieht nicht automatisch, da das TYPO3-Backend die Einrichtung mehrerer Benutzer erlaubt, die jeder in einer eigenen Sprache arbeiten können.

Um die Sprache für den aktuell angemeldeten Benutzer (*admin*) umzustellen, gehen Sie wie folgt vor:

1. Klicken Sie links im Bereich USER TOOLS auf USER SETTINGS.
2. Klappen Sie anschließend das Listenfeld LANGUAGE auf der Registerkarte PERSONAL DATA auf und wählen Sie aus der Liste der verfügbaren Sprachen *German* aus (siehe Abbildung 1.15).

Abb. 1.15:
Auswahl der Backend-Sprache für den Benutzer admin

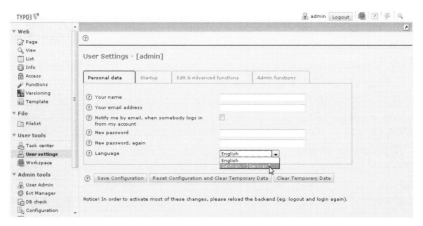

3. Klicken Sie auf SAVE CONFIGURATION, um die ausgewählte Sprache zu übernehmen.

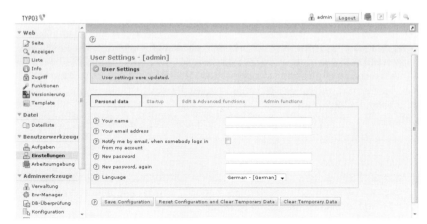

Abb. 1.16: Die Sprache des Backends wurde in Deutsch geändert.

Für eine vollständige Übernahme der deutschen Titel und Texte (soweit vorhanden) müssen Sie sich einmal ab- und wieder anmelden!

1.5 Für jedes Webprojekt eine eigene TYPO3-Site

In Abschnitt 1.2 wurde bereits darauf hingewiesen, dass jedes neue Webprojekt in TYPO3 mit der Installation des *Dummy*-Pakets beginnt. Diesen Punkt möchte ich seiner besonderen Bedeutung wegen erneut aufgreifen.

Jedes neue Webprojekt beginnt mit der Installation des Dummy-Pakets.

Das *Dummy*-Paket sorgt für die Basisstruktur, über die jede auf TYPO3 gegründete Website verfügen muss, stellt die PHP-Skripte zur Konfiguration der Site zur Verfügung und stellt die Verbindung zum eigentlichen TYPO3-Kern her. Unter Linux geschieht dies in Form eines symbolischen Links, unter Windows, das symbolische Links nicht unterstützt, ist es nötig, den TYPO3-Kern (sprich das *TYPO3 Source*-Paket) in das Verzeichnis mit dem *Dummy*-Paket zu kopieren.

Was also genau ist zu tun, wenn man ein neues TYPO3-gestütztes Webprojekt beginnen möchte?

Die folgenden Ausführungen gelten für die Installation mit den TYPO3-Archiven. Freunde des Winstallers können in Anhang C.1 nachlesen, wie Sie Ihre Installation um eine neue TYPO3-Site erweitern.

Neues Projekt mit Windows

1. Legen Sie unter dem Dokumentenverzeichnis des Webservers (für Apache: \htdocs) ein Verzeichnis für die neue Website an (siehe Abschnitt 1.2.1).
2. Entpacken Sie in das Verzeichnis der Website den Inhalt des *typo3_src*- Verzeichnisses aus dem *TYPO3 Source*-Paket und den Inhalt des *dummy*-Verzeichnisses aus dem *Dummy*-Paket. (Die Reihenfolge ist nicht wichtig. Das Überschreiben der gleichlautenden Dateien ist unbedenklich, siehe Abschnitt 1.2.2.)
3. Führen Sie das TYPO3-Installations-Tool aus, um für die Website eine Datenbank anzulegen (siehe Abschnitt 1.2.3).
4. Schalten Sie das Installations-Tool in den ausführlichen Modus und passen Sie den Site-Namen an den von Ihnen gewählten Verzeichnisnamen an (siehe Abschnitt 1.2.3). Stellen Sie gegebenenfalls manuell die Verbindung zu GraphicsMagick her (siehe Anhang C.3).
5. Starten Sie das Backend, stellen Sie die Sprache auf Deutsch um und beginnen Sie die Arbeit an der neuen Website (siehe Abschnitt 1.4).

Neues Projekt mit Linux

1. Legen Sie unter dem Dokumentenverzeichnis des Webservers (für Apache: \htdocs) ein Verzeichnis für die neue Website an (siehe Abschnitt 1.2.1).
2. Entpacken Sie in das Verzeichnis der Website den Inhalt des *dummy*-Verzeichnisses aus dem *Dummy*-Paket. (Kontrollieren Sie gegebenenfalls, ob der symbolische Link *typo3_src* korrekt auf das Verzeichnis mit dem TYPO3-Kern verweist, siehe Abschnitt 1.2.2.)
3. Führen Sie das TYPO3-Installations-Tool aus, um für die Website eine Datenbank anzulegen (siehe Abschnitt 1.2.3).
4. Schalten Sie das Installations-Tool in den ausführlichen Modus und passen Sie den Site-Namen an den von Ihnen gewählten Verzeichnisnamen an (siehe Abschnitt 1.2.3).
5. Starten Sie das Backend, stellen Sie die Sprache auf Deutsch um und beginnen Sie die Arbeit an der neuen Website (siehe Abschnitt 1.4).

1.6   Fragen und Übungen

1. Falls Sie es noch nicht getan haben, installieren Sie jetzt TYPO3 (und gegebenenfalls auch die nötige Unterstützungsumgebung).
2. Prüfen Sie, ob GraphicsMagick installiert ist und von Ihrer TYPO3-Site verwendet wird.

Teil I

Grundtechniken

KAPITEL 2

jetzt lerne ich

Darf ich bekannt machen: TYPO3

Wenn Sie gleich im nächsten Kapitel Ihre erste Webseite mit TYPO3 erstellen, werden Sie zwei Dinge feststellen. Erstens: die Arbeit mit TYPO3 ist gar nicht so schwierig. Und zweitens: die Arbeit mit TYPO3 ist recht ungewohnt – zumindest für jemanden, der bisher seine Webseiten mit einem einfachen HTML/CSS-Editor oder einer Software wie Dreamweaver erstellt hat.

Letzteres ist der Grund, warum ich Sie in diesem Kapitel vorab ein wenig auf das einstimmen möchte, was Sie in den nächsten Kapiteln erwartet. Betrachten Sie dieses Kapitel als eine Art Einsatzbesprechung, ein Briefing, das Sie auf die anstehenden Aufgaben vorbereitet und Ihnen später die Orientierung erleichtern wird. Lehnen Sie sich also entspannt zurück, starten Sie TYPO3 (das Kapitel enthält einige Schritt-für-Schritt-Anweisungen, die Sie nachvollziehen können) und genießen Sie Ihre Einführung in die Welt von TYPO3.

Ungeduldige Leser, die lieber direkt in medias res gehen möchten, können alternativ zu Kapitel 3 springen und nach dessen Lektüre zu diesem Kapitel zurückkehren, um die praktischen Erfahrungen, die sie dort gesammelt haben, theoretisch zu untermauern.

2.1 Backend und Frontend

Wenn Sie mit TYPO3 eine Website bearbeiten, müssen Sie zwischen zwei unterschiedlichen Sichten auf die Website differenzieren: Backend und Frontend.

Backend = Arbeitsoberfläche
Frontend = Website

- Das **Backend** ist dabei nichts anderes als die TYPO3-Oberfläche, über die Sie die Website erstellen, bearbeiten oder pflegen.

- Das **Frontend** ist die Darstellung der Website im Browser – so wie sie später auch die Besucher der Website zu Gesicht bekommen.

41

2 Darf ich bekannt machen: TYPO3

»Backend« und »Frontend« sind Begriffe, die aus dem Bereich der Content Management-Systeme stammen. Für Webdesigner, die sich noch nie mit Content Management-Systemen beschäftig haben, mögen diese Begriffe vielleicht etwas sehr technisch und geheimnisvoll klingen, doch sie drücken lediglich aus, was im Grunde jedem Webdesigner vertraut ist – dass eine Webseite (oder -site) im Editor anders aussieht als im Browser.

In diesem Sinne wäre also ein einfacher Texteditor, in den Sie den HTML-Code einer Webseite laden, ein Backend – und die Ansicht der Webseite im Browser das Frontend. Gehen wir einen Schritt weiter: Wenn Sie eine komplette Website in Dreamweaver oder einem ähnlichen Programm zur Erstellung von Webseiten bearbeiten, wäre Dreamweaver das Backend und die Darstellung der Website im Browser wiederum das Frontend. Die Besonderheit von Programmen wie Dreamweaver ist allerdings, dass sie über verschiedene integrierte Editoren verfügen, die es dem Webdesigner erlauben, die einzelnen Webseiten wahlweise als HTML-Code zu bearbeiten oder im WYSIWYG[1]-Modus – in einer Ansicht, die die Darstellung im Browser simuliert.

Sorry, keine WYSIWYG-Ansicht In TYPO3 gibt es dagegen keine echte WYSIWYG-Ansicht[2], ja es gibt nicht einmal eine HTML-Code-Ansicht. Dies liegt daran, dass TYPO3 die Inhalte der Webseiten nicht in HTML-Dateien speichert, sondern in einer Datenbank. Entsprechend ist die TYPO3-Oberfläche (das TYPO3-Backend) nicht für die Bearbeitung von HTML-Dateien ausgelegt, sondern erinnert eher an Dialogfelder oder Webformulare (im weiteren Verlauf dieses Buchs als »Eingabemasken« tituliert), über die der Webdesigner dezidiert festlegen kann, welche Seiten zu einer Website gehören, welche Elemente, wo in einer Seite liegen und wie die einzelnen Elemente konfiguriert sein sollen.

Mit anderen Worten: Erwarten Sie nicht, im TYPO3-Backend viel von Ihrer Website wiederzuerkennen. Wenn Sie während der Arbeit an einer Website kontrollieren möchten, wie die Website auf dem aktuellen Bearbeitungsstand im Browser aussehen würde, müssen Sie vom Backend ins Frontend wechseln oder sich eine Vorschau anzeigen lassen.

Nach so viel Vorrede ist es höchste Zeit, endlich einmal einen genaueren Blick auf das Backend zu werfen.

2.1.1 Aufbau der Backend-Oberfläche

Sehen wir uns kurz an, wie die Backend-Oberfläche aufgebaut ist.

1. Melden Sie sich am Backend Ihrer Website an.

   Starten Sie Apache und MySQL. Öffnen Sie dann Ihren Browser und tippen Sie die Adresse des Backends Ihrer Website ein. Für die *Dummy*-Site einer Winstaller-Instanz wäre dies *http://localhost:8505/typo3*, für eine Archiv-

---

1. Die Abkürzung WYSIWYG steht für »What You See Is What You Get« (»Was Sie sehen, ist das, was Sie erhalten«).

2. Einer WYSIWYG-Ansicht am nächsten kommen das Modul *Web/Anzeigen* und das »Advanced Frontend Editing«-Plugin., siehe Kapitel 3.5.4.

Installation und ein Website-Verzeichnis *Beispielsite* würde die Adresse *http://localhost/Beispielsite/typo3* lauten. Die Anmeldung erfolgt – sofern Sie die Zugangsdaten nicht geändert haben – mit dem Benutzernamen *admin* und dem Passwort *password* (siehe auch Kapitel 1.3).

TYPO3 begrüßt Sie mit dem Bildschirm aus Abbildung 2.1.

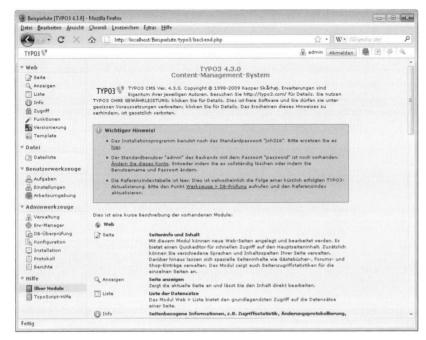

Abb. 2.1: Begrüßungsseite von TYPO3 (HILFE/ÜBER MODULE)

Das Backend ist dreigeteilt:

- Ganz oben sehen Sie eine **Titelleiste** mit Links zu diversen, häufig benötigten Funktionen: Aufruf der Benutzereinstellungen, Abmelden vom Backend, Wechsel zwischen Live-System und Entwürfen (siehe Kapitel 11.7), Aufruf von Favoriten (Shortcuts, siehe Kapitel 11.4) etc.

- Ganz links die **Modulleiste**. Jedes Modul steht für einen bestimmten Aufgabenbereich. So werden z.B. alle Aufgaben, die mit der Erstellung und Bearbeitung einer Website zu tun haben, über die Module im Bereich WEB zur Verfügung gestellt, während die BENUTZERWERKZEUGE-Module dem aktuell angemeldeten Benutzer erlauben, ein Aufgabenbuch zu führen oder sein Backend individuell zu konfigurieren (in Kapitel 1.4 haben wir das Modul EINSTELLUNGEN bereits dazu genutzt, die Backend-Sprache umzustellen).

2 *Darf ich bekannt machen: TYPO3*

Arbeiten Sie grundsätzlich von links nach rechts: Links: Modul auswählen Mitte (nur Web): Seite auswählen Rechts: Einstellungen bearbeiten

- Neben der Modulleiste ist der **Arbeitsbereich** zu sehen. Der Aufbau des Arbeitsbereichs hängt im Wesentlichen von dem gerade verwendeten Modul ab.

- Wenn Sie auf ein Modul unter HILFE klicken, erscheint im Arbeitsbereich eine Hilfeseite.

- Wenn Sie auf ein Modul unter BENUTZERWERKZEUGE oder ADMINWERKZEUGE klicken, erscheint im Arbeitsbereich meist eine Eingabemaske, in der Sie die nötigen Einstellungen vornehmen können.

- Und wenn Sie auf ein Modul unter WEB oder DATEI klicken, teilt sich der Arbeitsbereich in eine linke und rechte Spalte (siehe Abbildung 2.2). Die weitere Vorgehensweise sieht dann üblicherweise so aus, dass Sie in der linken Spalte – dem sogenannten **Seitenbaum** – die zu bearbeitende Seite festlegen und anschließend in der rechten Spalte – dem verbleibenden **Arbeitsbereich** – die aktuell ausgewählte Seite bearbeiten.

Abb. 2.2: Arbeiten in den Web-Modulen (Wenn Sie das Winstaller-Paket installiert haben, ist im Seitenbaum, d.h. der linken Arbeitsbereich-Spalte, statt Beispielsite vermutlich zu lesen: TYPO3 Dummy Version 4.2.3.)

Für eine kurze Beschreibung der einzelnen Module klicken Sie im Bereich HILFE auf ÜBER MODULE. Erlauben Sie mir aber bereits den Hinweis, dass nahezu alle grundlegenden Arbeiten zum Aufbau der Seiten einer Website im Modul WEB/SEITE erfolgen.

Hilfe und Recycler

Vermissen Sie im Bereich HILFE ein Benutzerhandbuch? Arbeiten Sie mit einer Winstaller-Installation und haben festgestellt, dass Ihr Backend nicht nur mehr HILFE-Module, sondern auch im Bereich WEB ein Papierkorb-Modul namens RECYCLER besitzt?

Die besagten Module sind Teil jeder TYPO3 4.3.0-Installation, sie gehören nur eben nicht zum standardmäßig integrierten Funktionsumfang, sondern müssen vom Benutzer explizit aktiviert werden. Im Falle einer Winstaller-Installation hat dies der Autor des Winstallers bereits für Sie erledigt, im Falle einer TYPO3-Archivinstallation müssen Sie dies selbst tun. Falls Sie also der Ansicht sind, nicht auf diese Module verzichten zu können, wechseln Sie ins Modul ADMINWERKZEUGE/ERW-MANAGER, wählen Sie oben im Listenfeld den Eintrag ERWEITERUNGEN INSTALLIEREN aus. Scrollen Sie dann nach unten und klicken Sie in der Tabelle BACKEND-MODULE auf das graue Plus-Symbol vor dem Eintrag HELP>TYPO3 MANUAL (das Benutzerhandbuch) und anschließend auf das graue Plus-Symbol vor dem Eintrag RECYCLER (der Papierkorb). Wenn Sie sich danach ab- und wieder anmelden, sollten die Module in der Modulleiste zur Verfügung stehen. (Mehr zum Recycler in Kapitel 11.1)

2.1.2 Kontextmenüs und Symbole

Statt mit einer traditionellen Menüleiste arbeitet TYPO3 viel mit Kontextmenüs und Symbolschaltflächen. Doch nicht hinter jedem Symbol verbirgt sich eine Funktion und nicht jedes Kontextmenü, das Sie aufrufen, stammt von TYPO3. Um Ihnen zielloses Herumklicken mit der linken und rechten Maustaste zu ersparen, wollen wir uns in diesem Abschnitt kurz anschauen, welches Konzept hinter den Kontextmenüs und Symbolen steht.

Als Vorbereitung werden wir jetzt zwei Seiten anlegen.

1. Falls Sie es noch nicht getan haben: Wählen Sie durch Klick mit der Maus das Modul WEB/SEITE aus.

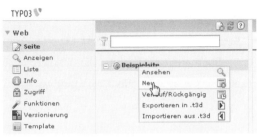

Abb. 2.3: Kontextmenü des Website-Knotens

2. Klicken Sie mit der rechten Maustaste auf den Titel des Website-Knotens (in unserem Fall BEISPIELSITE) und wählen Sie im aufklappenden Kontextmenü den Befehl Neu aus (siehe Abbildung 2.3).

Abb. 2.4:
Für die Website wird ein neuer Datensatz (hier der Datensatz für eine Seite) angelegt.

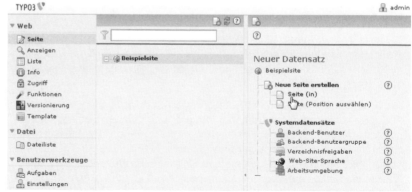

3. Klicken Sie im Arbeitsbereich auf SEITE (IN), um der Website eine Seite hinzuzufügen (siehe Abbildung 2.4).

Der Arbeitsbereich wechselt und Sie können die Parameter für die neue Seite eingeben (siehe Abbildung 2.5).

Abb. 2.5:
Neue Seite konfigurieren

4. Konfigurieren Sie die Seite:
   – Übernehmen Sie als TYP die Option STANDARD.
   – Deaktivieren Sie die Option SEITE VERBERGEN.
   – Geben Sie als SEITENTITEL den Text *Erste Seite* ein.
   – Speichern Sie Ihre Eingaben durch Klick auf das Diskettensymbol mit dem Kreuz links oben im Arbeitsbereich.

5. Wiederholen Sie die Schritte 2 bis 4, um eine zweite Seite anzulegen.
6. Klicken Sie im Seitenbaum-Fenster auf den Knoten ERSTE SEITE, woraufhin im Arbeitsbereich diverse Möglichkeiten zur Bearbeitung der Seite angeboten werden (siehe Abbildung 2.6).

Eventuell müssen Sie vorab auf die Schaltfläche zur Aktualisierung der Baumansicht klicken.

Abb. 2.6: Das Dreigestirn der Seitenbearbeitung: Modulleiste, Seitenbaum und Arbeitsbereich

Vor sich sehen Sie nun von links nach rechts die Modulleiste, den Seitenbaum und den Arbeitsbereich. Sehen wir uns nun an, wie Sie in diesen drei Bereichen arbeiten.

Modulleiste

In der Modulleiste klicken Sie einfach auf das Modul, mit dem Sie arbeiten möchten – beispielsweise das Modul SEITE im Bereich WEB.

Die einzelnen Modulbereiche (Hauptmodule, wie z.B. WEB) können Sie mit einem einfachen Klick auf- und zuklappen.

Hier in der Modulleiste spielt es keine Rolle, ob Sie auf den Titel oder das Symbol eines Moduls klicken, und es gibt keine Kontextmenüs (außer natürlich den Kontextmenüs des Webbrowsers).

Seitenbaum

Im Seitenbaum gibt es zwei Kontextmenüs: das Kontextmenü des Website-Knotens und das Kontextmenü für die Seiten. Beide Kontextmenüs werden wie üblich durch Klick mit der rechten Maustaste aufgerufen.

Abb. 2.7:
Kontextmenüs
der Site und
der Seiten

Interessanter ist die Verwendung der linken Maustaste, die zwischen Symbol und Titel unterscheidet. Das heißt, wenn Sie mit der linken Maustaste

- auf das Symbol eines Elements im Seitenbaum klicken, öffnen Sie das Kontextmenü.
- auf den Titel eines Elements im Seitenbaum klicken, wählen Sie das Element aus, sodass sich fortan alle Einstellungen im Arbeitsbereich auf das neue Element beziehen.

Probieren Sie es aus:

7. Klicken Sie im Seitenbaum auf den Titel der zweiten Seite.

   Da die Seiten identisch konfiguriert sind, sind im Arbeitsbereich durch den Seitenwechsel keine großen Änderungen zu beobachten. Doch täuschen Sie sich nicht, der Arbeitsbereich wurde sehr wohl aktualisiert – wie ein Blick auf den Pfad (rechts oben im Arbeitsbereich) beweist.

8. Wechseln Sie zum Modul WEB/INFO. Im Arbeitsbereich werden (statistische) Information zur zweiten Seite angezeigt. Klicken Sie im Seitenbaum auf den Titel der ersten Seite. Der Arbeitsbereich wird aktualisiert und bezieht sich nun auf die erste Seite.

Oben in der Symbolleiste des Seitenbaums finden Sie drei Symbolschaltflächen mit denen Sie eine NEUE SEITE ANLEGEN, die BAUMANSICHT AKTUALISIEREN und einen Hilfetext aufrufen können. Darunter befindet sich ein Filterfeld. Wenn Sie in dieses Feld eine Zeichenfolge eintippen, werden alle Elemente im Seitenbaum, in deren Titel die Zeichenfolge vorkommt, hervorgehoben. (Genau genommen werden die Elemente nicht hervorgehoben, sondern die Titel der anderen Elemente werden nur noch in Zartgrau dargestellt.) Um die Filterung aufzuheben, klicken Sie auf das x-Symbol oder löschen Sie den Text im Filterfeld.

Arbeitsbereich

Bevor wir uns näher mit den Bearbeitungsmöglichkeiten im Arbeitsbereich befassen, wollen wir diesen noch etwas aufregender gestalten, indem wir der ersten Seite ein Inhaltselement (in Form eines einfachen Textes) hinzufügen.

9. Wechseln Sie in das Modul WEB/SEITE und wählen Sie im Seitenbaum die erste Seite aus (durch Klick auf den Titel).
10. Klicken Sie im Arbeitsbereich auf die Schaltfläche SEITENINHALT ANLEGEN (siehe Abbildung 2.6).

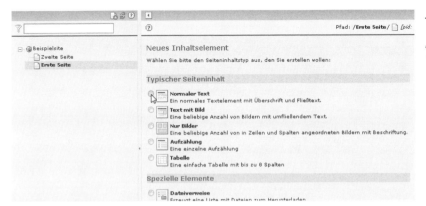

Abb. 2.8:
Was soll in die Seite eingefügt werden?

11. Wählen Sie in der Eingabemaske NEUES INHALTSELEMENT unter der Rubrik TYPISCHER SEITENINHALT die erste Option *Normaler Text* aus.

Abb. 2.9:
Hier kann der anzuzeigende Text eingegeben werden.

12. Wechseln Sie zur Registerkarte TEXT und tippen Sie in das Eingabefeld den Text »Hallo Web!« ein.

13. Speichern und schließen Sie durch Klick auf das Diskettensymbol mit dem Kreuz.

Ihr Arbeitsbereich sollte nun wie in Abbildung 2.10 aussehen.

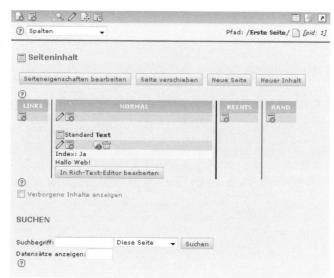

Abb. 2.10: Typische Bedienelemente im Arbeitsbereich

Neben den typischen Bedienelementen wie Schaltflächen, aufklappbaren Listenfeldern etc. fallen vor allem die vielen Symbole auf. Dazu sei angemerkt:

   Symbole, die in (hellblaugrauen) Symbolleisten stehen, repräsentieren Befehle, die durch Anklicken des Symbols ausgeführt werden. Wenn Sie die Maus ohne zu klicken über ein solches Symbol führen, erscheint ein QuickInfo, das die damit verbundene Aktion angibt.

Standard Text   Symbole, die das aktuelle Element repräsentieren, zeigen als QuickInfo die ID des Elements an. Ein Klick auf ein solches Symbol öffnet das Kontextmenü. Hier finden Sie z.B. Befehle zum Kopieren oder Einfügen.

Beide Symboltypen sind auch daran zu erkennen, dass sich der Mauszeiger beim Darüberfahren in das Handsymbol verwandelt.

   ?-Symbole repräsentieren Hilfetexte. Zum Aufrufen der Hilfe klicken Sie auf das Symbol.

   Die restlichen Symbole dienen allein der Optik.

2.1.3 Eingabemasken

Änderungen oder Einstellungen, die Sie im Arbeitsbereich vornehmen, werden immer erst dann permanent, wenn Sie sie speichern! Je nachdem, in welchem Modul und welcher Eingabemaske Sie sich befinden, gibt es dazu entweder eine passende Schaltfläche (wie z.B. die Schaltfläche SAVE SELECTION, die wir in Kapitel 1.4 verwendet haben) oder passende Symbolschaltflächen.

Speichern nicht vergessen!

	Speichert die Einstellungen, ohne die aktuelle Eingabemaske zu verlassen.
	Speichert die Einstellungen und aktualisiert die Webseiten-Vorschau.
	Speichert die Einstellungen und schließt die aktuelle Eingabemaske.
	Speichert die Einstellungen und legt ein neues Element an.
	Verlässt die aktuelle Eingabemaske, ohne die Einstellungen zu speichern.

Tabelle 2.1: Symbole zum Speichern/Verlassen einer Eingabemaske

2.1.4 Caching

Alle TYPO3-basierten Seiten werden dynamisch aufgebaut. Dies gilt sowohl für die Webseiten, die Sie mithilfe von TYPO3 erstellen (Frontend), als auch die Seiten im Backend, mit deren Hilfe Sie Ihre Webseiten aufbauen und verwalten. Da das dynamische Aufbauen der Seiten zu Lasten des Servers geht (gemeint ist hier der Rechner, auf dem TYPO3, der Apache-Server und das MySQL-DBMS ausgeführt werden) und – insbesondere bei Produktionsservern – zu einer erheblichen Belastung werden kann, werden Seiten in TYPO3 standardmäßig gecacht, d.h. TYPO3 legt einmal angeforderte und aufgebaute Seiten in einem Cache (Zwischenspeicher) ab, von wo aus sie bei der nächsten Anforderung zurückgeliefert werden (ohne neu aufgebaut werden zu müssen).

So zweckmäßig das intensive Caching für einen Produktionsserver im WWW ist, so hinderlich kann es bei der Entwicklung von TYPO3-Websites auf einem lokalen Rechner sein. Lokale Rechner, an denen ein einzelner Benutzer arbeitet, werden durch den TYPO3-Seitenaufbaumechanismus in der Regel nicht sonderlich beeinträchtigt. Dafür kann es aber passieren, dass Sie gerade vorgenommene Änderungen nicht sehen können, weil TYPO3 die betreffenden Seiten aus dem Cache holt, statt sie neu aufzubauen.

Sollten Sie also das Gefühl haben, dass eine Seite nicht korrekt angezeigt wird, löschen Sie alle Caches, indem Sie rechts in der TYPO3-Titelleiste auf das Blitzsymbol klicken und den Befehl ALLE CACHES LÖSCHEN auswählen.

Cache löschen

2 Darf ich bekannt machen: TYPO3

Wenn Sie möchten, können Sie das Caching auch ganz ausschalten. Allerdings muss diese Einstellung für jede TYPO3-Site einzeln vorgenommen werden und erfordert etwas mehr Kenntnisse über TYPO3 und TYPO3-Sites, als wir Sie derzeit besitzen. Die zugehörige Anleitung finden Sie daher weiter hinten im Buch, in Kapitel 11.2. Achten Sie aber darauf, das Caching niemals (dauerhaft) auf einem Produktionsserver auszuschalten.

2.1.5 Automatische und manuelle Abmeldung

Um sich von TYPO3 abzumelden, klicken Sie in der Menüleiste am oberen Rand auf die Schaltfläche ABMELDEN.

Vielleicht ist es Ihnen aber auch schon passiert, dass Ihre Anmeldung beim Backend automatisch von TYPO3 beendet wurde. Dann erscheint ein kleines Meldungsfenster, in dem Sie auf OK drücken, um sich erneut anzumelden (siehe Abbildung 2.11).

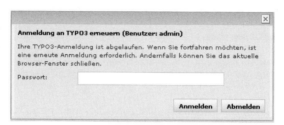

Abb. 2.11: Ihre Sitzung mit TYPO3 wurde automatisch beendet.

Kurz bevor die Sitzung abläuft und das Fenster aus Abbildung 2.11 erscheint, wird noch ein anderes Meldungsfenster eingeblendet, in dem Sie Ihre Anmeldung ohne Passworteingabe erneuern können.

Sitzungsdauer anpassen

TYPO3 beendet jede Sitzung nach Ablauf einer vorgegebenen Sitzungsdauer. Diese ist werksmäßig auf 1 Stunde eingestellt. Um sie zu verlängern, gehen Sie wie folgt vor:

1. Rufen Sie das Installations-Tool auf.

    Wählen Sie dazu das Modul ADMINWERKZEUGE/INSTALLATION aus und melden Sie sich mit Ihrem Passwort an. (Wenn Sie das Passwort für das Installations-Tool nicht geändert haben, lautet es `joh316`.)

    Eventuell müssen Sie zuvor im Modul BENUTZERWERKZEUGE/EINSTELLUNGEN die Datei *ENABLE_INSTALL_TOOL* anlegen lassen.

2. Klicken Sie im Menü des Installations-Tools auf 5: ALL CONFIGURATION.

3. Scrollen Sie nach unten bis etwa zur Hälfte der Seite, wo Sie ein Eingabefeld für die Variable `sessionTimeout` finden.

    Tipp: Nutzen Sie die Suchfunktion Ihres Browsers, um den Eintrag für die Variable `sessionTimeout` zu finden.

4. Geben Sie die Sitzungsdauer in Sekunden an (1 Stunde = 3600 Sekunden).
5. Klicken Sie am Ende der Seite auf WRITE TO LOCALCONF.PHP, um Ihre Einstellungen zu speichern.

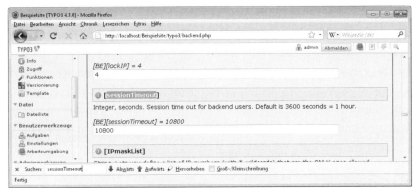

Abb. 2.12:
Aufspüren der Variablen sessionTimeout mit der Suchfunktion des Browsers (siehe Suchfeld links unten)

Wenn Sie versehentlich eine zu kleine Zahl eingeben oder das Eingabefeld löschen, reicht die resultierende Sitzungsdauer unter Umständen nicht mehr aus, um den Fehler vom Backend aus zu korrigieren und eine längere Sitzungsdauer einzustellen.

Laden Sie dann die Datei *typo3conf/localconf.php* aus dem Verzeichnis der TYPO3-Site in einen Editor. (Alternativ können Sie auch das Installations-Tool aufrufen, den Menüeintrag 9: EDIT FILES IN TYPO3CONF auswählen und in der daraufhin eingeblendeten Liste auf *localconf.php* klicken.) Suchen Sie dann im Text der Datei nach der Zeile für die Variable sessionTimeout, fügen Sie zwischen den Hochkommata einen größeren Sekundenwert ein und speichern Sie die Datei. Danach können Sie sich wieder normal beim Backend anmelden.

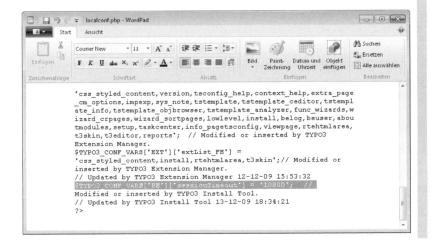

Abb. 2.13:
Die Werte aller Konfigurationsvariablen können auch direkt in der Datei typo3conf/localconf.php geändert werden.

2.2 Alles Typo oder doch lieber Designvorlagen?

Grundsätzlich gibt es drei alternative Verfahrensweisen, wie Sie Webseiten (und Sites) in TYPO3 aufbauen können. Gemeinsam ist allen drei Verfahren, dass Sie – wie stets bei der Entwicklung von Webseiten:

a) die Webseite mit Inhalt füllen und

b) Formatierung und Layout der Seite und ihrer Inhaltselemente festlegen.

Weiterhin gemeinsam ist allen drei Verfahren – und darin unterscheiden sie sich von der Bearbeitung reinen HTML-Codes oder der Verwendung eines WYSIWYG-Editors wie z.B. Dreamweaver –, dass Inhaltselemente und Layout strikt getrennt werden. Diese Trennung, die sich in TYPO3 beispielsweise darin manifestiert, dass die Seiteninhalte im Modul WEB/SEITE angelegt werden, während das Layout im Modul WEB/TEMPLATE festgelegt wird, ist für Content Management-Systeme typisch, ja charakteristisch (und namensgebend).

Bei so vielen Gemeinsamkeiten stellt sich die Frage, worin die drei Verfahren sich überhaupt noch groß unterscheiden können? Nun, einerseits in der Art und Weise wie die Inhaltselemente spezifiziert werden, vor allem aber in der Art und Weise wie das Layout (in TYPO3 repräsentiert durch ein sogenanntes *Template*) festgelegt wird.

Standard-Template ☺

Vorgehensweise A:

Bei diesem Verfahren bauen Sie die Webseite/Website von Grund auf in TYPO3 auf.

Die Inhaltselemente fügen sie ausnahmslos über die Eingabemasken im Modul WEB/SEITE ein.

Für das Layout greifen Sie auf eines der von TYPO3 vordefinierten Standard-Templates zurück. Das Template gibt das Grundlayout vor, welches Sie (größtenteils) sehr bequem und flexibel anpassen können.

Dieses Verfahren ist bequem, für kleine Websites durchaus geeignet und ideal für die Einarbeitung und Orientierung in TYPO3, da es dem Designer erlaubt, erste Webseiten zu verwirklichen, ohne sich neben der Eingewöhnung in die TYPO3-Oberfläche und die vielen Eingabemasken auch noch gleichzeitig mit der TYPO3-eigenen Konfigurationssprache TypoScript (die für die Definition eigener Templates benötigt wird) auseinandersetzen zu müssen.

Nachteilig ist, dass die Standard-Templates trotz ihrer Flexibilität die Kreativität des Designers einschränken. Außerdem sind die Standard-Templates schon etwas älter, sodass der von ihnen erzeugte HTML-Code nicht mehr modernen Qualitätsstandards entspricht.

Wir werden dieses Verfahren in Kapitel 3 verwenden. Auf diese Weise können wir uns mit der TYPO3-Oberfläche, der Definition von Inhaltselementen und der Verwendung von Templates näher vertraut machen, ohne gleich intensiver in die TypoScript-Programmierung einsteigen zu müssen.

Vorgehensweise B:

Eigenes Template
☺ ☺

Auch bei diesem Verfahren bauen Sie die Webseite/Website von Grund auf in TYPO3 auf, nur dass Sie diesmal nicht nur die Inhaltselemente, sondern auch das Template (für das Layout) selbst definieren.

Die Inhaltselemente fügen sie weitestgehend über die Eingabemasken im Modul WEB/SEITE ein. (Sie können einzelne Inhaltselemente aber auch direkt im Template definieren.)

Für das Layout definieren Sie ein eigenes Template. In diesem Template geben Sie an, wie und wo die Inhaltselemente angezeigt werden sollen.

Dieses Verfahren erschließt Ihnen sämtliche Möglichkeiten des TYPO3 Content Management-Systems.

Nachteilig an diesem Verfahren ist allerdings, dass das gesamte Layout nicht visuell, durch trockene TypoScript-Anweisungen festgelegt wird. Die meisten Designer ziehen daher Vorgehensweise C vor.

Wir nutzen dieses Verfahren, um uns in Kapitel 5 in TypoScript und die Definition eigener Templates einzuarbeiten.

Vorgehensweise C:

Eigenes Template mit HTML-Designvorlage
☺ ☺ ☺

Bei diesem Verfahren erstellen Sie auf traditionelle Weise ein HTML-Grundgerüst mit den statischen Inhalten der Webseite. (Dieses HTML-Grundgerüst können Sie z.B. auch mithilfe eines WYSIWYG-Editors aufbauen.) Dann legen Sie ein eigenes TYPO3-Template an und importieren die Designvorlage in das Template. Anschließend fügen Sie in TYPO3 die dynamischen Inhalte wie z.B. Menüs, Werbebanner, News etc. hinzu.

Dieses Verfahren, das von dem meisten TYPO3-Designern bevorzugt wird, verwenden wir für unsere Beispielsite zu Teil II (siehe insbesondere Kapitel 7).

2.3 Seiten in TYPO3

TYPO3 ist ein *seitenorientiertes* Content Management-System. Was dies für die tägliche Arbeit in TYPO3 bedeutet, haben Sie bereits in Abschnitt 2.1 erfahren:

- TYPO3-Websites werden aus Seiten aufgebaut.
- Ein Seitenbaum hilft Ihnen, die Übersicht über die erstellten Seiten zu behalten, und lässt Sie diese bequem zur Bearbeitung auswählen.
- Die einzelnen Seiten können mithilfe der WEB-Module erstellt, bearbeitet und analysiert werden.

TYPO3-Seiten sind virtuell Bemerkenswert ist nur ... die TYPO3-Seiten sind rein virtuell. Das heißt, Sie werden auf Ihrer Festplatte keine HTML-Dokumente oder andere Dateien finden, die den Seiten im Seitenbaum entsprechen. Erst wenn eine dieser virtuellen Seiten von einem Browser angefordert wird, baut das TYPO3-System aus der Definition der virtuellen Seite eine HTML-Seite auf und schickt diese an den Browser.

2.3.1 Was aber entspricht den TYPO3-Seiten?

Wenn hinter den TYPO3-Seiten keine physikalischen HTML-Dokumente stehen, was entspricht dann stattdessen den Seiten? Und wo sind die Inhalte der Seiten gespeichert?

Tatsächlich ist es so, dass die Seiteninhalte je nach ihrer Natur auf unterschiedliche Weisen und an unterschiedlichen Stellen gespeichert werden. Trotzdem gibt es so etwas wie eine direkte Entsprechung zu den Seiten im Seitenbaum:

- Jeder Seite im Seitenbaum entspricht ein Datensatz in der Datenbanktabelle *pages*.
- Und jeder dieser Seiten-Datensätze verfügt über eine eindeutige ID (die *uid*).

Die IDs der Seiten können Sie sich im Seitenbaum anzeigen lassen.

1. Wählen Sie das Modul WEB/SEITE aus.
2. Fahren Sie im Seitenbaum mit der Maus über die Symbole der Seiten.

   In den QuickInfo-Fenstern werden die IDs der Seiten angezeigt (siehe Abbildung 2.14).

Abb. 2.14: Jede Seite im Seitenbaum entspricht einem Datensatz in der pages-Tabelle und verfügt über eine eindeutige ID.

2.3.2 Wie werden TYPO3-Seiten aufgebaut?

Wir wissen nun, dass hinter jeder Seite im Seitenbaum ein Eintrag (Datensatz) in der zur Website gehörenden Datenbank steht. In diesem Datensatz sind unter anderem die UID der Seite, ihr Titel und das Bearbeitungsdatum gespeichert – jedoch nicht der Inhalt der Seite.

Aus Sicht von TYPO3 gliedert sich der Inhalt einer Seite grob in drei Arten von Inhaltselementen:

- Inhalte, die direkt in der Datenbank gespeichert werden – hierzu gehört z.B. statischer Text (wie der von uns in Abschnitt 2.1.2 erstellte Text)
- Inhalte, die aus externen Dateien geladen werden – wie z.B. Bilder
- dynamische Inhalte, die via TypoScript-Code oder von speziellen PHP-Skripten erzeugt werden – wie z.B. dynamische Menüs oder Gästebücher

Die Inhaltselemente werden in der Datenbanktabelle *tt_content* verwaltet und besitzen ein Feld `pid`, das die ID ihrer Seite enthält.

Jetzt fehlen nur noch Anweisungen zum Layout der Seiten (die sogenannten Templates, zu denen wir gleich im nächsten Abschnitt kommen) und ein PHP-Skript, das die einzelnen Komponenten zur anzuzeigenden Seite zusammenbaut: *index.php*.

3. Geben Sie in Ihrem Browser einmal die Adresse *http://localhost/ index.php?id=1* bzw. *http://localhost/Beispielsite/index.php?id=1* ein.

Das PHP-Skript versucht, die Seite mit der ID aufzubauen und zurückzuliefern. Da wir aber noch kein Template für die Seite definiert haben, scheitert das Skript und liefert eine Fehlerseite zurück, siehe Abbildung 2.15.

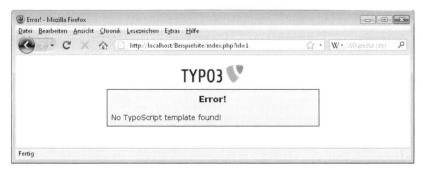

Abb. 2.15: TYPO3-Fehlermeldung für Seitenanforderungen, denen das System nicht nachkommen kann

2.4 Templates und TypoScript

Wenn Sie die Schritt-für-Schritt-Anweisungen in Abschnitt 2.1.2 nachvollzogen haben, konnten Sie bereits einen ersten Eindruck davon gewinnen, wie in TYPO3 neue Seiten angelegt (Schritte 1 bis 4) und mit Inhalten, in unserem Fall ein einfacher Textblock, (Schritte 9 bis 13) gefüllt werden können.

2 Darf ich bekannt machen: TYPO3

Vielleicht haben Sie auch schon auf eigene Faust versucht, durch Wechsel in das Modul WEB/ANZEIGEN eine Vorschau auf die angelegten Webseiten zu erhaschen. Nun, in diesem Fall werden Sie wohl nicht mehr als eine Fehlermeldung zu Gesicht bekommen haben, denn um aus einer der im Seitenbaum aufgelisteten virtuellen Seiten eine echte HTML-Seite[1] konstruieren zu können, bedarf es grundsätzlich dreier Komponenten:

- der (virtuellen) Seite selbst (gemeint ist der Seiten-Datensatz in der *pages*-Tabelle der Datenbank)
- der Seiteninhalte (festgehalten in der *tt_content*-Tabelle der Datenbank)
- einer Beschreibung, wie die Seite formatiert und die Seiteninhalte eingebaut werden sollen

Für den letzten Punkt sind die sogenannte *Templates* zuständig. Templates sind also Seitenbeschreibungen oder – wenn man es aus Sicht von TYPO3 sieht – Anleitungen, wie eine Seite aus den zugehörigen Seiteninhalten aufzubauen und zu formatieren ist. TYPO3 trennt also strikt zwischen Inhalt (*tt_content*) und Form (Template) – ein typisches Kennzeichen eines guten Content Management-Systems.

TypoScript ist die Sprache der Templates

Verfasst werden Templates in einer eigens zu diesem Zweck entwickelten Sprache: TypoScript. TypoScript ist eine reine Beschreibungssprache, keine Programmiersprache – also nicht zu vergleichen mit JavaScript oder ActionScript. Ebenso sollte man TypoScript von TSconfig abgrenzen. TSconfig steht für »TypoScript zur Konfiguration des Backends« und ist im Grunde eher ein Ableger der eigentlichen Sprache.

Wir werden TypoScript an verschiedenen Stellen in diesem Buch begegnen, beispielsweise in Kapitel 5.3, wo wir mithilfe von TypoScript unser erstes eigenes Template schreiben werden.

Templates kontra Vorlagen

Der englische Begriff »Template« wird im Deutschen meist durch den Begriff »Vorlage« wiedergegeben. Wir werden diese beiden Begriffe in diesem Buch aber strikt trennen. Wenn wir von einem *Template* sprechen, meinen wir immer ein TYPO3-Template (das in der Literatur manchmal auch als Template-Record bezeichnet wird, weil die TYPO3-Templates als Datensätze (englisch »records«) in der Datenbank gespeichert werden). Wenn wir von einer *Vorlage* sprechen – wie in Abschnitt 2.2 –, meinen wir dagegen eine in HTML verfasste, externe Designvorlage.

---

1. Diese HTML-Seite existiert allerdings nur so lange, wie sie im Browser oder der Vorschau angezeigt wird. Immerhin, wenn Sie möchten, können Sie sich den HTML-Quelltext vom Browser anzeigen lassen.

2.5 Die Tour beenden

Zum Abschluss unserer Tour durch das TYPO3-Backend wollen wir noch ein wenig aufräumen. Das heißt, die Spuren unserer Tour sollen entfernt und die TYPO3-Site in ihren ursprünglichen Zustand zurückversetzt werden:

1. Klicken Sie im Seitenbaum nacheinander auf die Symbole der beiden angelegten Seiten und wählen Sie den Befehl LÖSCHEN, um die Seiten zu entfernen.
2. Klicken Sie oben in der TYPO3-Titelleiste auf das Blitzsymbol und wählen Sie den Befehl ALLE CACHES LÖSCHEN.
3. Melden Sie sich durch Klick auf die ABMELDEN-Schaltfläche in der Titelleiste vom Backend ab.
4. Leeren Sie das *typo3temp*-Verzeichnis der TYPO3-Site.

   Achtung! Löschen Sie nicht das ganze Verzeichnis, sondern nur seinen Inhalt.

2.6 Fragen und Übungen

1. Welches Modul dient dem Erzeugen und Bearbeiten von Webseiten?
2. Was bewirkt ein Klick auf den Titel bzw. das Symbol einer Seite im Seitenbaum?
3. In welchem Verzeichnis liegen die HTML-Dateien für die in TYPO3 erzeugten Seiten?
4. Was sollten Sie tun, wenn TYPO3 Ihre Änderungen anscheinend nicht übernimmt?
5. Sie ärgern die Warnhinweise auf der Hilfeseite unter HILFE/ÜBER MODULE? Dann folgen Sie den Anweisungen und Links, um die dahinterstehenden Mängel zu beseitigen.

KAPITEL 3

In fünfzehn Minuten zur ersten Webseite

jetzt lerne ich

In diesem Kapitel lernen Sie, wie man in TYPO3 Webseiten anlegt, mit Inhalt füllt und mit einem Design verbindet. Mit anderen Worten, in diesem Kapitel lernen Sie bereits einen guten Teil der wichtigsten Grundtechniken kennen, die Sie für die tägliche Arbeit mit TYPO3 benötigen, und Sie werden sehen, wie die im vorangehenden Kapitel angesprochenen Konzepte in die Praxis einfließen. Sollten Sie das vorangehende Kapitel übersprungen haben, weil Sie lieber am praktischen Beispiel lernen, arbeiten Sie dieses Kapitel, wie Sie es vorgehabt haben, durch und gehen Sie dann zurück zu Kapitel 2, um sich die nötigen Hintergrundinformationen anzueignen.

Seien Sie nicht verärgert, wenn Sie für die Lektüre dieses Kapitels etwas länger als fünfzehn Minuten benötigen. Die Zeitangabe bezieht sich auf die reine Arbeitszeit in TYPO3 – ohne Vorbereitung und ohne die Zeit gerechnet, die für das Durchlesen der weiterführenden Informationen nötig ist. Dafür werden wir zusammen eine ordentliche Webseite erstellen, die einem Restaurant oder einem kleinen Hotel als kostengünstiger erster Webauftritt dienen könnte.

3.1 Vorgehensweise

Unser Ziel ist es, eine einfache, kostengünstige Webseite aufzubauen, mit der sich das Hotel Windsor aus Leberweiher – ein kleines, aber exklusives Landhotel, das noch im Familienbetrieb geführt wird – künftig im Internet präsentieren möchte (siehe Abbildung 3.1).

3 In fünfzehn Minuten zur ersten Webseite

Abb. 3.1:
Die fertige
Website

Der Aufbau dieser Website erfolgt in fünf Schritten:

1. Zuerst werden wir die **TYPO3-Site vorbereiten**. Das heißt, wir werden sicherstellen, dass wir für die zu erstellende Website eine frische TYPO3-Site verwenden, und wir werden die Bilder, die uns vom Hotelbesitzer zur Verfügung gestellt wurden, in das passende Verzeichnis der Site hochladen.

2. Dann legen wir die **Webseite** an und …

3. …wählen ein zweispaltiges **Layout** für die Webseite aus (in Form eines TYPO3-Templates).

4. Anschließend bearbeiten wir die Webseite, d.h., wir füllen sie mit den vom Kunden gewünschten **Inhalten**: Bilder der Räumlichkeiten, Werbetext, Kontaktinformationen.

5. Zum Schluss nehmen wir noch ein paar **abschließende Anpassungen** am Layout der Seite vor.

3.2 Vorbereitung der TYPO3-Site

Für jede Website, die Sie beginnen, benötigen Sie zunächst einmal eine TYPO3-Site[1]. Der erste Schritt zum Aufbau einer Website ist daher in der Regel die Installation einer neuen TYPO3-Site (siehe Kapitel 1.5). Im vorliegenden Fall ist dies allerdings nicht nötig, da wir ja in Form unserer *Beispielsite* eine noch weitgehend unbenutzte TYPO3-Site vorliegen haben. Wir werden daher lediglich sicherstellen, dass sich unsere Site wieder weitestgehend im Grundzustand befindet. Und wir werden den Namen der Site in *Hotelsite* ändern – quasi als Übung, damit Sie sehen, wie sich ein Site-Name nachträglich ändern lässt.

Sauberer ist es allerdings, dies sei noch einmal betont, für jede neue Website eine neue TYPO3-Site anzulegen (siehe Anweisungen in Kapitel 1.5).

1. Falls Sie die in Kapitel 2 angelegten Demo-Seiten noch nicht wie in Abschnitt 2.5 beschrieben entfernt haben, holen Sie dies jetzt nach.

2. Ändern Sie vom Betriebssystem aus den Namen des Site-Verzeichnisses von *Beispielsite* in *Hotelsite*.

   Eventuell müssen Sie für diesen Schritt den Apache-Server herunterfahren und anschließend wieder hochfahren.

3. Melden Sie sich beim Backend der *Hotelsite* an (*http://localhost/Hotelsite/typo3/*).

   Benutzer von Winstaller melden sich bei *http://localhost:8502/Hotelsite/typo3/* an.

4. Ändern Sie im Backend den Site-Namen in »Hotel-Site«.

   Wählen Sie dazu das Modul ADMINWERKZEUGE/INSTALLATION aus und melden Sie sich mit Ihrem Passwort an. (Wenn Sie das Passwort für das Installations-Tool nicht geändert haben, lautet es joh316.)

   Eventuell müssen Sie zuvor im Modul BENUTZERWERKZEUGE/EINSTELLUNGEN die Datei *ENABLE_INSTALL_TOOL* anlegen lassen (Modul BENUTZERWERKZEUGE/EINSTELLUNGEN, Registerkarte ADMINFUNKTIONEN).

   Klicken Sie im Menü des Installations-Tools auf 1: BASIC CONFIGURATION.

   Ändern Sie im unteren Abschnitt des Installations-Tools, Kategorie BASIC CONFIGURATION, den Namen der Website (SITE NAME) von »Beispielsite« in »Hotel-Site«.

5. Klicken Sie auf UPDATE LOCALCONF.PHP, um Ihre Einstellungen zu speichern.

---

1. Grundsätzlich ist es durchaus möglich, in einer TYPO3-Site mehrere Websites zu verwalten, doch dies soll uns hier nicht interessieren.

3 In fünfzehn Minuten zur ersten Webseite

Vielleicht ist es Ihnen aufgefallen: Wir haben es bei unseren Bemühungen, die Website in den Grundzustand zurückzuversetzen und umzubenennen, versäumt, die Site mit einer neuen Datenbank (idealerweise namens *hotelsite*) zu verbinden. Genauer gesagt, haben wir bewusst darauf verzichtet, da dies einerseits eine recht fehleranfällige Aktion ist und andererseits bedeuten würde, dass wir gleich auch eine neue Site hätten anlegen können.

Verzeichnis für Bilder anlegen

Abb. 3.2:
Die vorgegebene fileadmin-Struktur

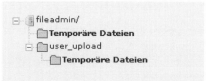

In diesem Abschnitt werden wir im *fileadmin*-Verzeichnis der Website ein Unterverzeichnis *images* anlegen, in dem wir dann die für die Webseite benötigten Bilder ablegen.

Grundsätzlich ist ein solcher Vorbereitungsschritt nicht zwingend nötig. Erstens können Sie das Verzeichnis auch ad hoc vom Backend aus anlegen, wenn Sie das erste Bild einfügen. Und zweitens könnten Sie auch ganz darauf verzichten, die Bilder in die *fileadmin*-Struktur zu kopieren. Besser und übersichtlicher ist es aber, Bilder und andere Dateien, die für den Aufbau der Webseite benötigt werden, in der *fileadmin*-Struktur zu verwalten. (Mehr dazu in Kapitel 10.1.)

TYPO3 kopiert alle Bilddateien, die – wie im nachfolgenden Beispiel – für Seiteninhaltselemente verwendet werden, in das Unterverzeichnis *uploads* – gleichgültig, ob die Originale aus dem *fileadmin*-Verzeichnisbaum der Site, einem beliebigen Verzeichnis auf dem Rechner oder einer Netzwerkquelle stammen. Die betreffenden Bilddateien liegen also (mindestens) zweimal auf dem Server. In der Regel ist der Speicherplatz aber nicht verschwendet. Die Verwaltung unter *fileadmin* ist übersichtlicher und besser zugänglich.

Das Anlegen des Verzeichnisses könnte man natürlich vom Betriebssystem aus erledigen. Wir werden es aber vom Backend aus machen – dies ist einerseits lehrreicher und andererseits auf Produktionsservern, auf denen Sie keine besonderen Rechte besitzen, möglicherweise der einzige Weg.

1. Öffnen Sie das Modul DATEI/DATEILISTE.

64

Vorbereitung der TYPO3-Site

2. Klicken Sie im Verzeichnisbaum mit der rechten Maustaste auf *fileadmin* und wählen Sie den Befehl Neu aus. (Oder klicken Sie zuerst auf *fileadmin* und dann in der Symbolleiste des Arbeitsbereichs auf Neu.)
3. Legen Sie im Arbeitsbereich ein neues Verzeichnis an (siehe Abbildung 3.3).
   - Achten Sie darauf, dass in dem oberen Listenfeld für die Anzahl der Ordner *1* ausgewählt ist.
   - Tippen Sie den Namen des Verzeichnisses, z.B. »images«, in das Eingabefeld darunter ein.
   - Klicken Sie auf Ordner anlegen.

Abb. 3.3: Anlegen eines Verzeichnisses images unter fileadmin

Bilder hochladen

Jetzt müssen noch die Bilddateien in das neu angelegte *images*-Verzeichnis kopiert werden. Obwohl wir auch dies von TYPO3 aus erledigen könnten – wenn Sie im Verzeichnisbaum auf den Namen des Verzeichnisses und anschließend in der Symbolleiste des Arbeitsbereichs auf das Symbol Dateien hochladen klicken, erscheint eine passende Eingabemaske –, so ist dieses Verfahren doch recht mühsam, wenn man mehrere Dateien vom selben Quellverzeichnis aus kopieren möchte. Auf unserem lokalen System erledigen wir dies daher vom Betriebssystem aus.

4. Kopieren Sie die Bilder in das neu angelegte *images*-Verzeichnis.

   Die Bilder finden Sie auf der Buch-DVD in dem Verzeichnis *Beispiele/Hotelsite/images*. Den neu angelegten Order finden Sie unter dem *fileadmin*-Verzeichnis ihres Website-Verzeichnisses (welches sich unter dem Dokumentenverzeichnis Ihres Webservers befindet).

Abb. 3.4:
Die Bilder
für die Hotel-
Website

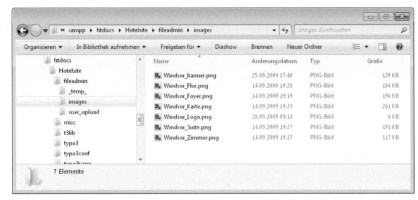

3.3 Seite anlegen

Unsere Hotel-Website wird nur aus einer einzigen Webseite bestehen. Diese Webseite, der wir den Namen des Hotels geben wollen, werden wir nun anlegen. Das grundsätzliche Verfahren kennen Sie bereits aus Kapitel 2.1.2.

1. Wählen Sie das Modul WEB/SEITE aus.

Abb. 3.5:
Kontextmenü
des Website-
Knotens

2. Klicken Sie mit der rechten Maustaste auf den Titel des Website-Knotens (in unserem Fall HOTEL-SITE) und wählen Sie im aufklappenden Kontextmenü den Befehl Neu auf (siehe Abbildung 3.5).

Abb. 3.6:
Für die Website
wird ein neuer
Datensatz (hier
der Datensatz
für eine Seite)
angelegt.

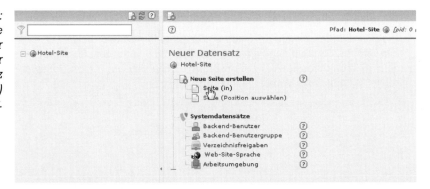

3. Klicken Sie im Arbeitsbereich auf SEITE (IN), um der Website eine Seite hinzuzufügen.

Der Arbeitsbereich wechselt und Sie können die Parameter für die neue Seite eingeben (siehe Abbildung 3.7).

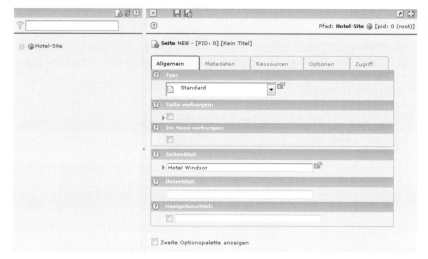

Abb. 3.7: Neue Seite konfigurieren

4. Konfigurieren Sie die Seite:
   - Übernehmen Sie als TYP die Option STANDARD.
   - Deaktivieren Sie die Option SEITE VERBERGEN.
   - Geben Sie als SEITENTITEL den Text *Hotel Windsor* ein.

5. Klicken Sie auf das Diskettensymbol mit dem Kreuz links oben im Arbeitsbereich, um die Eingaben zu speichern und die Eingabemaske zu verlassen.

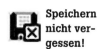

Speichern nicht vergessen!

6. Klicken Sie in der Baumansicht auf die Schaltfläche zur Aktualisierung, um den Seitenbaum zu aktualisieren.

Die Sichtbarkeit einer Seite können Sie auch über die Befehle VERBERGEN und SICHTBAR MACHEN im Kontextmenü im Seitenbaum festlegen.

3.4 Layout festlegen

Template vor Inhalt Wir könnten nun gleich daran gehen, die Seite mit Inhalt zu füllen. Sinnvoller ist es allerdings, die Seite zuerst mit einem Template zu verbinden.

Templates sind in TypoScript verfasste Design-Vorlagen, die Aufbau und Layout einer Webseite festlegen – also beispielsweise die Aufteilung der Seite in funktionelle Bereiche (Top, Navigation, Inhalt etc.), die Verwendung von Frames, diverse vordefinierte und konfigurierbare Elemente wie Logo, Trennlinien, Menüs etc. Obwohl Sie einer neuen Webseite prinzipiell zu jeder Zeit (d.h. vor, während oder nach Bearbeitung der Seiteninhalte) ein Template zuweisen können, empfiehlt es sich aus zwei Gründen, das Template möglichst früh festzulegen:

- Erstens müssen Sie beim Einfügen der Seiteninhalte angeben, in welchen Bereichen der Seite diese angezeigt werden sollen (was naturgemäß leichter fällt, wenn man sich über den groben Aufbau der Seite bereits im Klaren ist).

- Zweitens werden Sie das Aussehen der Seite, die Sie gerade bearbeiten, zwischenzeitlich sicherlich einmal zur Kontrolle im Browser ansehen wollen. Dies geht aber nur, wenn die Webseite mit einem Template verbunden ist.

No template found!

Wenn Sie eine Webseite anzeigen lassen (oder über den Browser aufrufen), die mit keinem Template verbunden ist, liefert das System eine Fehlerseite mit der Meldung »No template found!« zurück.

Klicken Sie doch einmal im Seitenbaum auf die eben angelegte Seite *Hotel Windsor* und anschließend in der Symbolleiste des Arbeitsbereichs auf das Lupensymbol zum Anzeigen der aktuellen Seite (oder rufen Sie das *index.php*-Skript der Website mit der ID der Seite vom Browser aus auf). Als Ergebnis erscheint keine leere Seite, sondern besagte Fehlermeldung.

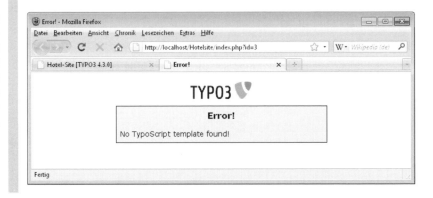

Abb. 3.8: Diese Fehlermeldung liefert TYPO3 für Webseiten, die mit keinem Template verbunden sind.

3.4.1 Template auswählen

Um eine Seite mit einem Template zu verbinden, gehen Sie wie folgt vor:

1. Wählen Sie das Modul WEB/TEMPLATE aus.
2. Klicken Sie im Seitenbaum auf den Namen der Seite (*Hotel Windsor*).

Im Arbeitsbereich erscheint die Eingabemaske TEMPLATE-WERKZEUGE, siehe Abbildung 3.9.

Abb. 3.9: Die Seite Hotel Windsor wird mit dem Template CANDIDATE verbunden.

3. Klappen Sie das Listenfeld auf und wählen Sie das Template *CANDIDATE* aus.

   Das *CANDIDATE*-Template erzeugt ein zweispaltiges Layout und ist für einzelne Webseiten gedacht (die nicht Teil eines größeren Webs sind).

4. Drücken Sie die unter dem Listenfeld gelegene Schaltfläche TEMPLATE FÜR NEUE SEITE ERSTELLEN und bestätigen Sie die Sicherheitsabfrage.

Der Arbeitsbereich wechselt daraufhin zur Konfigurationseingabemaske für das ausgewählte Template. In Abschnitt 3.6 werden wir auf diese Eingabemaske zurückkommen. Jetzt aber wollen wir testen, ob die Zuweisung des Templates wie versprochen dafür sorgt, dass wir unsere Seite ansehen können.

Vorschau gefällig

5. Klicken Sie in der Symbolleiste des Arbeitsbereichs auf das Lupensymbol zum Anzeigen der aktuellen Seite.

Sie werden ein zweispaltiges Layout erkennen und möglicherweise auch feststellen, dass TYPO3 den Seitentitel in das Topbild der linken Spalte eingefügt hat. (Zumindest versucht TYPO3 den Seitentitel einzublenden. Doch die TYPO3-Version 4.3.0 enthält einen kleinen Bug, der den Versuch scheitern lässt. Ältere Versionen, z.B. TYPO3 4.2.8[1] enthalten diesen Bug nicht. Voraussetzung ist allerdings, dass das Tool GraphicsMagick korrekt installiert ist, siehe Anhang C.3.)

Wenn Ihr Browser mit Registerkarten arbeitet und bereits eine Registerkarte für die Seite angelegt hat, müssen Sie eventuell selbst zu dieser Registerkarte wechseln.

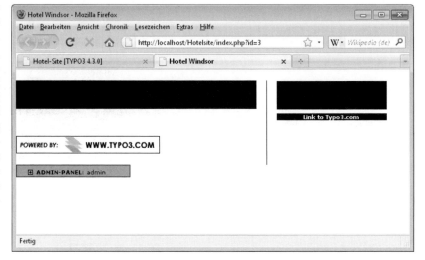

Abb. 3.10: Die (nahezu) leere CANDIDATE-Webseite[1], die wir in Abschnitt 3.5 mit Inhalt füllen und in Abschnitt 3.6 redesignen werden (insbesondere werden wir die Randspalte von rechts nach links verschieben).

Templates können auch vererbt werden. Dies wird interessant, wenn Ihre Website aus mehreren, hierarchisch organisierten Seiten besteht, siehe Teil II des Buches.

---

1. Die Version 4.2.8 finden Sie ebenfalls auf der Buch-DVD, im Unterverzeichnis *Software/Archiv*. Beachten Sie aber, dass der besagte Bug, der übrigens auch die Schriftglättung mit TypoScript betrifft, dort zum Teil umgangen werden kann (siehe Kapitel 10.3.1), für dieses Buch nur von untergeordneter Bedeutung ist. Einen Versionswechsel sollten Sie daher erst erwägen, wenn Sie mehr Erfahrung im Umgang mit TYPO3 besitzen und besser abschätzen können, ob Sie diese Features benötigen.

2. Vielleicht wundern Sie sich, dass die ID der Seite 3 lautet (siehe Adressfeld). An sich beginnt TYPO3 mit der Nummerierung der UIDs der Webseiten mit 1, sodass die erste angelegte Seite die UID 1 haben müsste. Denken Sie aber daran, dass wir eine bestehende Site mit ursprünglich zwei Webseiten wiederverwendet haben. Wir haben die Seiten zwar gelöscht, aber die für die Seiten vergebenen UIDs werden nicht wiederverwendet.

Layout festlegen

3.4.2 Die Standard-Templates

TYPO3 4.3.0 verfügt über 12 vordefinierte Templates, die Sie als frei konfigurierbare Layout-Vorlagen benutzen können.

Tabelle 3.1:
Die vordefinierten Standard-Templates

Template	Beschreibung
BUG	

BUG ist ein Template, das aus drei Frames besteht: oben (Banner), links (Navigation) und rechts (Hauptbereich). Größe und Hintergrundfarbe der drei Frames können angepasst werden. Der Navigationsbereich erlaubt die Definition eines Hintergrundbildes und zeigt einen Rollover-Effekt.

MM	

Das Template MM besteht nur aus einer Seite mit einer optionalen rechten Spalte. Das Menü befindet sich oben und kann mit einer Image Map verbunden werden. Sie haben die Möglichkeit, Hintergrundbilder anzeigen zu lassen, und können mit verschiedenen Farben und Randbreiten spielen.

Tabelle 3.1:
Die vordefinierten Standard-Templates (Forts.)

Template	Beschreibung
BUSINESS	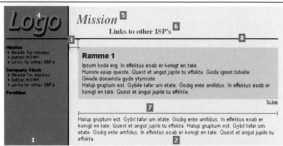

Das Template BUSINESS weist ein sehr einfaches textbasiertes Layout auf. Es besteht aus zwei Frames, links (Navigation) und rechts (Hauptseitenbereich), sowie wahlweise aus einer Trennlinie (8)

Oben links ist Platz für eine Abbildung (4), deren Abmaße genau 150 x 80 Pixel betragen müssen (in der Regel sind Größenangaben für Abbildungen jedoch frei wählbar!)

CANDIDATE

CANDIDATE ist ein Template für eine einzelne Seite, die aus zwei Spalten besteht. Unter dem Banner in der Hauptspalte ist optional Platz für ein textbasiertes Menü. Die rechte Spalte kann deaktiviert oder auch links angezeigt werden.

Die einzelnen Spalten sowie der Abstand dazwischen sind hinsichtlich Breite und Farbe konfigurierbar.

Tabelle 3.1: Die vordefinierten Standard-Templates (Forts.)

Template	Beschreibung
CRCPH	

CRCPH ist ein Template für eine einzelne Seite, die auf einer HTML-Vorlagendatei basiert und zwei Spalten aufweist. Die Arbeit am Layout erfolgt größtenteils über Änderungen an der HTML-Datei mittels eines HTML-Editors.

FIRST

FIRST ist ein framebasiertes Template, das zur besseren Zentrierung der Seite im Browser in ein weiteres Frameset eingefasst ist. Die grafischen Menüs können mit Untermenüs ausgestattet werden (14), wobei ein einfaches Menü im Einbettungsframe möglich ist (15).

Rechts lässt sich eine zweite Spalte einrichten.

Tabelle 3.1:
Die vordefinierten Standard-Templates (Forts.)

Template	Beschreibung
GLUECK	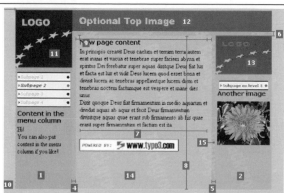

GLUECK ist ein Template, das auf drei in der Größe konfigurierbaren Spalten in einer Tabelle basiert. In jeder Spalte können Sie Menüs mit oder ohne Untermenüs einrichten.

Sie können ein Banner anzeigen (12) und optional in jeder Spalte ein Logo einfügen (11+13).

GREEN	

GREEN ist ein Template für eine einzelne Seite, die auf einer HTML-Vorlagendatei basiert. Das bedeutet, dass die Position der Elemente wie Menü, Untermenü, Seiteninhalt und Abbildungen durch die Position von Markern in einer HTML-Datei vorgegeben werden, die Sie mit Ihrem HTML-Editor bearbeiten können.

Standardmäßig gibt es ein Popup-Menüsystem mit Untermenüs. Optional ist eine dritte textbasierte Menüebene möglich.

Layout festlegen

Tabelle 3.1:
Die vordefi-
nierten
Standard-
Templates
(Forts.)

Template	Beschreibung
HYPER	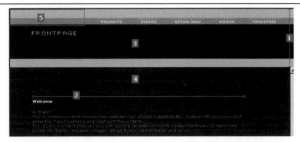

HYPER ist ein framebasiertes Template, das im oberen Frame die Navigationselemente und im unteren Frame den Hauptseitenbereich enthält. Im oberen Frame können Sie neben dem Menü, das auf DHTML-Ebenen basiert, noch ein Top-Logo (5) definieren.

Das Template erlaubt die Formatierung mit CSS-Stylesheets.

NEWS-LETTER	

NEWSLETTER ist ein Template für eine einzelne Seite ohne Menü. Es ist für die Erstellung von Newslettern gedacht, die als HTML-Email mit dem internen Direct Mail-Modul versandt werden. Das Hauptlayout der Seite basiert auf einer HTML-Vorlagendatei. Davon ausgenommen ist das Logo oben, das direkt mit TypoScript definiert ist.

75

*Tabelle 3.1:
Die vordefinierten Standard-Templates (Forts.)*

Template	Beschreibung
RE	
	RE ist ein framebasiertes Template. Im Frame oben befindet sich unter dem Logo das grafische Hauptmenü und im linken Frame das grafische Untermenü. Der Frame rechts dient zur Aufnahme des Hauptseitenbereichs. Für die Menüelemente können Rollover-Effekte und aktive Zustände definiert werden..
TU	
	TU ist ein Template für eine einzelne Seite. Sie können oben eine Abbildung (4) definieren sowie Hintergrundbilder für das grafische Menü samt Untermenü, das sich links auf der Seite befindet.

Trotz des Angebots von zwölf verschiedenen Templates und der vielen konfigurierbaren Parameter der einzelnen Templates schränken die Standard-Templates die Gestaltungsfreiheit des Webdesigners doch ziemlich ein – insbesondere, wenn dieser mit CSS-Designs arbeiten möchte. Professionelle TYPO3-Entwickler erstellen daher üblicherweise für ihre Websites eigene Templates: als rein mit TypoScript definierte Templates (siehe Kapitel 5) oder mit Unterstützung einer HTML-Vorlage (siehe Kapitel 7).

3.5 Seite mit Inhalt füllen

Als Nächstes füllen wir die beiden Spalten unserer Webseite mit Inhalten. In der Hauptspalte soll auf eine Begrüßung ein Fließtext folgen mit abwechselnd links und rechts eingeblendeten Ansichten des Hotels und seiner Innenausstattung. Die rechte Spalte soll Adresse und Kontaktinformationen anzeigen. Alle Arbeiten zum Füllen der Seite erfolgen im Modul WEB/SEITE, welches wir zu diesem Zweck noch ein wenig an unsere speziellen Bedürfnisse anpassen werden.

3.5.1 Die Eingabemaske für die Seiteninhaltselemente

1. Wählen Sie das Modul WEB/SEITE aus.
2. Klicken Sie im Seitenbaum auf den Titel der Seite *Hotel Windsor*.

Im Arbeitsbereich sehen Sie daraufhin die Eingabemaske zur Verwaltung des Seiteninhalts, siehe Abbildung 3.11. Hier können Sie neue Seiteninhalte anlegen, bestehende Inhalte bearbeiten oder sich einfach eine Übersicht verschaffen. Im Moment ist allerdings noch nicht allzu viel zu sehen, da wir ja noch keine Seiteninhalte festgelegt haben.

Abb. 3.11: Eingabemaske zum Bearbeiten des Seiteninhalts

Bleiben wir noch einen Moment bei der Eingabemaske, die Sie im Arbeitsbereich vor sich sehen. Unter den Schaltflächen für die diversen seitenbezogenen Aufgaben (Eigenschaften bearbeiten, verschieben etc.) finden Sie vier Spalten: LINKS, NORMAL, RECHTS und RAND. Zu jeder Spalte gibt es eine Symbolleiste mit einer Symbolschaltfläche, über die Sie ein neues Inhaltselement (beispielsweise einen Textabsatz) in die Spalte einfügen können.

Warum aber vier Spalten? Unser *CANDIDATE*-Template erzeugt doch ein Layout mit nur zwei Spalten!

Der Grund ist, dass a) die Eingabemaske nicht automatisch an das Template angepasst wird und b) TYPO3 maximal vier Spalten unterstützt. Also bietet die Eingabemaske einfach alle vier Spalten an (frühere TYPO3-Versionen zeigten standardmäßig nur die Normal-Spalte) und überlässt es dem Anwender herauszufinden, welche Eingabespalten den Spalten oder sonstigen Bereichen seiner Webseite zugeordnet sind.

Links bedeutet nicht unbedingt links. Die Zuordnung der Eingabespalten zu den Bereichen einer Webseite wird dabei ausschließlich vom Template festgelegt. Ein Template könnte also durchaus den Inhalt der Eingabespalte Links in einen Bereich rechts in der Webseite oder in den Fußbereich ausgeben.

Im Falle unseres *CANDIDATE*-Templates ist beispielsweise die Hauptspalte (Inhaltsbereich für den eigentlichen Text) der Normal-Spalte und die »rechte Spalte«, die auch wahlweise links eingeblendet werden kann, der Rand-Spalte zugeordnet.

> **Wie werden Seiteninhalte verwaltet?**
>
> TYPO3 generiert für jeden Seiteninhalt, den Sie anlegen, einen Datensatz in der Tabelle *tt_content*. Die Eingabespalte, die Sie für das Element gewählt haben, wird dabei als Index im Feld colPos abgespeichert (0 steht für Normal, 1 für Links, 2 für Rechts und 3 für Rand).
>
> Wenn also ein Template ein dreispaltiges Layout erzeugt und für den Inhalt der linken Spalte aus der Datenbank alle Inhaltselemente holt, deren colPos-Wert gleich 1 ist, würden Sie die Inhaltselemente in der Eingabemaske unter der Links-Spalte anlegen (weil diese mit dem colPos-Wert 1 verbunden ist).

Der sicherste Weg, um herauszufinden, welche Eingabespalten welchen Bereichen eines Template-Layouts zugeteilt sind, ist, einfach in jeder Spalte einen entsprechenden Text anzulegen (beispielsweise »Dies ist die Spalte LINKS«) und sich dann die Webseite anzuschauen.

3.5.2 Spaltenanzeige der Eingabemaske anpassen

Sie können die Spaltenanzeige an das verwendete Template anpassen. Für die Bearbeitung unserer *Hotel Windsor*-Seite wäre es z.B. ganz zweckdienlich, wenn lediglich die Eingabespalten Normal und Rand, die zu den Spalten unseres Layouts korrespondieren, angezeigt würden.

1. Öffnen Sie die Seiteneigenschaften.

   Klicken Sie dazu in der Seiteninhalt-Eingabemaske auf die Schaltfläche Seiteneigenschaften bearbeiten oder klicken Sie im Seitenbaum auf das Symbol der Seite und wählen Sie im Kontextmenü den Befehl Seiteneigenschaften bearbeiten aus.

2. Wechseln Sie zur Registerkarte OPTIONEN.

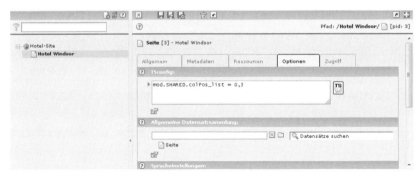

Abb. 3.12:
Festlegen der anzuzeigenden Eingabespalten
(0 steht für NORMAL, 1 für LINKS, 2 für RECHTS und 3 für RAND)

3. Weisen Sie im Eingabefeld TSCONFIG: der TypoScript-Eigenschaft mod.SHARED.colPos_list eine durch Kommata getrennte Liste der colPos-Nummern zu, deren Eingabespalten angezeigt werden sollen. In unserem Fall also:

mod.SHARED.colPos_list=0,3

Die Reihenfolge der Spalten in der Anzeige entspricht der Reihenfolge, in der ihre Indexnummern aufgelistet werden.

Über die Schaltfläche TS rechts neben dem Eingabefeld können Sie eine Hilfe zu den TypoScript-Eigenschaften aufrufen.

4. Klicken Sie auf das Diskettensymbol mit dem Kreuz, um die Änderungen zu speichern und zur Ausgangsmaske zurückzukehren.

Abb. 3.13:
Die angepasste Eingabemaske

79

3.5.3 Inhalte einfügen

In diesem Abschnitt werden wir die Inhaltselemente für die beiden Spalten unserer Webseite eingeben. »Eingeben« bedeutet dabei nicht etwa, dass wir die Inhalte in eine HTML-Datei schreiben. Vielmehr benutzen wir die TYPO3-Eingabemasken, um die Inhalte in die zugrunde liegende Datenbank einzutragen (ein Datensatz für jedes Inhaltselement). Zwischendurch kontrollieren wir gelegentlich, wie diese Inhalte später von TYPO3 – und unter Zuhilfenahme der im *CANDIDATE*-Template festgelegten Regeln – gerendert und in eine Webseite verwandelt werden.

Unsere Inhaltselemente sind Überschriften, Texte, Bilder und Kombinationen daraus:

Tabelle 3.2:
Die anzulegenden Inhaltselemente

Hauptspalte	Randspalte
Zwei Überschriften	Kontaktinformationen
Zwei Bild-Text-Kombinationen	Karte der Umgebung
Eine Aufzählung	

Die Bilder haben wir bereits in das Verzeichnis *fileadmin/images* kopiert. Die Texte finden Sie auf der Buch-DVD in der Datei *Beispiele/Hotelsite/hotelwindsor.txt*.

1. Wählen Sie das Modul WEB/SEITE aus.
2. Klicken Sie im Seitenbaum auf den Titel der Seite *Hotel Windsor*.

Überschrift

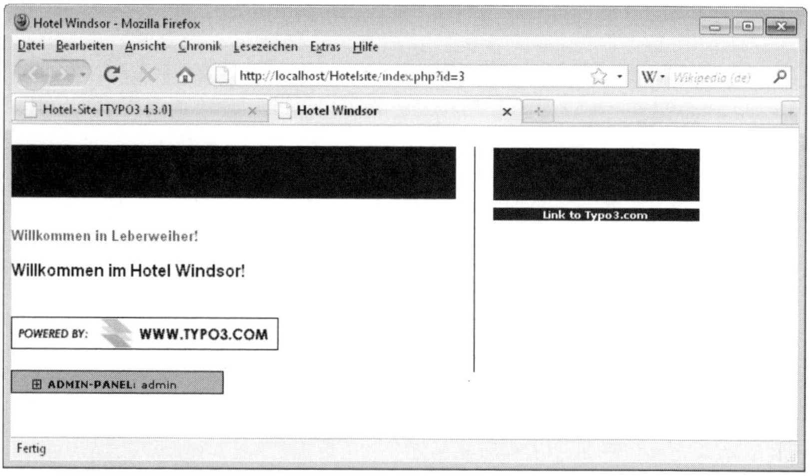

Abb. 3.14:
Die Webseite nach Einfügen der beiden Überschriften

80

Als Erstes fügen wir zwei direkt aufeinanderfolgende Überschriften ein. Prinzipiell hätte eine zweizeilige Überschrift genügt. Doch da wir die beiden Zeilen unterschiedlich formatieren möchten, sind zwei Überschriftenelemente die bessere Alternative.

Abb. 3.15:
Für das erste Inhaltselement in der Normal-Spalte gibt es eine Sonderschaltfläche.

3. Klicken Sie auf die Schaltfläche Seiteninhalt anlegen in der Normal-Spalte.

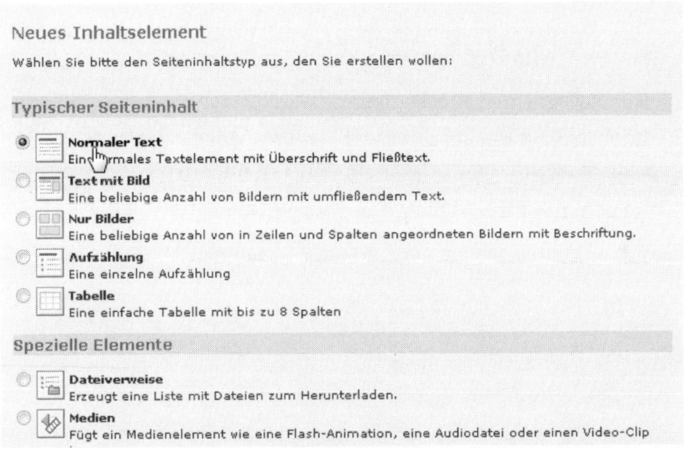

Abb. 3.16:
Hier wählen Sie, welche Art von Inhalt Sie einfügen möchten.

4. Wählen Sie als Inhaltselement Normaler Text.
5. Ändern Sie in der Seiteninhalt-Eingabemaske den Typ von *Text* in *Überschrift*, woraufhin die Eingabemaske neu aufgebaut wird.

Abb. 3.17: Eingabemaske für Überschriften

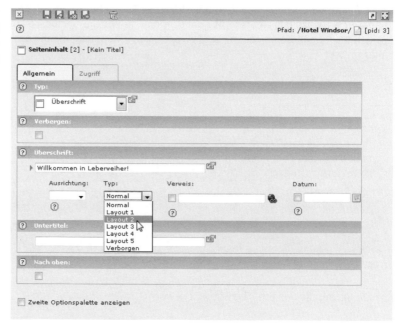

6. Geben Sie im Feld ÜBERSCHRIFT als Begrüßung ein:

   Willkommen in Leberweiher!

7. Klicken Sie dann auf das Symbol rechts, um die zusätzlichen Optionen anzeigen zu lassen, und setzen Sie den Typ auf *Layout 2*.

 8. Speichern und schließen Sie danach.

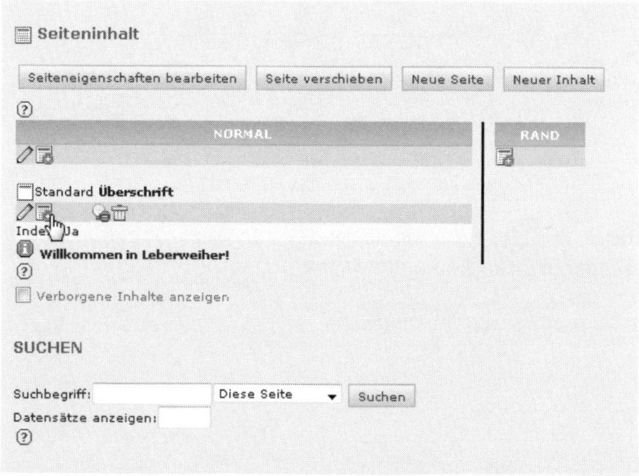

Abb. 3.18: Das neue Inhaltselement wird in der Spalte aufgelistet.

Zurück in der SEITENINHALT-Eingabemaske, die Sie jederzeit auch durch Klick auf den Seitentitel im Seitenbaum des WEB/SEITE-Moduls aufrufen können, sehen Sie nun, wie das neue Inhaltselement als eigener Abschnitt in der NORMAL-Spalte aufgeführt wird (siehe Abbildung 3.18).

- Unter der Titelleiste, in der insbesondere der Typ des Elements angezeigt wird (hier »Überschrift«), folgt eine Symbolleiste, über die Sie das Element bearbeiten oder löschen können, und schließlich der Inhalt des Elements.
- Über das Datensatzsymbol mit dem Pluszeichen können Sie ein weiteres Element unter dem aktuellen Element anlegen. (Dies erklärt auch die leere Symbolleiste über unserem Element. Deren Seitensymbol wird benötigt, um jederzeit ganz oben noch ein Element einzufügen.)

9. Klicken Sie jetzt auf das Datensatzsymbol in der Symbolleiste unserer ersten Überschrift (siehe Abbildung 3.18), um unter der Überschrift ein weiteres Überschriftselement anzulegen. Diesmal mit dem Text

   ```
   Willkommen im Hotel Windsor!
   ```
   und unter Beibehaltung des Typs NORMAL.

10. Klicken Sie zum Speichern auf das Diskettensymbol mit der Lupe, um sich nach dem Speichern das Ergebnis als Webseite im Browser anzusehen (siehe Abbildung 3.14).

Wir haben hier durch Auswahl der Typen *Normal* und *Layout 2* den beiden Überschriften unterschiedliche Formatierungen zugewiesen. Beachten Sie aber, dass dies nur deshalb funktioniert, weil das zugrunde liegende Template so geschrieben wurde, dass es die verschiedenen Typen auch unterstützt. Beachten Sie weiterhin, dass die Formatierung, die mit den Typen verbunden ist, gänzlich vom Template abhängt. Das *CANDIDATE*-Template z.B. erzeugt keine <hX>-Überschriften, sondern formatiert die Überschriften standardmäßig mithilfe der Tags <font> und <b>:

```
<font face="Arial" size="2" color="green"><b>Willkommen in
Leberweiher!</b></font><br />
<font face="Arial" size="3" color="black"><b>Willkommen im Hotel
Windsor!</b></font>
```

Wie Sie dieses Verhalten anpassen können, erfahren Sie in Abschnitt 3.6.

Text mit Bild

Abb. 3.19:
Die Webseite nach Einfügen der beiden Text/Bild-Blöcke

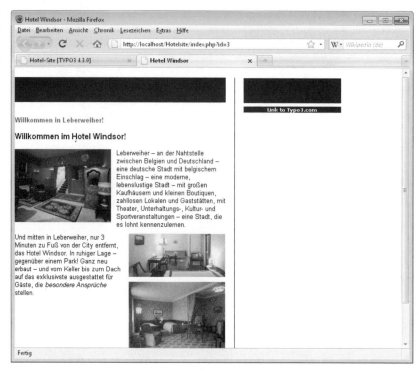

Als Nächstes fügen wir unter den Überschriften zwei Textblöcke mit Bildern (einmal links, einmal rechts) ein.

1. Fügen Sie unter der zweiten Überschrift ein weiteres Inhaltselement ein.

   Klicken Sie dazu in der Seiteninhaltsansicht in der Symbolleiste der zweiten Überschrift auf das Datensatzsymbol.

2. Wählen Sie als Inhaltselement TEXT MIT BILD.

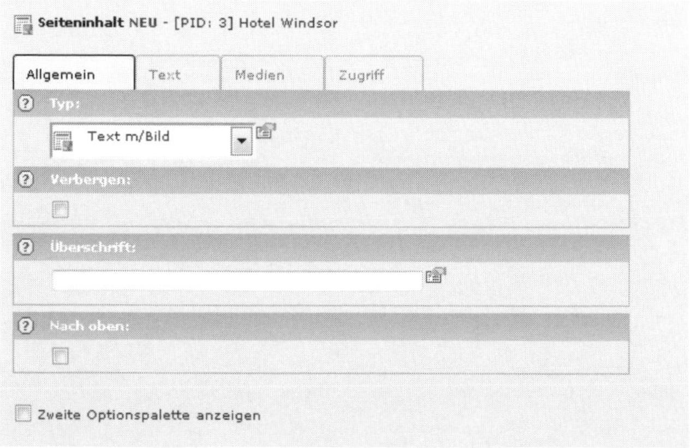

Abb. 3.20:
Die Eingabemaske für TEXT MIT BILD-Elemente

Die Eingabemaske besteht jetzt nicht mehr nur aus zwei, sondern gleich aus vier Registerkarten:

Aufbau der Eingabemaske

- Auf der Registerkarte ALLGEMEIN legen Sie Eigenschaften fest, die das gesamte Inhaltselement betreffen – wie Typ, Sichtbarkeit oder die Überschrift, unter der das Element in die Datenbank eingetragen wird.
- Auf der Registerkarte TEXT geben Sie den anzuzeigenden Text ein.
- Auf der Registerkarte MEDIEN wählen Sie das anzuzeigende Bild aus.
- Auf der Registerkarte ZUGRIFF können Sie festlegen, ob das Element nur während eines bestimmten Zeitraums angezeigt werden soll.

Ein wenig überraschend ist, dass wir für unseren Textblock wiederum eine Überschrift vorsehen können.

Tatsächlich besitzt jedes der Inhaltselemente, welches wir hier in diesem Beispiel anlegen, eine Überschrift. Die genaue Erklärung dafür werde ich in Kapitel 4.1 nachreichen. Hier nur soviel: Für TYPO3 ist die »Überschrift« in erster Linie ein typischer Bestandteil eines jeden Inhaltselements, quasi sein beschreibender Titel. Ob dieser Titel später auch als Überschrift in der resultierenden Webseite zu sehen ist, hängt davon ab, welche Einstellungen der Designer in der Eingabemaske vornimmt (und ob das Template das Rendern der Überschriften überhaupt unterstützt). Mehr zur Arbeit mit Überschriften in Kapitel 4.2.

Die Doppelnatur der Überschriften

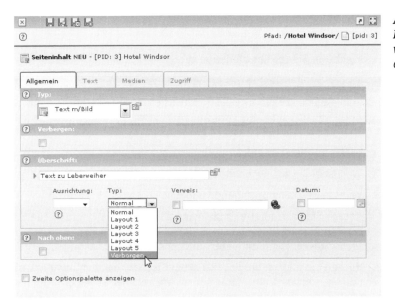

Abb. 3.21:
Die Überschrift vom Rendern ausschließen

3 In fünfzehn Minuten zur ersten Webseite

Unserem TEXT MIT BILD-Element werden wir eine rein organisatorische Überschrift zuweisen:

3. Geben Sie im Feld ÜBERSCHRIFT folgenden Text ein:

   Text zu Leberweiher

4. Klicken Sie dann auf das Symbol rechts, um die zusätzlichen Optionen anzeigen zu lassen und setzen Sie den TYP auf *Verborgen*.

Als Nächstes geben wir den Text ein.

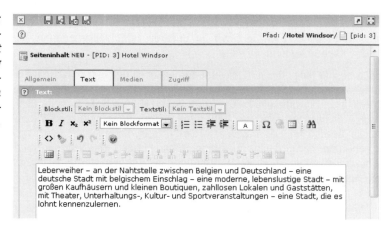

Abb. 3.22: Die Registerkarte TEXT zeigt standardmäßig einen RTF-Editor mit diversen Formatierungsoptionen.

5. Wechseln Sie zur Registerkarte TEXT.
6. Tippen Sie den Text in das große Eingabefeld ein.

   Zum Nachvollziehen ist es am einfachsten, wenn Sie den Text aus der Datei *Beispiele/Hotelsite/hotelwindsor.txt* von der Buch-DVD kopieren. Auf eine spezielle Formatierung verzichten wir.

Jetzt fehlt nur noch das Bild.

7. Wechseln Sie zur Registerkarte MEDIEN.
8. Wählen Sie das anzuzeigende Bild aus.

   Klicken Sie dazu auf das Ordnersymbol rechts neben dem Listenfeld aus dem Abschnitt BILDER. Es erscheint ein neues Fenster, in dem Sie ganz oben die *fileadmin*-Verzeichnisstruktur aufklappen können.

   Klicken Sie danach auf das Pfeilsymbol neben unserem *images*-Verzeichnis und es erscheint eine Liste der im Verzeichnis abgelegten Bilddateien – wahlweise mit Thumbnails (Aktivieren der Option VORSCHAUBILDER ANZEIGEN[1]).

   Wählen Sie, wie in Abbildung 3.23 zu sehen, das Bild *Windows_Foyer.png* aus und klicken Sie auf AUSWAHL IMPORTIEREN (oder klicken Sie auf den Titel der Bilddatei).

---

[1]. Diese Funktion setzt voraus, dass GraphicsMagick installiert ist.

Seite mit Inhalt füllen

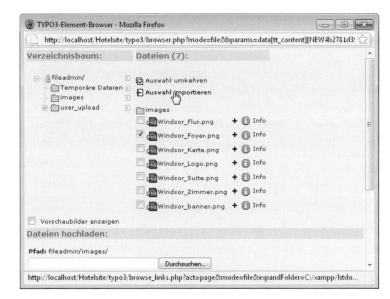

Abb. 3.23:
Auswahlfenster für Medien aus dem fileadmin-Verzeichnisbaum

In der Registerkarte MEDIEN sollte jetzt die Bilddatei im BILDER-Listenfeld aufgeführt werden.

9. Legen Sie jetzt noch fest, dass das Bild IM TEXT LINKS angezeigt werden soll, und geben Sie einen ALTERNATIVEN TEXT ein, beispielsweise »Das Foyer des Hotels ist ganz im englischen Stil eingerichtet«.

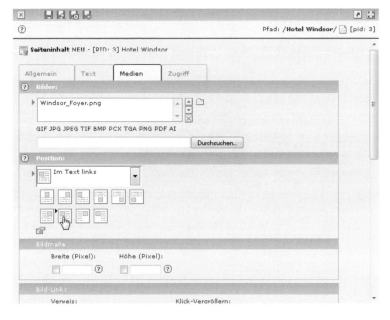

Abb. 3.24:
Die Eingabemaske für BILD-Elemente

87

10. Speichern und schließen Sie danach.

11. Richten Sie auf die gleiche Weise ein zweites TEXT MIT BILD-Element ein.

Entnehmen Sie den Text wiederum der Textvorlagen-Datei und formatieren Sie die Passage »besondere Ansprüche« in Kursivschrift.

Wählen Sie als Bilder *Windsor_Zimmer.png* und *Windsor_Suite.png* aus und lassen Sie die Bilder IM TEXT RECHTS anzeigen. Achten Sie auch darauf, dass das Bild *Windsor_Zimmer.png* im Listenfeld BILDER vor dem *Windsor_Suite.png* aufgeführt wird. Passen Sie die Reihenfolge dazu notfalls mit den Pfeilschaltflächen neben der Liste an.

12. Klicken Sie zum Speichern auf das Diskettensymbol mit der Lupe, um sich nach dem Speichern das Ergebnis als Webseite im Browser anzusehen (siehe Abbildung 3.19).

Wenn Sie die Bilder, die wir hier eingefügt haben, in ein Grafikprogramm laden, werden Sie schnell feststellen, dass die Bilder weder von den Pixelabmaßen noch von der Dateigröße an die Bedürfnisse unserer Webseite oder der Übertragung übers Internet angepasst sind. Beides erledigt TYPO3 für uns, siehe Kapitel 10.2.

Aufzählung

Jetzt fehlt nur noch eine Aufzählung der besonderen Vorzüge des Hotels. Den einleitenden Text zu der Aufzählung speichern wir einfach als Überschrift des AUFZÄHLUNG-Elements.

Abb. 3.25: Die Webseite nach Einfügen der Aufzählung

Seite mit Inhalt füllen

1. Fügen Sie unter dem zweiten Text/Bild-Block ein weiteres Inhaltselement ein.

    Klicken Sie dazu in der Seiteninhaltsansicht in der Symbolleiste des zweiten Text/Bild-Blocks auf das Datensatzsymbol.

2. Wählen Sie als Inhaltselement AUFZÄHLUNG.

3. Geben Sie auf der Registerkarte ALLGEMEIN im Feld ÜBERSCHRIFT folgenden Text ein:

    Ansprüche, die wir erfüllen:

4. Klicken Sie dann auf das Symbol rechts, um die zusätzlichen Optionen anzeigen zu lassen, und setzen Sie den Typ auf *Layout 2*.

5. Wechseln Sie zur Registerkarte AUFZÄHLUNG.

Abb. 3.26:
Die Eingabemaske für AUFZÄHLUNG-*Elemente*

6. Tippen Sie den Text in das Eingabefeld ein.

    Zum Nachvollziehen ist es am einfachsten, wenn Sie den Aufzählungstext aus der Datei *Beispiele/Hotelsite/hotelwindsor.txt* von der Buch-DVD kopieren.

    Beachten Sie, dass jeder Zeilenumbruch im Text einen neuen Aufzählungspunkt einleitet.

7. Klicken Sie zum Speichern auf das Diskettensymbol mit der Lupe, um sich nach dem Speichern das Ergebnis als Webseite im Browser anzusehen (siehe Abbildung 3.25).

89

Rechte Spalte

In der rechten Spalte blenden wir die Kontaktinformationen und darunter eine Skizze der Hotel-Umgebung ein.

Abb. 3.27:
Die Webseite
nach Füllen der
RAND-Spalte

Zuerst die Kontaktinformationen:

1. Klicken Sie in der Seiteninhaltsansicht in der Symbolleiste unter der RAND-Spalte auf das Datensatzsymbol, um ein Inhaltselement einzufügen.
2. Wählen Sie als Inhaltselement NORMALER TEXT.
3. Geben Sie auf der Registerkarte ALLGEMEIN im Feld ÜBERSCHRIFT folgenden Text ein:

   Auskunft und Reservierung

4. Klicken Sie dann auf das Symbol rechts, um die zusätzlichen Optionen anzeigen zu lassen, und setzen Sie den Typ auf *Layout 2*.
5. Wechseln Sie zur Registerkarte TEXT.
6. Tippen Sie die Kontaktinformationen in das große Eingabefeld ein.

   Zum Nachvollziehen ist es am einfachsten, wenn Sie den Text aus der Datei *Beispiele/Hotelsite/hotelwindsor.txt* von der Buch-DVD kopieren. Auf eine spezielle Formatierung verzichten wir.

7. Klicken Sie zum Speichern auf das Diskettensymbol mit dem Kreuz.

Jetzt fehlt nur noch die Anfahrtsskizze:

1. Klicken Sie in der RAND-Spalte auf das Datensatzsymbol aus der Symbolleiste der Kontaktinformationen.
2. Wählen Sie als Inhaltselement NUR BILDER.
3. Geben Sie auf der Registerkarte ALLGEMEIN eine verborgene Überschrift ein (zur Unterstützung der Listenansicht; oder verzichten Sie auf die Angabe einer Überschrift)
4. Wechseln Sie zur Registerkarte MEDIEN.
5. Klicken Sie dazu auf das Ordnersymbol rechts neben dem Listenfeld aus dem Abschnitt BILDER und wählen Sie in dem aufspringenden Fenster das Bild *Windsor_Karte.png* aus. Klicken Sie auf AUSWAHL IMPORTIEREN.
6. Wählen Sie als Position für das Bild OBEN LINKS.
7. Klicken Sie zum Speichern auf das Diskettensymbol mit der Lupe, um sich nach dem Speichern das Ergebnis als Webseite im Browser anzusehen (siehe Abbildung 3.27).

3.5.4 Inhalte bearbeiten

Bestehende Inhaltselemente können auf verschiedene Weisen bearbeitet werden. Einige Möglichkeiten möchte ich hier kurz skizzieren:

Inhaltselemente verschieben, verbergen oder löschen

Laden Sie hierzu die Seiteninhaltsansicht (Modul WEB/SEITE, Klick auf Seitentitel).

In der Symbolleiste der Elemente finden Sie Symbolschaltflächen zum Verschieben (abhängig von aktueller Position des Elements), Verbergen und Löschen.

Vollständige Eingabemaske laden

Laden Sie hierzu die Seiteninhaltsansicht (Modul WEB/SEITE, Klick auf Seitentitel).

Klicken Sie in der Symbolleiste des Elements auf das Bleistiftsymbol. TYPO3 öffnet daraufhin die komplette Eingabemaske für das Element.

Text direkt in Editor laden

Laden Sie hierzu die Seiteninhaltsansicht (Modul WEB/SEITE, Klick auf Seitentitel).

- Für Text-Blöcke klicken Sie auf die Schaltfläche IN RICH-TEXT-EDITOR BEARBEITEN am Ende des Eintrags.
- Für Überschriften klicken Sie einfach auf den Überschriftentext.
- Für Aufzählungen klicken Sie auf den Text und wechseln dann zur Registerkarte AUFZÄHLUNG.

Vorschauansicht und Frontend-Editing

Eine ganz andere, oft noch schnellere und bequemere Möglichkeit, Texte und Bilder zu bearbeiten, bietet das »Frontend-Editing«.

Abb. 3.28: Die Vorschauansicht (Modul WEB/ANZEIGEN) mit aktivierter Frontend-Bearbeitung

Um eine Seite in die Vorschauansicht zu laden, wählen Sie das Modul WEB/ANZEIGEN aus und klicken anschließend im Seitenbaum auf den Titel der anzuzeigenden Seite.

Früher, d.h. vor TYPO3 4.3, war das Plugin zur Frontend-Bearbeitung fest in TYPO3 integriert und mit der Vorschauansicht verbunden. Man musste lediglich in das Modul WEB/ANZEIGEN wechseln, wo neben jedem Seitenelement ein Bleistiftsymbol eingeblendet wurde, über das man das Element in die zugehörige Bearbeitungsmaske laden konnte.

Für TYPO3 4.3 wurde die Frontend-Bearbeitung gründlich überarbeitet und in eine nachzuinstallierende Erweiterung ausgelagert – weswegen wir uns erst in Kapitel 9.4 näher mit ihr befassen werden. Es sei aber bereits erwähnt, dass das neue Frontend-Editing-Plugin ganze Symbolleisten zur Bearbeitung der einzelnen Elemente einblendet und nicht nur im Modul WEB/ANZEIGEN, sondern auch für gerenderte Webseiten im Browser zur Verfügung steht (solange Sie im Backend angemeldet sind).

3.6 Layout anpassen (= Template konfigurieren)

Obwohl das Standard-Design der Webseite, wie es von dem *CANDIDATE*-Template vorgegeben wird, durchaus schon ganz ansprechend ist, wollen wir noch einige Veränderungen vornehmen. Im Einzelnen werden wir:

- Die Randspalte von rechts nach links setzen
- Die Spaltenbreite anpassen und den Inhalt einrücken
- Eigene Banner-Bilder festlegen

Layout anpassen (= Template konfigurieren)

- Die TYPO3-Verweise entfernen
- Mit eigenen CSS-Stilen auf die Überschriften-Formatierung einwirken
- Eine andere Hintergrundfarbe einstellen

Die meisten dieser Änderungen können wir vornehmen, indem wir passenden Konstanten, die vom Template vorgegeben werden, entsprechende Werte zuweisen. Dies geschieht im Modul WEB/TEMPLATE, das ich Ihnen im Folgenden kurz vorstellen möchte.

3.6.1 Das Modul Web/Template

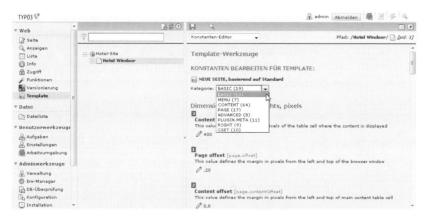

Abb. 3.29: Im Modul WEB/TEMPLATE können Sie das vom Template erzeugte Design anpassen.

1. Wählen Sie das Modul WEB/TEMPLATE aus.
2. Klicken Sie im Seitenbaum auf den Titel der Seite *Hotel Windsor*.

Im Arbeitsbereich erscheint nun eine Auflistung verschiedener Parameter (*Konstanten*) – wir befinden uns im Konstanteneditor.

Der Konstanteneditor

Im Konstanteneditor werden die einstellbaren Parameter untereinander aufgelistet. Unter dem Namen der Konstante folgt eine kurze Beschreibung. Manche Konstanten sind mit einer Nummer vor rotem Hintergrund markiert, die als Verweis in die Abbildung am Fuße der Seite dient. So können Sie mit einem Blick sehen, welches Element Sie über diese Konstante konfigurieren.

Unter der Beschreibung wird der aktuelle Wert der Konstante angezeigt. Vor dem Wert steht das Bleistiftsymbol, auf das Sie klicken, wenn Sie die Konstante bearbeiten möchten. Das Bleistiftsymbol wird dabei durch ein Pfeilsymbol ausgetauscht. Wenn Sie dieses anklicken, wird der Originalwert wieder hergestellt.

Vergessen Sie nicht, alle Einstellungen durch Speichern (Diskettensymbol in Symbolleiste ganz oben) permanent zu machen.

Die Anzahl der einstellbaren Parameter ist so umfangreich, dass die Parameter auf acht Kategorien aufgeteilt wurden. Im Arbeitsbereich sehen Sie also immer nur die Parameter einer Kategorie. Um die Kategorie zu wechseln, klappen Sie das Listenfeld KATEGORIE auf und wählen die gewünschte Kategorie aus.

Tabelle 3.3:
Die Kategorien für die Parameter des CANDIDATE-Templates

Kategorie	Beschreibung
Basic	Allgemeine Einstellungen, wie z.B.:
	– die Breite der Tabelle (das *CANDIDATE*-Template benutzt ein Tabellen-Layout)
	– die Seitenränder
	– die Bilder für die Banner
	– die Option zum Einblenden des Seitentitels in das Hauptbanner
	– die Farben für Hintergrund und Hyperlinks
Menu	Ein- oder Ausschaltung sowie Konfiguration der Menüleiste (wird von uns nicht genutzt)
Content	Konfiguration der verschiedenen Inhaltselemente (Links, Überschriften, Text, Bilder, Aufzählungen, Tabellen, etc.)
Page	Seitenbezogene Einstellungen wie z.B.:
	– Ausdehnung des Hauptbanners über die Randspalte
	– Hintergrundfarbe
	– Einblendung des Aktualisierungsdatums
	– Konfiguration der Trennspalte
	– Angabe von Meta-Schlüsselwörtern zur Unterstützung von Suchmaschinen
Advanced	Diverse fortgeschrittene Einstellungen, wie z.B. die Rahmung der Bilder oder die Einblendung des TYPO3-Logos
Plugin, Meta	Angabe von Meta-Informationen, unter anderem zu Sprache, Autor, Schlüsselwörter, Hinweise für Webroboter und Suchmaschinen
Right	Konfiguration der Randspalte, z.B.:
	– Breite
	– Schrift
	– Farben
	– Anzeige rechts oder links
	– komplette Unterdrückung
CSet	Allgemeine Konstanten für Schrift und Farbe

Die Kategorien werden von allen Standard-Templates in etwa der gleichen Weise genutzt.

Liste aller Konstanten

Wenn Sie mit der Konfiguration von Templates erst ein wenig besser vertraut sind, wird Ihnen die Umschaltung zwischen den einzelnen Kategorien des Konstanteneditors auf die Dauer womöglich zu umständlich sein, und Sie würden lieber alle Konstanten auf einen Blick übersehen und bearbeiten.

1. Rufen Sie dazu den TypoScript-Objektbrowser auf.

   Klappen Sie das Listenfeld ganz oben unter der Symbolleiste auf (in dem standardmäßig die Option *Konstanten-Editor* zu lesen ist) und wählen Sie die Option *TypoScript-Objekt-Browser*.

   Wenn der TypoScript-Objektbrowser erscheint, achten Sie darauf, dass im Durchsuchen-Listenfeld die Option *Konstanten* eingestellt ist.

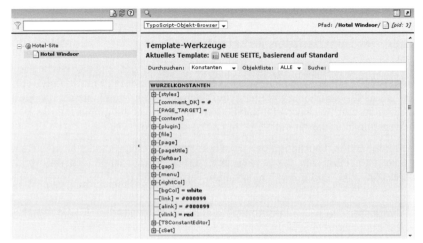

Abb. 3.30:
Der TypoScript-Objektbrowser

Um eine bestimmte Konstante zu bearbeiten (oder einzusehen), klicken Sie gegebenenfalls den zugehörigen Zweig bis zur Konstante auf. Anschließend müssen Sie nur noch auf die Konstante klicken, um eine Eingabemaske zur Bearbeitung der Konstante zu öffnen.

Die Konstanten bilden die Enden der Hierarchiezweige und sind unter anderem am Gleichheitszeichen zu erkennen.

Abb. 3.31:
Bearbeitung einer Konstante (hier die Seitenabstände links und oben) im TypoScript-Objektbrowser

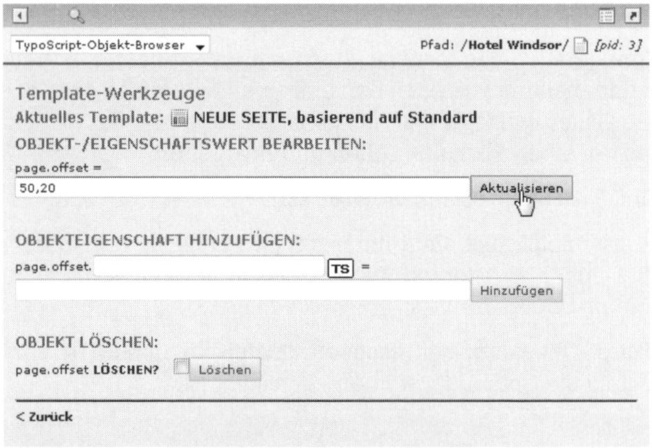

Liste der bearbeiteten Konstanten

Wenn Sie sich schnell einen Überblick darüber verschaffen wollen, welche Konstanten Sie bearbeitet haben, wählen Sie im Listenfeld den Eintrag *Info/Bearbeiten*. Es erscheint eine Tabelle, in der Sie in der vorletzten Zeile auf das Bleistiftsymbol zum KONSTANTEN-Eintrag klicken. Es erscheint ein großes Eingabefeld, in dem alle geänderten Einstellungen aufgeführt sind.

Hier können Sie die Änderungen einsehen, direkt bearbeiten oder auch weitere Änderungen eintragen. (Letzteres setzt natürlich voraus, dass Sie mit den TypoScript-Objekten und ihren Eigenschaften vertraut sind.)

Vergessen Sie nicht, Ihre Änderungen durch Klick auf das Diskettensymbol abzuspeichern.

Abb. 3.32:
Direktbearbeitung geänderter Konstanten

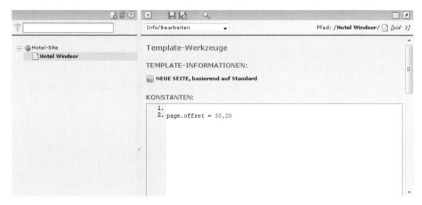

Layout anpassen (= Template konfigurieren)

3.6.2 Seitenaufteilung

Beginnen wir damit, dass wir die Randspalte, die standardmäßig links angezeigt wird, nach rechts versetzen.

Randspalte nach links

1. Wählen Sie im Konstanteneditor des WEB/TEMPLATE-Moduls die Kategorie *Right* aus.

2. Scrollen Sie nach unten zur Option LEFT INSTEAD OF RIGHT?.

   Klicken Sie auf das Bleistiftsymbol und markieren Sie anschließend das eingeblendete Kontrollkästchen.

3. Speichern Sie Ihre Änderungen.

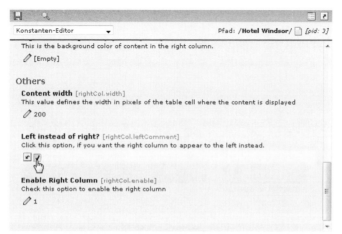

Abb. 3.33: Die Randspalte wird nach links gesetzt.

Das CANDIDATE-Template zentriert den Seiteninhalt durch Einfassung in ein div-Element, für das es den CSS-Stil text-align auf center setzt. Dies funktioniert gut in älteren IE-Explorern, versagt aber in manchen anderen Browsern. Damit unser Seiteninhalt in diesen Browsern nicht zu sehr am linken Rand klebt, rücken wir den Seiteninhalt ein wenig vom linken Rand ab.

Zentrierung kontra Seitenrand

1. Wählen Sie im Konstanteneditor des WEB/TEMPLATE-Moduls die Kategorie *Basic* aus.

2. Scrollen Sie nach unten zur zweiten Option PAGE OFFSET.

   Klicken Sie auf das Bleistiftsymbol und geben Sie in dem erscheinenden Eingabefeld für x den Wert 50 ein.

3. Speichern Sie Ihre Änderungen.

Spaltenbreite ändern Die Breite der Hauptspalte ist standardmäßig auf 400 Pixel eingestellt. Diesen Wert wollen wir auf 600 heraufsetzen.

1. Wählen Sie im Konstanteneditor des WEB/TEMPLATE-Moduls die Kategorie *Basic* aus.
2. Scrollen Sie zur ersten Option CONTENT WIDTH.

   Klicken Sie auf das Bleistiftsymbol und geben Sie in dem erscheinenden Eingabefeld den Wert 600 ein.

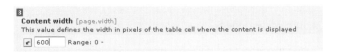

3. Speichern Sie Ihre Änderungen.
4. Klicken Sie auf das Lupensymbol, um den Effekt Ihrer Änderungen im Browser zu begutachten.

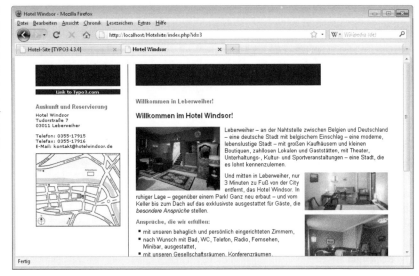

Abb. 3.34: Die Randspalte hat die Position gewechselt, die Hauptspalte wurde verbreitert und der gesamte Inhalt wurde vom Browserrand abgerückt.

3.6.3 Banner und Logo

Als Nächstes werden wir die blauen Banner oben in den Spalten durch eigene Bilder ersetzen. In der (jetzt) linken Spalte soll das Logo des Hotels eingeblendet werden, in der Hauptspalte soll ein Bild mit der Außenansicht und dem Restaurant-Interieur des Hotels zu sehen sein.

Layout anpassen (= Template konfigurieren)

1. Wählen Sie im Konstanteneditor des WEB/TEMPLATE-Moduls die Kategorie *Basic* aus.

   Banner-Bilder festlegen

2. Scrollen Sie nach unten zur Option TOP IMAGE, LEFT (dies ist das Banner-Bild für die Hauptspalte)

   Klicken Sie zuerst auf das Bleistiftsymbol und danach auf die eingeblendete Schaltfläche DURCHSUCHEN.

   Wählen Sie in dem aufspringenden Dialogfenster das Bild *Windsor_banner.png* aus dem *fileadmin/images*-Verzeichnis der TYPO3-Site aus.

3. Scrollen Sie weiter nach unten zur Option TOP IMAGE, RIGHT (dies ist das Banner-Bild für die Randspalte)

   Klicken Sie zuerst auf das Bleistiftsymbol und danach auf die eingeblendete Schaltfläche DURCHSUCHEN.

   Wählen Sie in dem aufspringenden Dialogfenster das Bild *Windsor_Logo.png* aus dem *fileadmin/images*-Verzeichnis der TYPO3-Site aus.

4. Scrollen Sie noch weiter nach unten zur Option ENABLE TITLE ON LEFT IMAGE.

   Klicken Sie auf das Bleistiftsymbol und löschen Sie anschließend das eingeblendete Kontrollkästchen.

5. Speichern Sie Ihre Änderungen.

6. Klicken Sie auf das Lupensymbol, um den Effekt Ihrer Änderungen im Browser zu begutachten.

Abb. 3.35:
Die Spalten haben neue Top-Bilder erhalten.

3.6.4 TYPO3-Verweise

Derzeit enthält unsere Webseite drei Reminiszenzen an TYPO3:

- den Link zu *TYPO3.com*, oben in der Randspalte
- das TYPO3-Logo am Ende der Hauptspalte
- das Admin-Bedienfeld unten im Browserfenster

Während das Admin-Bedienfeld automatisch verschwindet, wenn die Webseite aufgerufen wird, ohne dass Sie gleichzeitig beim Backend der Site angemeldet sind, müssen Sie die beiden anderen Hinweise, falls Sie dies wünschen, selbst entfernen.

TYPO3-Link entfernen
1. Wählen Sie im Konstanteneditor des WEB/TEMPLATE-Moduls die Kategorie *Advanced* aus.
2. Scrollen Sie nach unten zur Option "TYPO3 POWERED BY" LOGO.

   Klicken Sie auf das Bleistiftsymbol und wählen Sie im erscheinenden Listenfeld die erste (leere) Option.
3. Speichern Sie Ihre Änderungen.

TYPO3-Logo entfernen
4. Wählen Sie im Konstanteneditor des WEB/TEMPLATE-Moduls die Kategorie *Basic* aus.
5. Scrollen Sie nach unten zur Option RIGHT COLUMN BAR.

   Klicken Sie zuerst auf das Bleistiftsymbol und danach auf die eingeblendete Schaltfläche DURCHSUCHEN.

   Wählen Sie in dem aufspringenden Dialogfenster das Bild *clear.gif* aus dem Verzeichnis der TYPO3-Site (*Hotelsite*) aus.

6. Speichern Sie Ihre Änderungen.
7. Klicken Sie auf das Lupensymbol, um den Effekt Ihrer Änderungen im Browser zu begutachten.

3.6.5 Formatierung mit CSS

Nun wenden wir uns den Überschriften zu. Diesmal begnügen wir uns allerdings nicht damit, einfach nur den Template-Konstanten neue Werte zuzuweisen (obwohl dies möglich wäre). Diesmal wollen wir die Formatierung durch ein externes CSS-Stylesheet steuern.

Zunächst werden wir uns allerdings anschauen, auf welche Weise unser *CANDIDATE*-Template die Überschriften eigentlich formatiert. Dazu werfen wir einen Blick in den HTML-Quelltext der gerenderten Seite.

Der erzeugte HTML-Quelltext

Wie Sie bereits wissen, arbeiten Sie im TYPO3-Backend ausschließlich mit virtuellen Webseiten. Erst wenn Sie auf das Lupensymbol klicken, baut TYPO3 aus den Seiteninhaltselementen und den Template-Regeln die tatsächliche Webseite auf und schickt den resultierenden HTML-Quelltext an den Browser. Dort können Sie den Quelltext einsehen – vorausgesetzt Ihr Browser bietet dazu einen entsprechenden Menübefehl an.

1. Laden Sie die Webseite in den Browser.

   Klicken Sie z.B. im Modul WEB/TEMPLATE auf das Lupensymbol in der Symbolleiste.

2. Rufen Sie im Browser den Befehl zum Anzeigen des HTML-Quelltextes auf.
3. Nutzen Sie die Suchfunktion des Browsers, um zum ersten Vorkommen des Textes »Willkommen« zu springen.

Wie Sie erkennen können, formatiert das *CANDIDATE*-Template die Überschriften nicht mit <hX>-Tags, sondern – etwas antiquiert – mithilfe der Tags <font> und <b>:

```
<font face="Arial" size="2" color="green"><b>Willkommen in
Leberweiher!</b></font>

<font face="Arial" size="3" color="black"><h>Willkommen im Hotel
Windsor!</b></font>
```

Die unterschiedliche Formatierung der Überschriften rührt daher, dass wir für die obere Überschrift das *Layout 2* und für die untere Überschrift das Layout *Normal* (= *Layout 1*) ausgewählt haben (siehe Abschnitt 3.5.3).

Für eine Formatierung mithilfe externer Stylesheets ist diese HTML-Ausgabe natürlich äußerst ungünstig. Wir werden Sie daher austauschen.

Die Überschriften-Formatierung auf die Verwendung von Stylesheets vorbereiten

Um die Überschriften mithilfe eines Stylesheets formatieren zu können, sorgen wir dafür, dass das *CANDIDATE*-Template die Überschriften in <hX>-Tags bzw. <span class="subheader">-Tags einfasst.

Tags der Überschriften ändern

1. Wählen Sie im Konstanteneditor des WEB/TEMPLATE-Moduls die Kategorie *Content* aus.

2. Scrollen Sie nach unten zur Option HEADER "LAYOUT1".

   Klicken Sie auf das Bleistiftsymbol und ersetzen Sie den Inhalt des ersten Eingabefeldes (für das Start-Tag) durch <h1> und den Inhalt des zweiten Eingabefeldes (für das End-Tag) durch </h1>.

3. Gehen Sie zur Option HEADER "LAYOUT2".

   Klicken Sie auf das Bleistiftsymbol und ersetzen Sie den Inhalt des ersten Eingabefeldes (für das Start-Tag) durch <span class="subheader"> und den Inhalt des zweiten Eingabefeldes (für das End-Tag) durch </span>.

4. Speichern Sie Ihre Änderungen.

5. Klicken Sie auf das Lupensymbol, um den Effekt Ihrer Änderungen im Browser zu begutachten.

Abb. 3.36: Noch haben wir durch die veränderte Überschriften-Ausgabe nichts gewonnen.

Externe CSS-Stylesheets einbinden

Die TYPO3-Überschriften vom Typ *Layout 2* werden jetzt als `div`-Elemente, die Überschrift vom Typ *Normal* als `h1`-Element ausgegeben. Die daraus resultierende Formatierung ist allerdings nicht sehr ansprechend. Um dies zu korrigieren, werden wir nun folgendes externe CSS-Stylesheet anwenden:

1. Legen Sie im *fileadmin*-Verzeichnis der TYPO3-Site ein Unterverzeichnis *css* an (vgl. Ausführungen in Abschnitt 3.2). **CSS-Datei anlegen**

2. Erzeugen Sie eine Textdatei namens *addstyles.css* mit nachfolgendem Inhalt und speichern Sie diese im Unterverzeichnis *css*.

```
h1 {
    color: maroon;
    margin: 0 0 0 0;
    padding: 0 0 0 0;
}

span.subheader {
    color: maroon;
    font-family: Arial, sans-serif;
    font-weight: bold;
    font-size: 0.8em;
}
```

Um der Seite ein zusätzliches externes Stylesheet zuzuweisen, gehen Sie wie folgt vor:

1. Klappen Sie im Modul WEB/TEMPLATE das Listenfeld ganz oben unter der Symbolleiste auf und wählen Sie den Eintrag *Info/Bearbeiten*.

2. Klicken Sie in der erscheinenden Tabelle auf das Bleistiftsymbol in der KONFIGURATION-Zeile.

3. Tippen Sie in das Eingabefeld folgenden Text ein:

```
page.includeCSS {
    file1 = fileadmin/css/addstyles.css
}
```

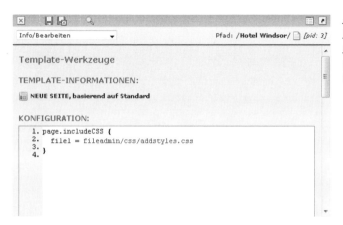

Abb. 3.37: Einbinden einer externen CSS-Datei mittels TypoScript

4. Speichern Sie Ihre Änderungen.
5. Leeren Sie die Caches und klicken Sie dann auf das Lupensymbol, um den Effekt Ihrer Änderungen im Browser zu begutachten.

Abb. 3.38: Die Überschriften wurden mithilfe eines externen Stylesheets formatiert.

3.6.6 Abschlussarbeiten

Zum Schluss ändern wir noch die Hintergrundfarbe.

1. Wählen Sie im Konstanteneditor des WEB/TEMPLATE-Moduls die Kategorie *Basic* aus.
2. Scrollen Sie nach unten zur Option BACKGROUND COLOR.

   Klicken Sie auf das Bleistiftsymbol und geben Sie im daraufhin eingeblendeten Eingabefeld den RGB-Wert #EFCFAF ein.
3. Speichern Sie Ihre Änderungen.
4. Klicken Sie auf das Lupensymbol, um den Effekt Ihrer Änderungen im Browser zu begutachten (siehe Abbildung 3.1).

3.7 Fragen und Übungen

1. In welchem Modul legen Sie die Inhaltselemente einer Seite fest?
2. In welchem Modul passen Sie das vom Template erzeugte Layout an?
3. Wie erzeugen Sie ein eigenständiges Überschrift-Inhaltselement?
4. Warum besitzt jedes Inhaltselement eine Überschrift?
5. Sehen Sie sich die Liste aller Änderungen an, die Sie in Abschnitt 3.6 vorgenommen haben.
6. Laden Sie den Text der Aufzählung aus der NORMAL-Spalte in die zugehörige Eingabemaske. Löschen Sie dann den abschließenden Nebensatz »und damit wir Sie bald ...«, speichern Sie und legen Sie ein neues Text-Inhaltselement an, welches einen gleichlautenden Text »Damit wir Sie bald ...« als Abschlusssatz am Ende der NORMAL-Spalte einfügt.
7. Kreieren Sie eine eigene Webseite.

KAPITEL 4

Text, Bilder, Hyperlinks, Tabellen und Co.

In diesem Kapitel werden wir uns die verschiedenen Inhaltselemente etwas genauer anschauen. Beginnen werden wir allerdings mit einigen allgemeinen Hintergrundinformationen und der Kurzvorstellung der beiden wichtigsten Ansichten für Inhaltselemente: die Seiteninhalts- und die Listenansicht. In den nachfolgenden Einzelbeschreibungen sehen wir uns dann an, wie die betreffenden Elemente erstellt und konfiguriert werden können. Auf weniger wichtige oder selbsterklärende Einstellungen wird nicht weiter eingegangen.

4.1   Grundlagen der Inhaltselemente

Für uns besteht ein deutlicher Unterschied zwischen einer Überschrift, einem Text, einem Bild oder einer Tabelle. Für TYPO3 sind dies alles Inhaltselemente, die zusammen in der Datenbanktabelle *tt_content* abgespeichert werden.

4.1.1   Die tt_content-Tabelle

Jedes Inhaltselement bildet einen eigenen Datensatz in der Tabelle *tt_content*, d.h. es verfügt über alle Felder der Tabelle. Da in *tt_content* alle möglichen Arten von Inhaltselementen verwaltet werden, müssen die Felder der Tabelle so gewählt sein, dass in ihnen alle relevanten Informationen für alle möglichen Inhaltselemente gespeichert werden können. Die Datensätze der Inhaltselemente speichern daher unter anderem:

- die eindeutige ID des Inhaltselements (Feld *uid*)
- die ID der Seite, in die das Element eingefügt werden soll (Feld *pid*)
- die Angabe der Spalte, in die das Element eingefügt werden soll (Feld *colPos*)

4 Text, Bilder, Hyperlinks, Tabellen und Co.

- eine Überschrift (Feld *header*)
- einen Text (Feld *bodytext*)
- Verweise auf einzublendende Bilder (Feld *image*)
- Hinweise zur Formatierung etc.

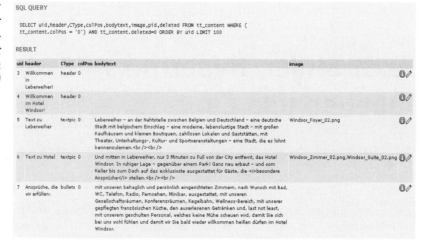

Abb. 4.1: Aufbau der tt_content-Tabelle (mit ausgesuchten Feldern)

4.1.2 Die Seiteninhaltsansicht

Die Seiteninhaltsansicht des Moduls WEB/SEITE, siehe Abbildung 4.2, ist nicht nur Ausgangspunkt für das Anlegen neuer Inhaltselemente. Sie bietet auch eine gute, nach Spalten geordnete Übersicht und erlaubt die bequeme Bearbeitung der einzelnen Elemente über die Befehle der Symbolleisten.

Abb. 4.2: Die Seiteninhaltsansicht

Die Symbolleiste

Zu jedem Inhaltselement, das in der Seitenansicht aufgeführt ist, gibt es eine Symbolleiste. Diese Symbolleiste kann bis zu sechs Symbole enthalten:

Tabelle 4.1: Die Elemente der Symbolleiste

Symbol	Befehl
✎	**Bearbeiten** Dieses Symbol ruft die Eingabemaske zum Bearbeiten des Inhaltselements auf. Dies ist dieselbe Eingabemaske, die Sie zum Erstellen des Elements benutzen. Durch Klick auf den Text oder das Bild eines Elements können Sie dessen spezielle Bearbeitungsmaske direkt aufrufen.
🗒	**Neuer Datensatz** Klicken Sie auf dieses Symbol, um unter dem aktuellen Element ein neues Element einzufügen. Später kann die Reihenfolge der Elemente jederzeit noch mit den Symbolen NACH OBEN und NACH UNTEN geändert werden.
▲	**Nach oben** Rückt das aktuelle Inhaltselement eine Position nach oben.
▼	**Nach unten** Rückt das aktuelle Inhaltselement eine Position nach unten.
🚫💡	**Verbergen/Sichtbar machen** Das erste Symbol verbirgt das Element, d.h., es verbleibt in der Datenbank, wird aber nicht mehr auf der Webseite angezeigt (und auch nicht in der Seitenansicht). Um ein verborgenes Element wieder sichtbar zu machen, markieren Sie am Ende der Spalte die Option VERBORGENE INHALTE ANZEIGEN, damit die verborgenen Elemente in der Seitenansicht mit aufgeführt werden. Danach können Sie das Element durch Klick auf das Glühbirnensymbol wieder sichtbar machen (sprich auf der Webseite anzeigen lassen).
🗑	**Löschen** Zum Löschen des Inhaltselements. Achtung! Lassen Sie sich nicht von dem Papierkorbsymbol täuschen. Das Element wird anders als beim Papierkorb des Betriebssystems unwiderruflich gelöscht. Um Elemente widerruflich löschen zu können, müssen Sie sie eine *Papierkorb*-Seite anlegen (siehe Kapitel 6.6.2)) oder das Recycler-Modul aktivieren (siehe Kapitel 11.1).

Verfügt das Element über einen Text, können Sie diesen direkt durch Doppelklick zur Bearbeitung öffnen.

Zum Kopieren von Inhaltselementen wechseln Sie z.B. in das Modul WEB/ SEITE, klicken mit der Maus auf das Symbol, welches das Inhaltselement repräsentiert, und wählen den Befehl KOPIEREN aus.

Einstellung der Spaltenzahl

In der Seitenansicht werden die Inhaltselemente nach Spalten organisiert (siehe Kapitel 3.5.2). Welche Spalten für eine Seite angezeigt werden sollen, können Sie über die Seiteneigenschaften festlegen.

1. Wählen Sie das Modul WEB/SEITE aus.
2. Klicken Sie im Seitenbaum das Symbol der Seite und wählen Sie im Kontextmenü den Befehl SEITENEIGENSCHAFTEN BEARBEITEN aus.
3. Wechseln Sie zur Registerkarte OPTIONEN.

Abb. 4.3: Festlegen der anzuzeigenden Eingabespalten

4. Weisen Sie im Eingabefeld TSCONFIG: der TypoScript-Eigenschaft mod.SHARED.colPos_list eine durch Kommata getrennte Liste der colPos-Nummern zu, deren Eingabespalten angezeigt werden sollen (0 steht für NORMAL, 1 für LINKS, 2 für RECHTS und 3 für RAND) – also beispielsweise

   mod.SHARED.colPos_list=0,3

   Die Reihenfolge der Spalten in der Anzeige entspricht der Reihenfolge, in der ihre Indexnummern aufgelistet werden.

5. Klicken Sie auf das Diskettensymbol mit dem Kreuz, um die Änderungen zu speichern und zur Ausgangsmaske zurückzukehren.

Die Schnelleingabe

Über der Seiteninhaltsansicht, aber noch unter der TYPO3-Titelleiste befindet sich ein Listenfeld, in dem standardmäßig die Option *Spalten* ausgewählt ist. Eine gelegentlich interessante Alternative zur Spaltenansicht ist die Schnelleingabe, die Sie über das Listenfeld auswählen können.

In der Schnelleingabe wählen Sie über ein Listenfeld unter der Titelleiste das zu bearbeitende Inhaltselement aus (siehe Abbildung 4.4).

Grundlagen der Inhaltselemente

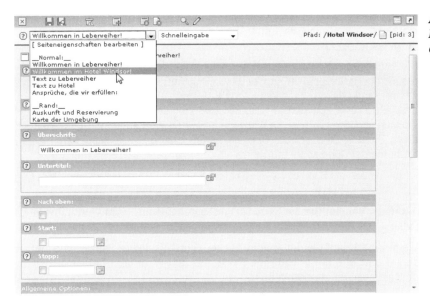

Abb. 4.4:
Die Schnelleingabe

4.1.3 Die Listenansicht

Eine andere Möglichkeit, sich eine Übersicht darüber zu verschaffen, welche Inhaltselemente für eine Seite definiert sind, ist die Listenansicht.

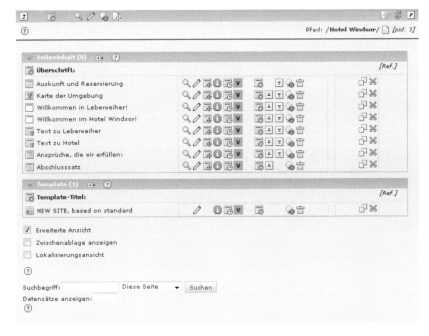

Abb. 4.5:
Die Listenansicht (in der erweiterten Ansicht)

4 Text, Bilder, Hyperlinks, Tabellen und Co.

Um die Listenansicht aufzurufen, wählen Sie das Modul WEB/LISTE aus. Im Arbeitsbereich erscheint daraufhin die Auflistung der Inhaltselemente (Bereich SEITENINHALT).

Die Auflistung der Inhaltselemente erfolgt unter Verwendung ihrer Überschriften. Erinnern Sie sich? In Kapitel 3.5.3, Abschnitt »Text mit Bild« wurde bereits darauf hingewiesen, dass jedes Inhaltselement über eine Überschrift verfügt, die TYPO3 vorrangig als Titel oder Beschreibung des Elements sieht und die auf Wunsch als Überschrift in die Webseite gerendert werden kann. Hier treffen wir diese Überschriften wieder und sie helfen uns, die verschiedenen Inhaltselemente der Seite zu identifizieren.

Wenn Sie auf das Symbol vor der Überschrift eines Elements klicken, öffnet sich das übliche Kontextmenü zur Bearbeitung des Elements.

Alternativ können Sie die ERWEITERTE ANSICHT aktivieren, woraufhin individuelle Symbole für die wichtigsten Befehle eingeblendet werden.

Wenn Sie z.B. auf das Infosymbol klicken, wird ein neues Fenster geöffnet, in dem die Inhalte der wichtigsten Felder aus dem tt_content-Datensatz des Inhaltselements angezeigt werden.

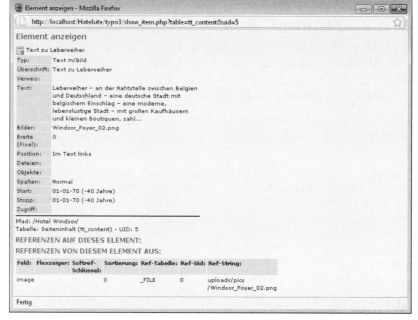

Abb. 4.6: Informationen zu einem Inhaltselement (die aufgeführten Werte entsprechen den Inhalten der Datensatzfelder CType, header, header_link, bodytext, image, imagewidth, imageorient, media, records, colPos, starttime, endtime und fe_group)

4.1.4 Die Eingabemaske

Die Eingabemaske, genauer gesagt die Auswahl an Registerkarten in der Eingabemaske, passt sich dem Typ des zu bearbeitenden Inhaltselements an. Allen Inhaltstypen gemeinsam sind die Registerkarten ALLGEMEIN und ZUGRIFF:

- Auf der Seite ALLGEMEIN legen Sie Eigenschaften fest, die das gesamte Inhaltselement betreffen – wie Typ, Sichtbarkeit oder die Überschrift, unter der das Element in die Datenbank eingetragen wird.

- Auf der Seite ZUGRIFF können Sie festlegen, ob das Element nur während eines bestimmten Zeitraums angezeigt werden soll.

Daneben gibt es noch diverse inhaltsspezifische Registerkarten wie TEXT, MEDIEN, AUFZÄHLUNG etc. Diese werden in den nachfolgenden Unterkapiteln beschrieben.

4.1.5 Austauschbarkeit

In dem einleitenden Abschnitt habe ich darauf hingewiesen, dass alle Inhaltselemente als Datensatz in der *tt_content*-Tabelle abgelegt werden und demzufolge alle über die gleichen Felder verfügen (wobei bestimmte Felder wie uid oder pid für alle Inhaltselemente gesetzt werden, während andere Felder wie bodytext oder image nur bei Bedarf gesetzt werden).

Die Tatsache, dass alle Inhaltselemente über die gleichen Felder verfügen, erlaubt es uns, den Typ eines Inhaltselements jederzeit in einen anderen Typ zu wechseln.

Um beispielsweise ein Bild-Element in eine Überschrift zu verwandeln, müssen Sie das Element lediglich zum Bearbeiten öffnen (beispielsweise indem Sie in der Seiteninhaltsansicht auf das Bleistiftsymbol des Elements klicken) und auf der Registerkarte ALLGEMEIN den Typ in ÜBERSCHRIFT umwandeln.

Die Umwandlung verändert allein das Typ-Feld des Datensatzes. Mit anderen Worten: Alle Eingaben des Datensatzes bleiben erhalten – auch diejenigen, die für eine Überschrift eigentlich weder nötig noch sinnvoll sind. Beim Rendern jedoch wird das Element fortan als Überschrift und nicht mehr als Bild behandelt. Das heißt, beim Rendern schaut TYPO3, ob im Überschriften-Feld (header) ein Text gespeichert ist und ob die Überschrift nicht verborgen bleiben soll. Trifft beides zu, wird der Text formatiert und in die Webseite ausgegeben.

Da bei der Typumwandlung eines Inhaltselements keine Daten (Feldinhalte) verworfen werden, können Sie ein Element ohne Probleme in einen anderen Typ und wieder zurück verwandeln.

4 Text, Bilder, Hyperlinks, Tabellen und Co.

4.1.6 Rendern

Hier noch einmal der Hinweis: Wie eine Überschrift, ein Text oder eine Aufzählung gerendert und in die Webseite eingebaut werden, hängt zum größten Teil vom verwendeten Template ab.

Die TYPO3-Eingabemaske erlaubt für bestimmte Inhalte die Auswahl eines von fünf verschiedenen Layouts.

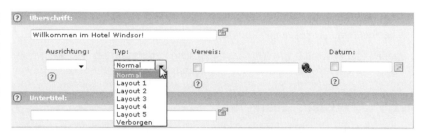

Abb. 4.7: Für Überschriften kann der Designer zwischen verschiedenen Layouts auswählen.

Welche dieser verschiedenen Layouts tatsächlich unterstützt werden und zu welchen Formatierungen sie führen, hängt von dem verwendeten Template ab.

Die Voreinstellung *Normal* entspricht meist dem *Layout 1*.

Die Option *Verborgen* dient dazu, die Überschrift vom Render-Prozess auszuschließen.

4.2 Überschriften

CType: header   Überschriften dienen der logischen Strukturierung der Seiteninhalte.

In TYPO3 steht es Ihnen weitgehend frei, ob Sie Überschriften als eigenständige Inhaltselemente (vom hier beschriebenen Typ *Überschrift*) erzeugen, oder ob Sie die Inhalte der Überschrift-Felder der anderen Inhaltselemente (Text, Bild, Aufzählung etc.) als Überschriften benutzen (siehe in Kapitel 3.5.3, Abschnitt »Text mit Bild« die Erläuterungen zur Doppelnatur der Überschriften in TYPO3).

4.2.1 Erzeugung

Normaler Text, Typ Überschrift   Um einer Seite eine Überschrift hinzuzufügen, legen Sie auf der Seite ein neues Inhaltselement an (siehe Kapitel 3.5.3) und wählen in der Eingabemaske NEUES INHALTSELEMENT die Option NORMALER TEXT aus. Danach müssen Sie in der Registerkarte ALLGEMEIN den Seitentyp noch von *Text* in *Überschrift* ändern.

4.2.2 Konfiguration

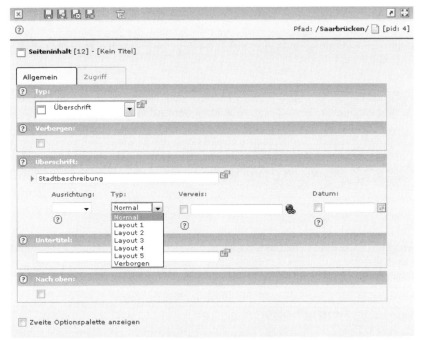

*Abb. 4.8:
Die Möglichkeiten zur Konfiguration einer Überschrift werden erst durch Klick auf die Schaltfläche W<small>EITERE</small> O<small>PTIONEN</small> eingeblendet.*

Im Gegensatz zu allen anderen Inhaltselementen gibt es zu den Überschriften neben den Registerkarten A<small>LLGEMEIN</small> und Z<small>UGRIFF</small> keine eigene Registerkarte mit Optionen. Die wenigen Optionen, die verfügbar sind, können Sie einblenden lassen, indem Sie rechts neben dem Eingabefeld zu Ü<small>BERSCHRIFT</small> auf die Schaltfläche W<small>EITERE</small> O<small>PTIONEN</small> klicken.

Anschließend können Sie zum Beispiel die A<small>USRICHTUNG</small> der Überschrift (*Mitte, Rechts, Links*) festlegen oder die Überschrift als Hyperlink einrichten (V<small>ERWEIS</small>). Außerdem können Sie die Überschrift mit einem D<small>ATUM</small> verbinden, das oberhalb eingeblendet wird.

Größe und Aussehen der »angezeigten« Überschriften bestimmen Sie über das Listenfeld T<small>YP</small>. Welche Formatierungen sich hinter den Einträgen *Layout1 ... Layout 5* verbergen und ob es überhaupt unterschiedliche Formatierungen gibt, hängt allerdings von dem jeweilig verwendeten Template ab.

4 Text, Bilder, Hyperlinks, Tabellen und Co.

4.3 Text

CType: text Texte gehören immer noch zu den mit am wichtigsten Elementen einer Website. Da ist es ganz erfreulich, dass TYPO3 für die Eingabe der Texte einen Rich-Text-Editor zur Verfügung stellt, mit dem die Texte auch gleich formatiert werden können.

> Durch die umfangreichen Möglichkeiten des Rich-Text-Editors ist man allerdings schnell in Versuchung, Tabellen, Überschriften, Aufzählungen und andere Elemente durch Formatierung des Textes im Rich-Text-Editor statt durch eigenständige Inhaltselemente zu erzeugen. Doch seien Sie gewarnt: Komplexe Textelemente sind hinterher nur sehr schwer anzupassen und Sie verschenken viel von der Flexibilität, die TYPO3 für den Umgang mit individuellen Inhaltselementen bietet.

4.3.1 Erzeugung

Normaler Text Um einer Seite einen Textblock hinzuzufügen, legen Sie auf der Seite ein neues Inhaltselement an (siehe Kapitel 3.5.3) und wählen in der Eingabemaske NEUES INHALTSELEMENT die Option NORMALER TEXT aus.

4.3.2 Konfiguration

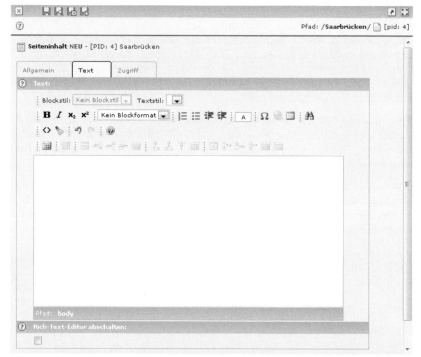

Abb. 4.9: Nach Einfügen eines neuen Text-Inhaltselements oder nach Anklicken eines bereits bestehenden Text-Inhaltselements können Sie über den Rich-Text-Editor Ihren Text eingeben bzw. bearbeiten.

Der Rich-Text-Editor verfügt über eine einfache Benutzeroberfläche mit Schaltflächen und Listenfelder. Alle Formatierungen am Text werden automatisch in HTML-Code konvertiert. Über die erste Schaltfläche in der dritten Reihe (mit den spitzen Pfeilen) können Sie zwischen der HTML-Ansicht und der WYSIWYG-Ansicht hin- und herschalten.

Die meisten anderen Schaltflächen, wie Fett- und Kursivdruck, Hoch- und Tiefstellen, dürften Ihnen von anderen Editoren bereits vertraut sein.

Wer für seine Listen nicht explizit ein Inhaltselement anlegen möchte, kann über diese beiden Schaltflächen nummerierte oder mit Aufzählungszeichen versehene Listenelemente formatieren und anschließend mit den entsprechenden Schaltflächen die Einzüge variieren.

Und wenn Sie Ihre Tabelle lieber über den Rich-Text-Editor einfügen, müssen Sie zwar zuerst über ein weiteres Dialogfeld das Grundgerüst der Tabelle festlegen (Anzahl Zeilen, Spalten, Titel, Position der Kopfzeilen usw.), haben dann aber mit den danach aktivierten Schaltflächen der vierten Reihe umfangreiche Gestaltungsmöglichkeiten hinsichtlich des Aussehens Ihrer Tabelle.

4.4 Bilder

Ein ebenfalls wichtiger Bestandteil von Websites sind Bilder, die zum einen die Aufmerksamkeit des Besuchers einfangen, zum anderen die Texte optisch bereichern und veranschaulichen. Aus letzterem Grunde gibt es auch zwei, sich sehr ähnelnde Inhaltselemente: NUR BILDER und TEXT MIT BILD.

CType: image
CType: textpic

Bei der Option NUR BILDER können Sie beliebig viele tabellarisch angeordnete Bilder einschließlich ihrer Beschriftung einfügen. Zur Auswahl und Konfiguration der Bilder steht Ihnen die Registerkarte MEDIEN zur Verfügung.

Wenn Sie gleichzeitig Text und eines oder mehrere (nebenstehende) Bilder einfügen möchten, wählen Sie TEXT MIT BILD. Dann verfügt die Eingabemaske SEITENINHALT neben den beiden Registerkarten ALLGEMEIN und ZUGRIFF über zwei weitere Registerkarten: TEXT (die Sie bereits von Abschnitt 4.3 her kennen) und MEDIEN (die etwas von der Registerkarte MEDIEN für NUR BILDER abweicht).

4.4.1 Erzeugung

Um einer Seite einen Textblock kombiniert mit Bildern oder nur Bilder hinzuzufügen, legen Sie auf der Seite ein neues Inhaltselement an (siehe Kapitel 3.5.3) und wählen in der Eingabemaske NEUES INHALTSELEMENT die Option TEXT MIT BILD oder NUR BILDER aus.

Text mit Bild
Nur Bilder

4.4.2 Konfiguration

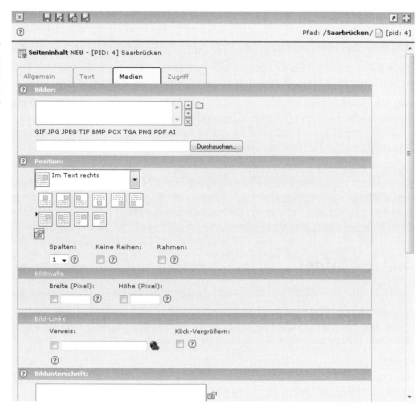

Abb. 4.10:
Diese Eingabemaske erlaubt unter anderem die Auswahl von Bildern und die Festlegung des Textflusses.

Wenn Sie ein Bild einfügen möchten, sei es mit oder ohne Text, müssen Sie zuerst die zugehörige Bilddatei in die TYPO3-Site aufnehmen. Deshalb ist dieser Teil für die Optionen Nur Bilder und Text mit Bild identisch.

Der Übersichtlichkeit halber sollten Bilder für eine Website in der Verzeichnisstruktur der Website unter dem Verzeichnis *fileadmin* abgelegt werden, beispielsweise in *fileadmin\images*. Wie Sie dieses Verzeichnis anlegen und die Bilddateien darin ablegen können, wurde in Kapitel 3.2 besprochen.

Klicken Sie auf das Ordnersymbol rechts neben dem Listenfeld im Abschnitt Bilder. Dadurch rufen Sie den TYPO3-Element-Browser in einem neuen Fenster auf, in dem Sie ganz oben die *fileadmin*-Verzeichnisstruktur aufklappen und über das Pfeilsymbol neben dem *images*-Verzeichnis die Liste der im Verzeichnis abgelegten Bilddateien anzeigen können. Haben Sie kryptische Dateinamen gewählt, können Sie sich durch Aktivieren der Option Vorschaubilder anzeigen einen Überblick darüber verschaffen, wie die Bilder aussehen (setzt eine korrekte GraphicsMagick-Installation voraus).

Abb. 4.11:
Fenster zur
Auswahl von
Bildern

Mit Klick auf AUSWAHL IMPORTIEREN laden Sie Ihre Auswahl (die durchaus mehrere Bilder umfassen darf) in das Inhaltselement. Über den TYPO3-Element-Browser können Sie auch Dateien in das angezeigte fileadmin-Unterverzeichnis hochladen.

Für Bilder, die zusammen mit Text eingefügt werden, spielt die Positionierung der Bilder im Text, d.h. der Textfluss, eine große Rolle. Deshalb stehen Ihnen hierfür auf der Registerkarte MEDIEN im Abschnitt POSITION diverse Möglichkeiten mit und ohne Umbruch zur Verfügung.

Position

Wenn Sie Bilder ohne Text einfügen, ist lediglich die Anordnung der Bilder von Interesse, die in Spalten erfolgt.

Abb. 4.12:
Bildpositionierung beim
Einfügen von
Bildern (ohne
Text)

Weitere Optionen Hierin erschöpfen sich schon die Unterschiede der Registerkarte MEDIEN für NUR BILDER und BILD MIT TEXT. Der Rest ist identisch. Leider zeigt die Abbildung 4.10 nicht alle Möglichkeiten. Doch generell können Sie bei den Bildern, egal ob mit oder ohne Text, die Bildmaße vorgeben, Bild-Links definieren, Bildunterschriften, alternative Text, Titeltexte sowie Langbeschreibungen mitliefern. Ganz unten auf der Registerkarte können Sie noch im Abschnitt BILDOPTIONEN Einfluss auf die BILDQUALITÄT/-BEARBEITUNG und die EFFEKTE (Drehen, Graustufen, Kontraste usw.) nehmen.

4.5 Aufzählungen

CType: bullets Aufzählungen dienen der übersichtlichen Präsentation von gleichrangigen Informationen.

4.5.1 Erzeugung

Aufzählung Um einer Seite eine Aufzählung hinzuzufügen, legen Sie auf der Seite ein neues Inhaltselement an (siehe Kapitel 3.5.3) und wählen in der Eingabemaske NEUES INHALTSELEMENT die Option AUFZÄHLUNG aus.

4.5.2 Konfiguration

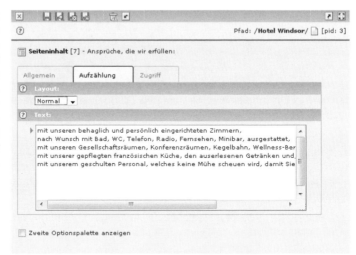

Abb. 4.13: Die Registerkarte AUFZÄHLUNG bietet Ihnen die Möglichkeit, Text einzugeben und diesen mit einem Listen-Layout zu verbinden.

Geben Sie Ihre Liste in das Eingabefeld im Abschnitt TEXT ein. Jeder Zeilenumbruch leitet einen neuen Listenpunkt ein. Über das Listenfeld im Abschnitt LAYOUT können Sie zwischen verschiedenen Darstellungen wählen (nummeriert, mit Punkten etc.), sofern diese durch das verwendete Template unterstützt werden. Zur Auswahl stehen drei Layoutoptionen.

4.6 Tabellen

Zur tabellarischen Präsentation von Daten steht das Inhaltselement TABELLE zur Verfügung.   **CType: table**

Tabellen bestehen aus Zeilen und Spalten, die grafisch aneinander ausgerichtet werden. Die oberste Zeile (Kopfzeile) und die erste Spalte (Vorspalte) werden häufig zur Beschriftung der Spalten bzw. Zeilen verwendet. Zeilen repräsentieren in der Regel Datensätze, die Spalten in einer Zeile enthalten die Werte der einzelnen Datensatzfelder.

Das Inhaltselement TABELLE wird in TYPO3 ausschließlich zur tabellarischen Präsentation von Daten verwendet, nicht zur Erzeugung spezieller Layouts.

4.6.1 Erzeugung

Um einer Seite eine Tabelle hinzuzufügen, legen Sie auf der Seite ein neues Inhaltselement an (siehe Kapitel 3.5.3) und wählen in der Eingabemaske NEUES INHALTSELEMENT die Option TABELLE aus.   **Tabelle**

Abb. 4.14: Die Eingabemaske der Registerkarte TABELLE erlaubt es Ihnen, eine Tabelle nach Ihren Wünschen zu erstellen und zu konfigurieren.

4.6.2 Konfiguration

Da Tabellen sehr komplex sind und viele Gestaltungsmöglichkeiten bieten, ist auch die Registerkarte TABELLE sehr umfangreich und weist unten im Abschnitt ERWEITERUNGSOPTIONEN noch zwei weitere untergeordnete Registerkarten (BARRIEREFREIHEIT, TABELLENANALYSE) auf.

Tabellenaufbau Sie können Ihre Tabelleneinträge direkt unter Verwendung eines speziellen Trennzeichens über das Eingabefeld im Abschnitt TEXT eingeben oder sich des Tabellenassistenten bedienen, der über die Schaltfläche rechts vom Eingabefeld im Abschnitt TEXT aufgerufen wird. (Wird das Symbol nicht angezeigt, müssen Sie das Inhaltselement einmal kurz durch Klick auf das Diskettensymbol speichern.)

Tabellenassistent Wenn Sie den Tabellenassistenten bemühen, sollten Sie zuvor im Abschnitt TABELLENSPALTEN angeben, wie viele Spalten Sie anlegen wollen (1-9 Spalten sind voreinstellbar). Doch keine Sorgen: Wenn Sie sich noch nicht entscheiden können oder wollen, belassen Sie die Einstellung *Auto* und konfigurieren Sie nachher Ihre Tabelle im Assistenten.

Abb. 4.15: Der Tabellenassistent bei Vorgabe von drei Spalten

Über die vier Schaltflächen links der Zeile in Abbildung 4.15 (die sich in analoger Funktion auch unter den jeweiligen Spalten befinden) können Sie die Zeile (Spalte) nach oben (bzw. links) verschieben, löschen, nach unten (bzw. rechts) oder neu hinzufügen.

Eingabefeld Im Tabellenassistenten geben Sie Ihre Daten so in die Datenfelder ein, wie sie auf der Webseite angezeigt werden. Über das Eingabefeld im Abschnitt TEXT geht es noch direkter. In diesem Fall müssen Sie jedoch ein Trennzeichen verwenden, um TYPO3 mitzuteilen, ab wann ein neues Datenfeld beginnt. Voreingestellt ist der vertikale Strich | (über die Registerkarte TABELLENANALYSE in den ERWEITERUNGSOPTIONEN können Sie jedoch als Feldbegrenzer auch ein Komma (,) oder Semikolon (;) wählen):

```
Komponist|Geburtsjahr|Todesjahr
Bach|1685|1750
Beethoven|1770|1827
Mozart|1756|1791
```

Das von Ihnen gewählte Feldbegrenzungszeichen darf auf keinen Fall in Ihrem Text vorkommen, da sonst die Aufteilung in Datenfelder durcheinandergerät. Es empfiehlt sich, dafür den vertikalen Strich (|) zu verwenden, weil es hierfür eine HTML-Entität (|) gibt, die man verwenden kann, wenn in den Daten tatsächlich irgendwann einmal ein vertikaler Strich vorkommt.

Formatierung

Für die Formatierung Ihrer Tabelle stehen Ihnen im Bereich LAYOUT über ein entsprechendes Listenfeld vier Optionen zur Auswahl. Wie, und ob überhaupt, sich die Auswahl eines dieser Layouts auf das Aussehen der Tabelle auswirkt, hängt allerdings von dem verwendeten Template ab.

Daneben haben Sie über die Schaltfläche ERWEITERTE OPTIONEN im Abschnitt LAYOUT noch Möglichkeiten, auf HINTERGRUNDFARBE, RAHMEN, ZELLENABSTAND und ZELLENFÜLLUNG der Tabelle Einfluss zu nehmen.

Über die Registerkarte BARRIEREFREIHEIT im Abschnitt ERWEITERUNGSOPTIONEN können Sie Einstellungen vornehmen, um die Benutzer textbasierter Webbrowser über Ihre Tabelle zu informieren.

4.7 Hyperlinks

Das Internet vernetzt seine Nutzer, was nicht zuletzt den Hyperlinks zu verdanken ist, die es dem Benutzer erlauben, von einer Website zu einer anderen zu springen. Diese Hyperlinks werden in der Regeln optisch im Text hervorgehoben – sei es farblich oder durch Unterstreichen – und lassen den Mauszeiger eine andere Form annehmen.

Es wird generell unterschieden zwischen

- internen Links (innerhalb einer Website)
- externen Links (auf eine andere Website)
- E-Mail-Links

4.7.1 Erzeugung

Um einer Seite einen Hyperlink hinzuzufügen, legen Sie auf der Seite ein neues Inhaltselement an (siehe Kapitel 3.5.3) und formatieren das Element oder Teile davon als Hyperlink. Soll der Hyperlink beispielsweise im Fließtext auftauchen, wechseln Sie in die Registerkarte TEXT, markieren im Rich-Text-Editor den Text des Hyperlinks und klicken anschließend auf das Symbol der Weltkugel, um den Hyperlink in einem eigens aufspringenden Fenster zu erzeugen und zu konfigurieren. Wollen Sie hingegen eine Überschrift mit einem Link verbinden, können Sie diesen über die Registerkarte ALLGEMEIN im erweiterten Bereich ÜBERSCHRIFT setzen (siehe Abbildung 4.8). Und für Bilder gibt es auf der Registerkarte MEDIEN eine Extra-Bereich BILD-LINKS (siehe Abbildung 4.10).

4.7.2 Konfiguration

Abb. 4.16: Erweitern Sie den Abschnitt ÜBERSCHRIFT, um die Überschrift eines Inhaltselements mit einem Verweis zu verknüpfen.

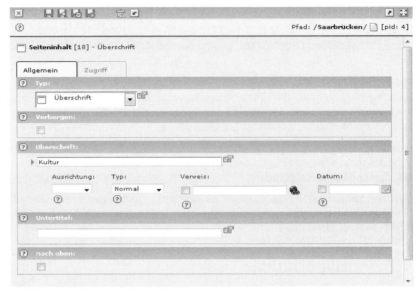

Nach Eingabe einer Überschrift können Sie diese mit einem Link verbinden, indem Sie die Adresse (E-Mail-Adresse, Webadresse, Hostadresse) direkt im Abschnitt ÜBERSCHRIFT in das VERWEIS-Eingabefeld eingeben.

Wenn Sie Unterstützung bei der Auswahl der Adresse brauchen, klicken Sie auf das Symbol rechts vom VERWEIS-Eingabefeld. Damit rufen Sie das Dialogfeld RTE LINK auf, das Ihnen über vier bis fünf Registerkarten (SEITE, DATEI, eventuell ORDNER, EXTERNE URL, E-MAIL) die Auswahl der von Ihnen gewünschten Verknüpfung ermöglicht. Die ersten drei Registerkarten sind für Website-interne Verweise, während die letzten beiden nach »draußen« führen.

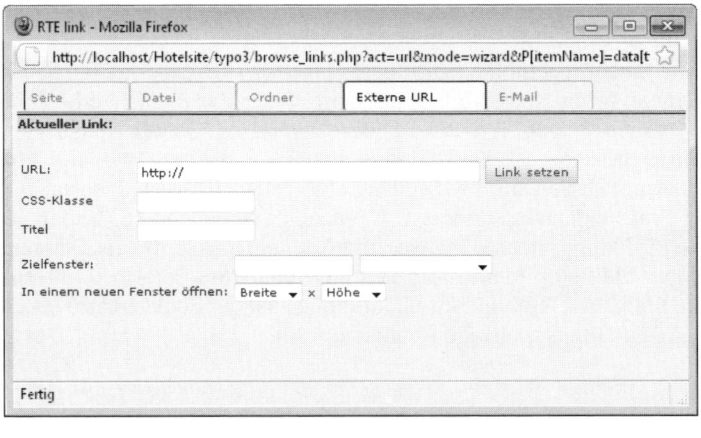

Abb. 4.17: Fenster zur Konfiguration von Hyperlinks

Hyperlinks

Ein etwas anderer Fall ist gegeben, wenn Sie im Fließtext einen Begriff oder eine E-Mail-Adresse verlinken wollen, damit der Benutzer z.B. möglichst komfortabel Kontakt zu diesem Empfänger aufnehmen kann. Beispielsweise könnten Sie die E-Mail-Adresse in der linken Spalte der Hotel-Website als Link formatieren, der beim Anklicken automatisch das Standard-Mailprogramm des Benutzers öffnet.

E-Mail-Links

1. Rufen Sie die *Hotelsite* in TYPO3 auf:

   http://localhost/Hotelsite/typo3

2. Wechseln Sie nach der Anmeldung zu WEB/SEITE und klicken Sie dann auf die Seite *Hotel Windsor*.

3. Wählen Sie aus den dann angezeigten Inhaltselementen in der Spalte RAND den Text *Auskunft und Reservierung*.

4. Wechseln Sie zur Bearbeitung des Textes in die Registerkarte TEXT mit dem Rich-Text-Editor.

5. Markieren Sie die E-Mail-Adresse und klicken Sie in der Symbolleiste auf das Symbol der Weltkugel.

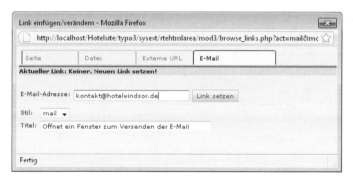

Abb. 4.18: Konfiguration von E-Mail-Links

6. Geben Sie in das Eingabefeld für die E-MAIL-ADRESSE die von Ihnen gewünschte Kontaktadresse an.

7. Geben Sie in das TITEL-Eingabefeld einen Text ein, der als QuickInfo auf der Website eingeblendet werden soll, wenn der Benutzer mit der Maus über den Link fährt.

8. Klicken Sie auf die Schaltfläche LINK SETZEN, um die Verlinkung wirksam zu machen.

Anschließend wird der Text im Rich-Text-Editor blau unterstrichen dargestellt. Wenn Sie Ihre Änderungen jetzt speichern und sich die Website anzeigen lassen, werden Sie feststellen, dass auch dort die E-Mail-Adresse optisch hervorgehoben ist.

4 Text, Bilder, Hyperlinks, Tabellen und Co.

Spam-Schutz Wie Sie E-Mail-Links intern verschlüsseln lassen können, damit diese nicht von Webrobotern erkannt werden, die das Web gezielt nach @-Adressen durchforsten, um diese hinterher mit Spam vollzumüllen, lesen Sie in Kapitel 11.3.

4.8 Dateiverweise

CType: uploads Dieses Seiteninhaltselement sollten Sie wählen, wenn Sie auf Ihrer Website Dateien zum Download anbieten möchten. Mehrere Download-Dateien werden als Liste angezeigt. Die verlinkten Dateien sollten sich am besten in einem Unterorder des Site-Verzeichnisses *fileadmin* befinden.

4.8.1 Erzeugung

Dateiverweise Um einer Seite einen Dateiverweis (oder auch Dateilink genannt) hinzuzufügen, legen Sie auf der Seite ein neues Inhaltselement an (siehe Kapitel 3.5.3) und wählen in der Eingabemaske NEUES INHALTSELEMENT die Option DATEIVERWEISE aus.

4.8.2 Konfiguration

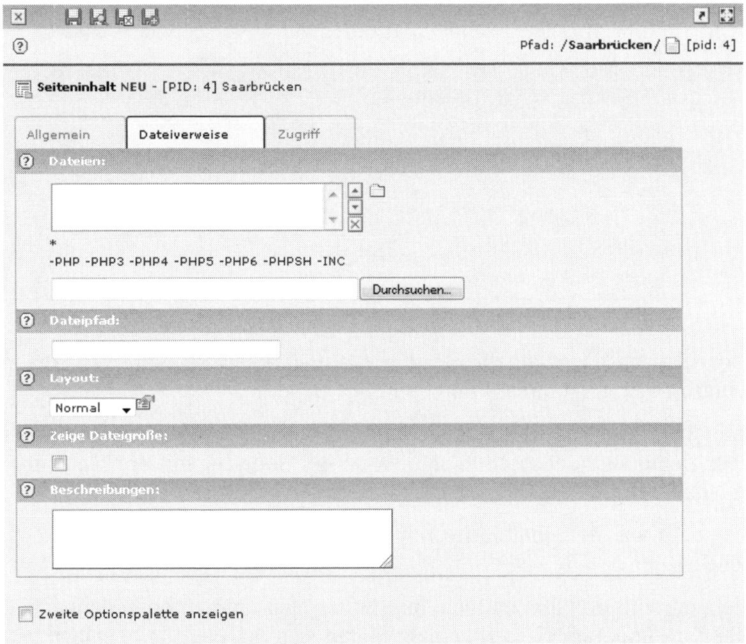

Abb. 4.19: Über diese Eingabemaske wählen Sie die Dateien aus, die Sie als Download zur Verfügung stellen wollen.

Über das Ordnersymbol rechts vom Eingabefeld im Abschnitt DATEIEN rufen Sie den TYPO3-Element-Browser auf (siehe Abbildung 4.11 in Abschnitt 4.4.2). Dort können Sie, sofern Sie Ihre zu verlinkenden Dateien in das *fileadmin*-Verzeichnis abgelegt haben, die gewünschten Dateien auswählen.

4.9 Medien

Wenn man es nicht übertreibt, kann man seine Website mit Animationen bzw. Audio- oder Videodateien durchaus bereichern. Da es sich hierbei um spezielle Dateien handelt, werden sie auch als separate Inhaltselemente behandelt.

CType: media

4.9.1 Erzeugung

Um einer Seite multimedialen Inhalt hinzuzufügen, legen Sie auf der Seite ein neues Inhaltselement an (siehe Kapitel 3.5.3) und wählen in der Eingabemaske NEUES INHALTSELEMENT die Option MEDIEN aus.

Medien

4.9.2 Konfiguration

Sie können Ihre zu integrierende Multimedia-Datei über die Schaltfläche DURCH-SUCHEN in Ihrer Verzeichnisstruktur suchen oder Sie klicken auf das Ordnersymbol rechts vom Eingabefeld im Abschnitt DATEIEN und rufen den TYPO3-Element-Browser auf (siehe Abbildung 4.11 in Abschnitt 4.4.2). Dort können Sie, sofern Sie Ihre Multimediadateien in ein Unterverzeichnis zum *fileadmin*-Verzeichnis abgelegt haben, die gewünschten Dateien auswählen.

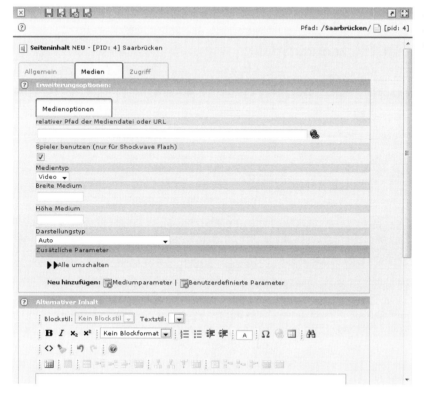

Abb. 4.20: Registerkarte zum Einfügen von Multimedia-Inhalten

4 Text, Bilder, Hyperlinks, Tabellen und Co.

Um die zu integrierende Multimedia-Datei auszuwählen, klicken Sie auf das Symbol der Weltkugel, woraufhin das Fenster RTE LINK aufspringt, in dem Sie wahlweise eine Datei aus Ihrem *fileadmin*-Verzeichnis (Registerkarte DATEI) oder aus dem Internet (Registerkarte EXTERNE URL) auswählen und, falls Sie dies möchten, in ein anderes Fenster umleiten können.

Zurück auf der Registerkarte MEDIEN wählen Sie den Medientyp (*Video* oder *Audio*) und den Player (Listenfeld DARSTELLUNGSTYP) aus.

Über die Schaltflächen MEDIUMPARAMETER und BENUTZERDEFINIERTE PARAMETER können Sie den Player weiter konfigurieren.

4.10 Sitemap

CType: menu — Für sehr komplexe, umfangreiche Websites ist eine Inhaltsübersicht schon beinahe Pflicht. Diese lässt sich in Form einer Sitemap realisieren, für die es ein eigenes Inhaltselement gibt.

4.10.1 Erzeugung

Sitemap — Um einer Seite eine Sitemap oder ein Menü hinzuzufügen, legen Sie auf der Seite ein neues Inhaltselement an (siehe Kapitel 3.5.3) und wählen in der Eingabemaske NEUES INHALTSELEMENT die Option SITEMAP aus.

4.10.2 Konfiguration

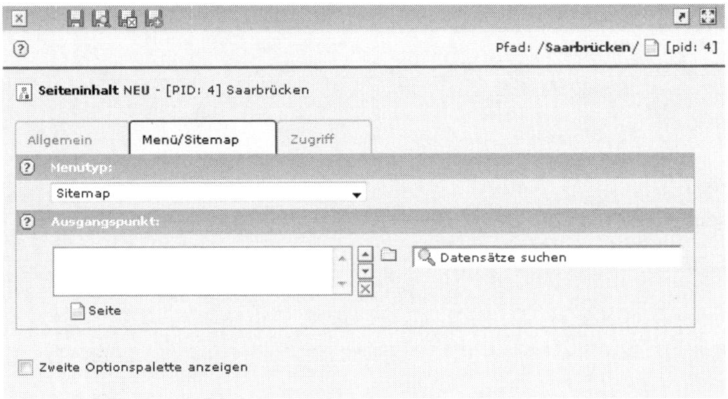

Abb. 4.21:
Die Registerkarte, über die Sie eine Sitemap in eine Webseite einfügen

Sie können auf jeder Seite oder auch auf einer speziellen Webseite Ihrer Website eine Übersicht über die Website mit ihren ganzen Verzweigungen einblenden lassen. Wählen Sie hierzu auf der Registerkarte MENÜ/SITEMAP als MENÜTYP den Eintrag *Sitemap* und über das Ordnersymbol im Abschnitt AUSGANGSPUNKT die übergeordnete Seite der Sitemap aus. Damit erzeugen Sie ein hierarchisch strukturiertes Inhaltsverzeichnis Ihrer Website.

Alternativ können Sie auch Menüs der im Abschnitt AUSGANGSPUNKT gelisteten Seiten, deren Unterseiten oder der kürzlich aktualisierten Seiten erstellen (siehe Optionen im Listenfeld MENÜTYP).

Ab Version 4.3 steht zur Auswahl der übergeordneten bzw. anzuzeigenden Seiten ein Suchfeld zur Verfügung. In diesem brauchen Sie nur den Anfang eines Seitentitels einzugeben und TYPO3 bietet Ihnen automatisch die passenden Seiten zur Auswahl an.

4.11 Reines HTML

Wählen Sie dieses Inhaltselement, wenn Sie an einer bestimmten Stelle Ihre Informationen lieber in Form von HTML-Code als über eine vorgegebene Eingabemaske mit all ihren Einschränkungen eingeben möchten. Von Vorteil erweist sich diese Möglichkeit vor allem, wenn Sie Tabellen erstellen möchten, die weit über das hinausgehen, was der Inhaltstyp TABELLE an Formatierungsmöglichkeiten anbietet.

CType: html

4.11.1 Erzeugung

Um einer Seite HTML-formatierte Daten hinzuzufügen, legen Sie auf der Seite ein neues Inhaltselement an (siehe Kapitel 3.5.3) und wählen in der Eingabemaske NEUES INHALTSELEMENT die Option REINES HTML aus.

Reines HTML

4.11.2 Konfiguration

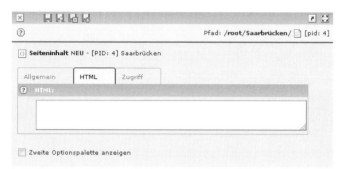

Abb. 4.22: Die Registerkarte HTML mit dem Eingabefeld für den HTML-Code

Auf der Registerkarte HTML geben Sie einfach Ihren HTML-Code ein.

4.12 Trennlinie

CType: div Wählen Sie dieses Inhaltselement, wenn Sie an einer bestimmten Stelle eine Trennlinie einzeichnen möchten.

4.12.1 Erzeugung

Trenner Um eine Trennlinie einzufügen, legen Sie auf der Seite ein neues Inhaltselement an (siehe Kapitel 3.5.3) und wählen in der Eingabemaske NEUES INHALTSELEMENT die Option TRENNER aus.

4.13 Fragen und Übungen

1. In welcher Datenbanktabelle werden die Daten für die Inhaltselemente gespeichert?
2. Wie wird der Bezug von einem Inhaltselement zu seiner Seite hergestellt?
3. Kann die Position eines Inhaltselements auf einer Seite nachträglich verändert werden?
4. Legen Sie eine neue Seite an und fügen Sie in diese von jedem der in diesem Kapitel vorgestellten Inhaltselemente eines ein. Experimentieren Sie ein wenig mit den Einstellungsmöglichkeiten für die einzelnen Inhaltselemente (soweit angeboten). Wenn Sie sich mit den Inhaltselementen vertraut gemacht haben, löschen Sie die Seite.

KAPITEL 5

Individuelle Layouts mit eigenem Template und CSS

In Kapitel 3 haben wir eine einfache Website, bestehend aus einer einzigen Webseite, erstellt und mithilfe des vordefinierten Standard-Templates *CANDIDATE* formatiert.

Dank des vordefinierten Templates konnten wir von Beginn an, während wir Schritt für Schritt die verschiedenen Seiteninhaltselemente hinzufügten, die Entstehung unserer Seite im Browser mitverfolgen. (Wie gesagt: Ohne zugeordnetes Template können die virtuellen Seiten einer TYPO3-Site nicht in reale Webseiten verwandelt werden.) Außerdem haben wir durch Auswahl des Templates – aus einem Angebot von gut einem Dutzend verschiedener Standard-Templates – das grobe Layout vorgegeben (zweispaltiges Layout), welches wir zum Abschluss des Projekts durch Überarbeitung der Template-Konstanten und durch Zuweisung eines externen Stylesheets an unsere eigenen Design-Vorstellungen angepasst haben – bis zu einem Punkt, wo das ursprüngliche Design der Template-Vorgabe kaum noch zu erkennen war.

Den Vorzügen stehen aber auch Nachteile gegenüber:

- Standard-Templates führen – trotz der vielfältigen Anpassungsmöglichkeiten – letzten Endes doch zu Standard-Designs.
- Standard-Templates zwingen den Designer, Kompromisse einzugehen, d.h., der Designer kann nur die Design-Vorstellungen umsetzen, die von dem Template auch unterstützt werden.
- Die Standard-Templates sind schon etwas älter und der von ihnen erzeugte HTML-Code entspricht nicht mehr heutigen Standards.

Über kurz oder lang bleibt dem anspruchsvollen TYPO3-Designer also nur ein Ausweg: Er muss seine eigenen Templates entwickeln. Dass dies gar nicht so schwierig ist, soll das folgende Kapitel belegen.

5.1 Vorbereitung des Beispiels

Als Beispiel zu diesem Kapitel wird uns die *Hotel-Site* mit den Seiteninhaltselementen dienen, die wir in Kapitel 3 angelegt haben. Das heißt, wir werden die Seiteninhaltselemente beibehalten und das *CANDIDATE*-Template durch ein eigenes Template austauschen. Auf diese Weise ersparen wir uns das Einfügen von Seiteninhalten und können uns ganz auf die Template-Definition und Typo-Script konzentrieren.

5.1.1 Beispiel-Site herrichten

Wenn Sie möchten, können Sie einfach die bestehende Hotel-Site weiterverwenden, die Sie in Kapitel 3 aufgebaut haben. Falls Sie den Aufbau der Site nicht komplett nachvollzogen haben oder lieber für das neue Thema eine eigene Site beginnen möchten, legen Sie eine neue Site an und importieren Sie den Seitenbaum aus Ihrer alten Site bzw. die Datei *hotelsite_2_vorlage.t3d* aus dem Verzeichnis *Beispiele/Hotelsite_2* der Buch-DVD.

Bestehende Hotel-Site weiterverwenden

Wenn Sie die alte Hotel-Site weiterverwenden, sollten Sie zur Sicherheit vorab ein Backup der Site erstellen, damit Sie sie gegebenenfalls auf dem alten Stand wiederherstellen können. Am schnellsten geht dies, indem Sie die Verzeichnisse der Site (unter *htdocs*) und der Datenbank (für XAMPP-Installation unter *mysql/data*, für Winstaller-Installationen unter *MySQLdata*) kopieren. Zur Wiederherstellung fahren Sie Web- und MySQL-Server herunter und ersetzen Sie die Verzeichnisse wieder durch die Backup-Kopien (Originalverzeichnisse löschen, Backup-Verzeichnisse kopieren und gegebenenfalls umbenennen, sodass sie wie die ehemaligen Originale heißen).

Beachten Sie, dass dieses Verfahren nur funktioniert, wenn der Datenbankname und das Datenbankverzeichnis vorher und nachher gleich lauten.

Neue Site aus .t3d-Datei von der Buch-DVD

1. Legen Sie eine neue TYPO3-Site an (siehe Kapitel 1.5 bzw. Anhang C.1.5 für Winstaller-Sites).

   Achten Sie dabei darauf, dass GraphicsMagick installiert ist und von TYPO3 gefunden wird (siehe Anhang C.3).

2. Importieren Sie den Seitenbaum *hotelsite_2_vorlage.t3d* aus dem Verzeichnis *Beispiele/Hotelsite_2* der Buch-DVD (siehe Anhang C.4).

3. Kopieren Sie das Verzeichnis *Beispiele/hotelsite_2/images* von der Buch-DVD in das *fileadmin*-Verzeichnis Ihrer Site (siehe Erläuterungen im Kasten »Export von Bilddateien«).

Neue Site als Kopie der bestehenden Hotel-Site

1. Exportieren Sie den Seitenbaum der Original-Site (dies wäre in diesem Fall die Seite *Hotel Windsor*), wie in Anhang C.4 beschrieben.

2. Legen Sie eine neue TYPO3-Site an (siehe Kapitel 1.5 bzw. Anhang C.1.5 für Winstaller-Sites).

   Achten Sie dabei darauf, dass GraphicsMagick installiert ist und von TYPO3 gefunden wird (siehe Anhang C.3).

3. Melden Sie sich bei der Site an und importieren Sie den Seitenbaum der Original-Site in die neue Site (siehe Anhang C.4).

4. Kopieren Sie das Verzeichnis *fileadmin/images* von der Original-Site in das *fileadmin*-Verzeichnis der neuen Site (siehe Erläuterungen im Kasten »Export von Bilddateien«).

Export von Bilddateien

Beim Export prüft TYPO3, ob die exportierten Seiten Verweise auf externe Dateien enthalten. Wenn ja, geht TYPO3 diesen Verweisen nach und nimmt die betreffenden Dateien in die *.t3d*-Exportdatei mit auf. Beim Import werden diese Dateien dann in die zugehörigen relativen Pfade extrahiert.

Im Falle unseres *Hotelsite*-Beispiels führt dies beispielsweise dazu, dass in der Ziel-Site (*Hotelsite_2*) für die CSS-Datei *addstyles.css* das Verzeichnis *fileadmin/css* angelegt wird. Für die Bilder, die wir in den Seiteninhaltselementen und der Template-Definition benutzt haben, werden dagegen nicht die Originale aus dem *fileadmin/images*-Verzeichnis, sondern die von TYPO3 kopierten Dateien aus den *uploads*-Verzeichnissen *pics* und *tf* exportiert und importiert.

Da wir im nächsten Schritt den Inhalt des Verzeichnisses *uploads/tt* zur Erreichung eines sauberen Template-Wechsels löschen werden, fehlen uns danach die Bilddateien für das Logo und das Banner. Diese können zwar bei Bedarf von überall wieder hochgeladen werden, übersichtlicher ist es jedoch, alle verwendeten Bilddateien noch einmal über das *fileadmin*-Verzeichnis zur Verfügung zu stellen.

Import testen

Wenn Sie einen der beiden letzteren Wege gewählt haben, sollten Sie kurz noch kontrollieren, ob der Seitenbaum korrekt importiert wurde.

1. Klicken Sie dazu im Seitenbaum auf den Titel der Seite *Hotel Windsor* und prüfen Sie, ob im Arbeitsbereich die Seiteninhalte vollständig aufgeführt werden.

Wenn Sie statt der Thumbnail-Bilder nur einen Platzhalter sehen, kann Ihre TYPO3-Installation vermutlich das Programm GraphicsMagick nicht finden (siehe Anhang C.3).

2. Klicken Sie in der TYPO3-Titelleiste auf das Lupensymbol und überprüfen Sie, wie die Webseite im Browser aussieht.

5.1.2 Template löschen

Als Nächstes entfernen wir das *CANDIDATE*-Template aus der Seitendefinition.

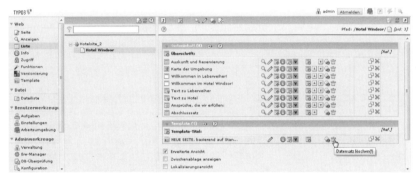

Abb. 5.1:
Das Modul WEB/
LISTE in der
erweiterten
Ansicht

1. Wählen Sie das Modul WEB/LISTE aus.
2. Klicken Sie im Seitenbaum auf den Titel der Seite *Hotel Windsor*.
3. Schalten Sie die Eingabemaske im Arbeitsbereich in die »Erweiterte Ansicht«.

   Setzen Sie dazu unterhalb der Template-Tabelle das Kontrollkästchen ERWEITERTE ANSICHT.

4. Löschen Sie den Template-Datensatz durch Klick auf das Papierkorbsymbol in der Template-Zeile.

Jetzt müssen wir noch die Dateien löschen, die TYPO3 für das *CANDIDATE*-Template in unser Site-Verzeichnis kopiert hat. Diese Dateien stehen im Unterverzeichnis *uploads/tf*.

5. Löschen Sie vom Betriebssystem aus den Inhalt des Unterverzeichnisses *uploads/tf*.

5.2 Neues Template anlegen

Die Zuweisung eines komplett neuen Templates zu einer Seite erfolgt – wenig überraschend – im Modul WEB/TEMPLATE und unterscheidet sich kaum von der Zuweisung eines Standard-Templates.

Abb. 5.2: Neues (weitgehend) leeres Template zuweisen

1. Wählen Sie das Modul WEB/TEMPLATE aus.
2. Klicken Sie im Seitenbaum auf den Titel der Seite *Hotel Windsor*.
3. Klicken Sie auf die Schaltfläche TEMPLATE FÜR NEUE SEITE ERSTELLEN, um ein neues Template anzulegen und mit der Seite zu verbinden.

   Wichtig! Wählen Sie diesmal kein Standard-Template in dem darüber gelegenen Listenfeld aus.

Wenn Sie jetzt auf das Lupensymbol klicken, um die Seite *Hotel Windsor* in den Browser zu laden, sehen Sie dort nichts mehr von den Inhaltselementen, die wir Kapitel 3 für die Seite angelegt haben. Dafür ist in der Webseite der Text HELLO WORLD! zu lesen.

Abb. 5.3: Plötzlich sieht die Seite Hotel Windsor ganz anders aus.

5 Individuelle Layouts mit eigenem Template und CSS

Wie ist diese Ausgabe zu erklären?

Der Grund ist, dass das neue Template nicht gänzlich leer ist, sondern bereits ein paar Zeilen TypoScript enthält, welche die obige Ausgabe erzeugen. Nutzen wir also die günstige Gelegenheit, um uns anhand dieses Codes ein wenig mit TypoScript vertraut zu machen.

> **Templates und Template-Datensätze**
>
> Jedes Template wird als ein Datensatz in der Datenbank abgelegt. Statt von Templates wird daher auch oft von Template-Datensätzen oder Template-Records gesprochen. (»record« ist das englische Wort für »Datensatz«.)

5.3 TypoScript-Grundkurs

Um uns die TypoScript-Vorgabe des neu angelegten Templates ansehen zu können, müssen wir in den Template-Editor wechseln.

Als Ergänzung zu diesem Grundkurs finden Sie in Anhang E eine Referenz der wichtigsten TypoScript-Elemente und -Objekte. Eine vollständige Referenz finden Sie auf der Buch-DVD im Verzeichnis *Dokumentationen*. Auf der Buch-DVD finden Sie übrigens auch die in diesem Unterkapitel verwendeten TypoScript-Code-Beispiele.

5.3.1 Zum TypoScript-Editor wechseln

Der Template-Editor

1. Falls noch nicht geschehen, wechseln Sie in das Modul WEB/TEMPLATE und klicken Sie im Seitenbaum auf den Titel der Seite, deren Template Sie bearbeiten möchten (in unserem Fall wäre dies die Seite *Hotel Windsor*).

Abb. 5.4: Im Listenfeld ganz oben wählen Sie aus, über welche Maske Sie das Template betrachten respektive bearbeiten möchten.

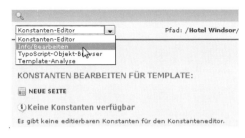

2. Wählen Sie im Listenfeld unter der TYPO3-Titelleiste die Option *Info/Bearbeiten* aus.

Im Arbeitsbereich erscheint daraufhin eine tabellarische Übersicht. Von hier aus können Sie wahlweise spezialisierte Eingabemasken für die einzelnen Template-Elemente (Klick auf das zugehörige Bleistiftsymbol) oder aber eine Eingabemaske zur Bearbeitung des kompletten Templates aufrufen. Wir entscheiden uns für letzte Option.

Der TypoScript-Code des Templates verbirgt sich hinter dem KONFIGURATION-Posten, der – wie der Angabe in der Tabelle zu entnehmen ist – bereits sechs Codezeilen enthält. Dies sind die Codezeilen, die die HELLO WORLD!-Ausgabe erzeugen.

Abb. 5.5:
Template-Übersichtstabelle mit Link zu Eingabefeldern

3. Klicken Sie auf den Link VOLLSTÄNDIGEN TEMPLATE-DATENSATZ BEARBEITEN, um die Eingabemaske zur Bearbeitung des vollständigen Templates zu laden.

Obwohl wir eigentlich möglichst schnell zum TypoScript-Code vorstoßen möchten, sollten wir uns die Zeit nehmen, auf dem Wege dahin unserem Template noch einen Namen und eine kurze Beschreibung zukommen zu lassen.

Abb. 5.6:
Eingabe eines eigenen Template-Titels

5 Individuelle Layouts mit eigenem Template und CSS

4. Geben Sie im Eingabefeld TEMPLATE-TITEL als neuen Namen für das Template HOTEL-TEMPLATE ein und ganz unten im Feld BESCHREIBUNG »Zweispaltiges Layout für die Hotel Windsor-Site«. Speichern Sie Ihre Eingaben.

Das Feld WEB-SITE-TITEL lassen wir bewusst leer. In Webprojekten aus mehreren Webseiten können Sie hier einen Site-Titel eingeben, der dann vom Template automatisch mit dem Seitentitel kombiniert (in der Form Site-Titel: Seiten-Titel) und in das title-Element der erzeugten Webseiten geschrieben wird. (Mit anderen Worten, es erscheint z.B. auf den Reitern oder in der Titelleiste der Browser.)

*Abb. 5.7:
Im Feld KONFIGU-
RATION steht der
TypoScript-
Code des
Templates.*

```
# Default PAGE object:
page = PAGE
page.10 = TEXT
page.10.value = HELLO WORLD!
```

5.3.2 Erster Blick auf den Code

Scrollen Sie zum Feld KONFIGURATION und betrachten Sie den vordefinierten TypoScript-Code:

```
# Default PAGE object:
page = PAGE
page.10 = TEXT
page.10.value = HELLO WORLD!
```

*# kenn-
zeichnet einen
Kommentar.*
Die erste Zeile ist ein Kommentar. Er wird durch das Kommentarzeichen # gekennzeichnet und endet am Zeilenende. Kommentare dienen dazu, den eigentlichen TypoScript-Code zu erklären.

Das Kommentarzeichen # muss nicht am Zeilenanfang stehen, wandelt aber immer die ganze Zeile in einen Kommentar um.

Nutzen Sie die Möglichkeit Ihren TypoScript-Code zu kommentieren, aber verzichten Sie auf Kommentare, die lang und breit erklären, was sowieso aus dem Code ersichtlich ist.

Die zweite Zeile erzeugt ein Objekt namens page vom Typ PAGE. Jede Seite muss über ein solches PAGE-Objekt verfügen, sonst kann Sie nicht angezeigt werden. Das PAGE-Objekt muss aber nicht notwendigerweise page heißen; es hat sich allerdings eingebürgert, das erste PAGE-Objekt einer Seite page zu nennen[1].

Keine Anzeige ohne PAGE-Objekt

TypoScript unterscheidet streng zwischen Groß- und Kleinschreibung. Ein von Ihnen erzeugtes Objekt page kann demnach nur via page, nicht z.B. via Page angesprochen werden. Und wenn Sie das vordefinierte PAGE-Objekt als Page schreiben (page = Page), wird kein Objekt erzeugt, weil es kein vordefiniertes Page-Objekt gibt.

5.3.3 Das PAGE-Objekt

In Ihrem TypoScript-Code repräsentiert das PAGE-Objekt Ihre Seite. Folglich können Sie dem PAGE-Objekt – ganz wie einer normalen Webseite – z.B. Meta-Informationen mitgeben, es mit Stylesheets verbinden und selbstverständlich auch mit Inhalt füllen. Letzteres passiert in der dritten Zeile, wo dem PAGE-Objekt ein TEXT-Objekt als Seiteninhaltselement zugewiesen wird:

```
page.10 = TEXT
```

Die Syntax gleicht unserer ersten Zeile (page = PAGE), nur dass wir diesmal statt eines PAGE- ein TEXT-Objekt erzeugen und dieses mit dem Gleichheitszeichen nicht direkt an page, sondern an page.10 zuweisen. Wofür aber steht page.10?

Vordefinierte Eigenschaften

Jedes PAGE-Objekt verfügt über eine Reihe von vordefinierten Eigenschaften (englisch »properties«). Jede dieser Eigenschaften hat einen Namen, über den sie angesprochen werden kann, z.B.: bodyTag, meta, includeCSS, headerData etc. Der Zugriff erfolgt mithilfe des Punktoperators, also z.B.

```
page.bodyTag = <body bgcolor = "#FFFFEE">
```

Hier wird auf die bodyTag-Eigenschaft des PAGE-Objekts page zugegriffen und diesem der Wert <body bgcolor = "#FFFFEE"> zugewiesen.

Eine Eigenschaft kann aus einem einfachen Wert bestehen (wie im Falle von bodyTag, sie kann aber auch selbst wiederum ein Objekt mit eigenen Eigenschaften sein – wie im Falle des vorgegebenen Template-Codes, welcher der value-Eigenschaft des Unterobjekts 10 den Text HELLO WORLD! zuweist:

```
page.10.value = HELLO WORLD!
```

---

1. In der Regel besitzt jede Seite genau ein PAGE-Objekt. Es gibt aber auch Seiten, die kein PAGE-Objekt enthalten (sinnvoll nur für Seiten, die nicht angezeigt werden), wie auch Seiten, die über mehrere PAGE-Objekte verfügen (beispielsweise Frameseiten).

Seiteninhaltselemente

Da eine Seite aus (nahezu) beliebig vielen Inhaltselementen bestehen kann, muss das PAGE-Objekt prinzipiell auch unendlich viele entsprechende Eigenschaften besitzen. In der Praxis ist es aber weder möglich, das PAGE-Objekt mit unendlich vielen Eigenschaften auszustatten, noch ist es möglich, für diese sinnvolle Namen vorzugeben. Für Seiteninhaltselemente verwendet TypoScript daher einen leicht anderen Ansatz. Es identifiziert die Inhaltselemente über Nummern, die der Designer frei vergeben kann.

page.10

steht also für ein Inhaltselement mit der Nummer 10. Das bedeutet nicht, dass dies auch das zehnte Inhaltselement wäre. In unserem Beispielcode ist page.10 nicht nur das erste, sondern derzeit auch das einzige Inhaltselement.

Die Nummern sind Positionsangaben. Ganz willkürlich ist die Vergabe der Nummern allerdings nicht, denn die Zahlen geben die Reihenfolge der Inhaltselemente auf der Seite an. Ein Element mit der Nummer 5 wird also vor einem Element mit der Nummer 10 angezeigt.

Zur Demonstration werden wir einen zweiten Gruß auf der Webseite ausgeben.

1. Kopieren Sie dazu einfach die beiden letzten Zeilen, ersetzen Sie die 10 in den Kopien durch 5 und ändern Sie den auszugebenden Text von »HELLO WORLD!« in »HALLO <IHR_NAME>«:

Listing 5.1:
Listing_01.ts

```
# Default PAGE object:
page = PAGE
page.10 = TEXT
page.10.value = HELLO WORLD!
page.5 = TEXT
page.5.value = HALLO DESIGNER!
```

2. Klicken Sie auf das Diskettensymbol mit der Lupe, um die Änderungen zu speichern und sich eine Vorschau anzeigen zu lassen.

Eventuell müssen Sie zuvor den Cache löschen (Blitzsymbol in TYPO3-Titelleiste).

Obwohl es durchaus möglich ist, die einzelnen Inhaltselemente mit 1, 2, 3 … durchzunummerieren, hat es sich in der Praxis bewährt, zunächst Vielfache von 10 zu verwenden. Auf diese Weise ist es jederzeit problemlos möglich, vor oder nach einem Element noch nachträglich ein weiteres Element (hier unser Element 5) einzufügen.

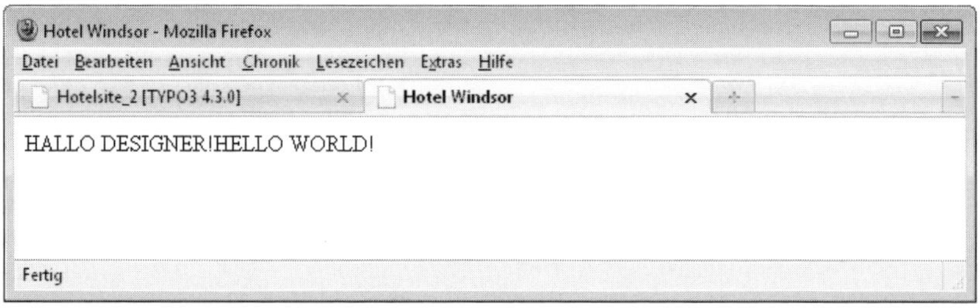

Abb. 5.8:
Die Nummern der Inhaltselemente bestimmen ihre Reihenfolge auf der Webseite.

Zwei Dinge fallen an der Ausgabe auf (siehe Abbildung 5.8):

- Obwohl wir das TEXT-Element mit dem Text »HALLO DESIGNER!« **nach** dem TEXT-Element mit dem Text »HELLO WORLD!« erzeugt haben, wird es **vor** diesem angezeigt. Was natürlich – wie wir bereits wissen – daran liegt, dass es die kleinere Nummer besitzt.
- Die Texte der Inhaltselemente werden direkt hintereinander ausgegeben.

Letzteren Missstand können wir dadurch beseitigen, dass wir in den auszugebenden Text HTML-Tags einfügen:

HTML-Tags in Textausgaben

```
# Default PAGE object:
page = PAGE
page.10 = TEXT
page.10.value = <p>HELLO WORLD!</p>
page.5 = TEXT
page.5.value = <p>HALLO DESIGNER!</p>
```

Listing 5.2:
Listing_02.ts

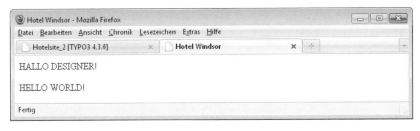

Abb. 5.9:
Mit HTML-Tags formatierte TEXT-Elemente

Da wir nicht nur Text als Inhalt einer Seite ausgeben möchten, gibt es in TypoScript diverse Arten von Inhaltsobjekten, darunter: TEXT, HTML, IMAGE, COLUMNS und COA. (Letzteres ist ein Container-Objekt, das – wie PAGE – mehrere untergeordnete Inhaltsobjekte enthalten kann.) Jedes dieser Inhaltsobjekte besitzt spezifische Eigenschaften.

Arten von Inhaltselementen

Ein TEXT-Objekt besitzt z.B. eine Eigenschaft value für den auszugebenden Text.

Wohingegen ein Image-Objekt die Eigenschaften file (Name und gegebenenfalls Pfad der Bilddatei), altText (Text für alt-Attribut) und params (für weitere Attribute).

Wir wollen dies gleich einmal austesten und den ursprünglichen TypoScript-Code durch die Ausgabe einer Bild/Text-Kombination ersetzen.

5.3.4 Ressourcen

Um ein Bild via TypoScript auszugeben, könnten wir grundsätzlich so vorgehen, dass wir – wie bei der Definition eines Bild-Inhaltselements im Modul WEB/SEITE – das Bild in die *fileadmin*-Struktur hochladen und dann durch Angabe des Pfads und des Namens ausgeben:

```
page = PAGE
page.10 = IMAGE
page.10.file = fileadmin/images/Windsor_banner.png
page.20 = HTML
page.20.value = <h1>Willkommen im Hotel Windsor!</h1>
```

5 *Individuelle Layouts mit eigenem Template und CSS*

Eine bessere Verfahrensweise ist es aber, Bilder und andere Ressourcen, die zu einem Template gehören, als Template-Ressourcen zu verwalten.

> ### Seite oder Template?
>
> In unserem einfachen Hotel-Beispiel haben wir nur eine Seite und ein Template. Die meisten Sites bestehen aber aus mehreren Seiten, die in der Regel alle dasselbe Template verwenden. In solchen Fällen muss man zwischen Bildern (allgemein Ressourcen) unterscheiden, die zum Template oder zu einer speziellen Seite gehören.
>
> - Bilder, die das Template explizit lädt und anzeigt, sollten als Template-Ressourcen verwaltet werden. Üblicherweise sind dies Bilder, die auf allen Seiten identisch erscheinen (beispielsweise das Logo).
> - Bilder, die als Seiteninhaltselemente im Modul WEB/SEITE angelegt werden und vom Template aus der *pages*-Datenbanktabelle geladen werden, werden als der Seite angehörig betrachtet.

Template-Ressourcen laden

Abb. 5.10: Hier verwalten Sie die Ressourcen des Templates.

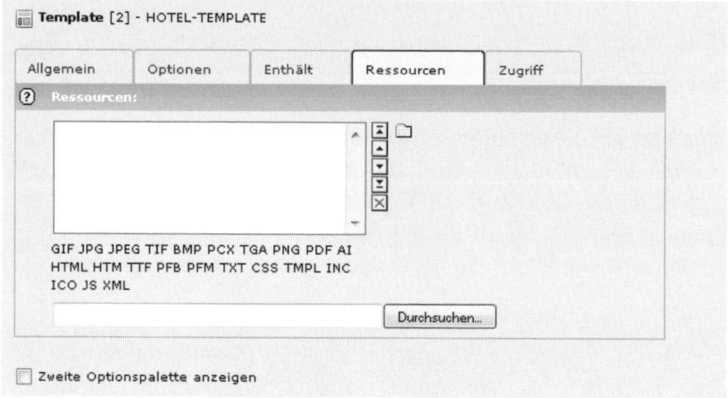

1. Wechseln Sie zur Registerkarte RESSOURCEN.
2. Wählen Sie die gewünschte Bilddatei aus, in unserem Fall *Windsor_banner.png*. (Wenn Sie möchten, können Sie auch gleich die Bilddatei *Windsor_Logo.png* hochladen und den Ressourcen hinzufügen. Wir werden sie später in Abschnitt 5.6.1 für unsere Hotel-Site benötigen.)
   - Wenn Sie die Hotel-Site aus Kapitel 3 einfach fortgeführt haben, befindet sich die Bilddatei noch im *fileadmin/images*-Verzeichnis der Site. Klicken Sie dann auf das Ordnersymbol neben dem Listenfeld und wählen Sie in dem erscheinenden Fenster die Bilddatei aus (siehe auch Kapitel 3.5.3, Abschnitt »Text mit Bild«).
   - Wenn Sie eine Kopie der Site erstellt und das *fileadmin/images*-Verzeichnis – wie in Abschnitt 5.1.1 erläutert – rekonstruiert haben, finden

Sie die Bilddateien in diesem Verzeichnis. Ansonsten können Sie sie aber auch aus dem Verzeichnis *Beispiele/Hotelsite_2/images* der Buch-DVD hochladen. Klicken Sie dann auf die DURCHSUCHEN-Schaltfläche und wählen Sie im erscheinenden Dialogfenster die Bilddatei aus.

3. Speichern Sie mit einem Klick auf das Diskettensymbol.

Das ausgewählte Bild wird daraufhin in die Ressourcenliste des Templates aufgenommen, die Datei wird nach *uploads/tf* kopiert und die neue Ressource wird im Listenfeld aufgeführt, siehe Abbildung 5.11.

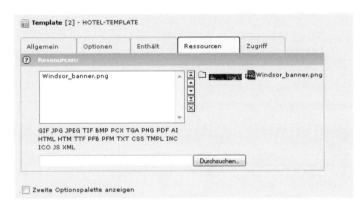

Abb. 5.11:
Das Bild wurde in die Liste der Template-Ressourcen aufgenommen.

Bild-Ressourcen ausgeben

Jetzt können wir die Bild-Ressource via TypoScript ausgeben.

Abb. 5.12:
Mit TypoScript können Sie Bilder ebenso einfach ausgeben wie Texte.

1. Wechseln Sie zurück zur Registerkarte ALLGEMEIN.
2. Löschen Sie den Inhalt im Eingabefeld KONFIGURATION und fügen Sie stattdessen folgenden TypoScript-Code ein:

```
page = PAGE
page.10 = IMAGE
page.10.file = Windsor_banner.png
page.20 = HTML
page.20.value = <h1>Willkommen im Hotel Windsor!</h1>
```

Listing 5.3:
Listing_03.ts

3. Klicken Sie auf das Diskettensymbol mit der Lupe, um die Änderungen zu speichern und sich eine Vorschau anzeigen zu lassen.

Eventuell müssen Sie zuvor den Cache löschen (Blitzsymbol in TYPO3-Titelleiste).

5.3.5 Zuweisungen

Wie Sie mithilfe des Gleichheitszeichens der Eigenschaft eines TypoScript-Objekts einen Wert zuweisen, haben Sie bereits gesehen:

```
page.20.value = <h1>Willkommen im Hotel Windsor!</h1>
```

Nicht selten kommt es vor, dass man nacheinander mehreren Eigenschaften desselben Objekts Werte zuweisen möchte:

```
page.10 = IMAGE
page.10.file = Windsor_banner.png
page.10.altText = Aussenansicht und Restaurant
page.10.params = vspace="25"
```

In solchen Fällen können Sie sich durch Setzen von geschweiften Klammern die Tipparbeit erleichtern:

Listing 5.4:
Listing_04.ts
```
page.10 = IMAGE
page.10 {
    file = Windsor_banner.png
    altText = Aussenansicht und Restaurant
    params = vspace="25"
}
```

Die geschweiften Klammern bewirken, dass sich die in den Klammern aufgeführten Eigenschaften automatisch auf das voranstehende Objekt (im Beispiel page.10) beziehen.

Achten Sie darauf, die Zeilen in den geschweiften Klammern einzurücken. Dies ist zwar syntaktisch nicht notwendig, verbessert aber enorm die Lesbarkeit des Codes.

5.3.6 Bedingungen

Gelegentlich kommt es vor, dass Inhaltselemente oder Formatierungen nur dann sinnvoll sind, wenn bestimmte Voraussetzungen erfüllt sind. Sofern sich diese Voraussetzungen durch die Werte von Variablen ausdrücken lassen, können Sie in solchen Fällen eine Bedingung formulieren und dazu TypoScript-Code aufsetzen, der nur dann ausgeführt wird, wenn die Bedingung erfüllt ist.

Inhalt, der nur sonntags angezeigt wird
Betrachten wir ein Beispiel. Eine global definierte Variable, die von TypoScript vorgegeben und automatisch gesetzt wird, ist dayofweek. Wenn es Sonntag ist, weist TYPO3 dieser Variablen den Wert 0 zu, montags wird sie auf 1 gesetzt und so weiter. Mithilfe dieser Variablen können wir Code schreiben, der nur dann ausgeführt wird, wenn Sonntag ist:

Listing 5.5:
Listing_05.ts
```
page = PAGE
page.10 = HTML
page.10.value = <h1>Das Rätsel des Tages</h1>
```

```
[dayofweek = 0]
    page.20      = HTML
    page.20.value = <p>Heute mit Gewinnspiel</p>
[end]
```

Bedingungen stehen immer in eckigen Klammern und folgen dem Schema

`[Variable = Wert]`

Die unter der Bedingung folgenden Codezeilen werden nur ausgeführt, wenn die Bedingung erfüllt ist (im obigen Fall also, wenn die Variable `dayofweek` gleich 0 ist). Dies gilt für alle Codezeilen bis zum abschließenden `[end]`.

Statt mit `[end]` können Bedingungen auch mit `[global]` beendet werden.

Mithilfe von Bedingungen können Sie auch alternative Inhalte oder Formatierungen vorsehen. Der folgende Code prüft z.B., welcher Wochentag ist, und gibt sonntags eine andere Überschrift aus als an anderen Tagen:

```
page = PAGE

page.10 = HTML
[dayofweek = 0]
    page.10.value = <h1>Das grosse Sonntags-Rätsel</h1>
[else]
    page.10.value = <h1>Das Rätsel des Tages</h1>
[end]
```

Listing 5.6:
Listing_06.ts

5.4 Das <div>-Layout vorgeben

Nachdem wir uns im vorangehenden Abschnitt mit der grundlegenden TypoScript-Syntax bekannt gemacht haben, können wir uns nun unserem eigentlichen Ziel, der Definition eines eigenen Templates, widmen.

Zuerst aber bereinigen wir die *Hotelsite_2* von etwaigen Überbleibseln unserer TypoScript-Einführung:

1. Löschen Sie den Inhalt des Konfiguration-Feldes und speichern Sie.
2. Leeren Sie die Caches (Blitzsymbol in Titelleiste).

5.4.1 Das anvisierte Layout

Da es unser Ziel ist, in etwa das Design nachzustellen, welches in Kapitel 3 das vordefinierte *CANDIDATE*-Template für uns gezaubert hat, benötigen wir ein zweispaltiges Layout. Anders als das *CANDIDATE*-Template werden wir das Layout allerdings nicht mithilfe von Layout-Tabellen erzeugen, sondern mithilfe von `div`-Containern und CSS, wie es derzeit State-of-the-Art und wesentlich flexibler und barriereärmer ist.

Das HTML-Gerüst, das uns vorschwebt, besteht aus einem übergeordneten `div`-Container mit der ID `seite` und zwei untergeordneten `div`-Containern `spalteLinks` und `spalteRechts` für die beiden Spalten:

Listing 5.7: Das anvisierte HTML-div-Grundgerüst

```html
<html>
<head>
<title>Hotel Windsor</title>
</head>
<body>
    <div id="seite">
        <div id="spalteLinks"></div>
        <div id="spalteRechts"></div>
    </div>
</body>
</html>
```

Layout und Formatierung der Spalten werden später rein mit CSS erzeugt.

5.4.2 Umsetzung des Layouts in TypoScript

Der erste Schritt zur Umsetzung des oben skizzierten Designs in TypoScript ist die Erzeugung des `PAGE`-Objekts:

`page = PAGE`

Mit dieser einen Zeile haben wir nicht nur ein Objekt namens `page` angelegt, welches unsere Seite im TypoScript-Code repräsentiert. Gleichzeitig haben wir bereits erreicht, dass TYPO3 für die aufzubauende Webseite das HTML-Gerüst samt Header (die meisten Informationen für den Header entnimmt TYPO3 den Seiteneigenschaften) und `body`-Element erzeugt.

Alles, was wir noch tun müssen, ist demnach, die `div`-Elemente beizusteuern.

Verwenden Sie COA-Objekte für div-Elemente. Den `div`-Elementen von HTML entsprechen in TYPO3 im Wesentlichen die COA-Objekte. Ein COA-Objekt ist wie ein Container, d.h., es kann andere untergeordnete Objekte aufnehmen. Allerdings wird für ein COA-Objekt nicht automatisch ein `div`-Element ausgegeben. Vielmehr ist es so, dass beim Aufbau der HTML-Webseite das COA-Objekt durch seinen Inhalt (bzw. die HTML-Ausgabe der untergeordneten Objekte) ersetzt wird. Damit dieser Inhalt in `<div>`-Tags gepackt wird, geben wir über die `wrap`-Eigenschaft des COA-Objekts an, wie sein Inhalt umhüllt (engl. »to wrap«) werden soll.

```
page = PAGE

page.10 = COA
page.10.wrap = <div id="seite"> | </div>
```

wrap Die allgemeine Syntax der wrap-Eigenschaft[1] lautet:

`.wrap = HTML_vor_Inhalt | HTML_nach_Inhalt`

---

1. Streng genommen handelt es sich bei wrap nicht um eine Eigenschaft, sondern um eine Funktion.

Das Pipesymbol | repräsentiert in dieser Syntax den Inhalt, der zwischen den
»wrap«-Tags ausgegeben werden soll.

Analog erzeugen wir die div-Elemente für die beiden Spalten als untergeordnete COA-Objekte des Objekts 10:

```
page = PAGE

page.10 = COA
page.10.wrap = <div id="seite"> | </div>

page.10 {
10 = COA
10.wrap = <div id="spalteLinks"> | </div>

20 = COA
20.wrap = <div id="spalteRechts"> | </div>
}
```

*Listing 5.8:
Der TypoScript-
Code zur Erzeugung des
div-Gerüsts
(Hotelsite_2/
hotelsite_v1.ts)*

3. Geben Sie den TypoScript-Code aus Listing 5.8 in das KONFIGURATION-Feld ein und speichern Sie.

5.4.3 Template-Code testen

Wenn Sie auf dem aktuellen Stand die Seite rendern lassen (Klick auf das Diskettensymbol mit der Lupe) und das Ergebnis im Browser betrachten, sehen Sie nichts weiter als eine leere Seite. Um unseren Code dennoch überprüfen zu können, werden wir jetzt zum einen in jeder Spalte einen Hilfstext ausgeben und zum anderen einen Blick in den gerenderten HTML-Code werfen.

Der TypoScript-Code unseres Templates nimmt langsam an Umfang zu. Dies ist nicht wirklich ein Problem, denn das KONFIGURATION-Feld blendet bei Bedarf automatisch eine vertikale Bildlaufleiste ein. Trotzdem wäre es netter, wenn wir für die weiteren Arbeiten einen etwas größeren Ausschnitt unseres Codes im Blick behalten können. Zu diesem Zweck verlassen wir die Eingabemaske für das gesamte Template und wechseln in die spezielle Eingabemaske zur Bearbeitung des TypoScript-Codes.

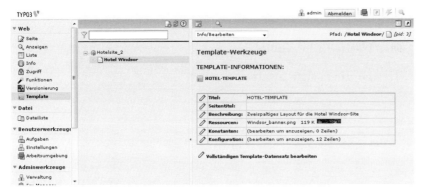

*Abb. 5.13:
Öffnen des
speziellen
Eingabefeldes
für TypoScript-
Code*

5 Individuelle Layouts mit eigenem Template und CSS

1. Klicken Sie im Seitenbaum des Moduls WEB/TEMPLATE auf die Seite *Hotel Windsor*.
2. Klicken Sie im Arbeitsbereich auf das Bleistiftsymbol der KONFIGURATION-Zeile.

TYPO3 rückt daraufhin die Tabelle nach unten und blendet darüber ein großes KONFIGURATION-Eingabefeld zur Bearbeitung des Template-Codes ein.

3. Legen Sie für unseren Test unter jedem der COA-Spaltenobjekte ein TEXT-Objekt mit dem Titel (value) »Dies ist die linke Spalte« bzw. »Dies ist die rechte Spalte« an.

```
page = PAGE

page.10 = COA
page.10.wrap = <div id="seite"> | </div>

page.10 {
10 = COA
10.wrap = <div id="spalteLinks"> | </div>

10.10 = TEXT
10.10.value = Dies ist die linke Spalte

20 = COA
20.wrap = <div id="spalteRechts"> | </div>

20.10 = TEXT
20.10.value = Dies ist die rechte Spalte
}
```

4. Speichern Sie die Eingabe und lassen Sie die Webseite im Browser anzeigen.

Wenn alles klappt, sollten Sie die Texte für die Spalten im Browser lesen können. Dass die Texte untereinander statt, wie für Spalten eigentlich erwünscht, nebeneinander stehen, liegt natürlich daran, dass der CSS-Code fehlt, und soll uns nicht weiter stören.

Abb. 5.14: Die div-Abschnitte sind offensichtlich da, aber noch nicht ausgerichtet.

5. Lassen Sie sich jetzt den erzeugten HTML-Quelltext anzeigen.

Die meisten Browser bieten hierfür einen Menübefehl an (beispielsweise ANSICHT/SEITENQUELLTEXT ANZEIGEN im Firefox 3.5.3 oder ANSICHT/QUELLTEXT im IE)

```
<body>
   <div id="seite">
      <div id="spalteLinks">
         <h1>Dies ist die linke Spalte</h1>
      </div>
      <div id="spalteRechts">
         <h1>Dies ist die rechte Spalte</h1>
      </div>
   </div>
</body>
```

Listing 5.9: Der Blick in den HTML-Quelltext zeigt, dass der TypoScript-Code die gewünschte Ausgabe erzeugt.

Der TypoScript-Editor

Sicher ist es Ihnen bereits aufgefallen: Das alleinstehende KONFIGURATION-Feld, das wir zum Abschluss benutzt haben, ist mit einem speziellen TypoScript-Editor verbunden, der das Aufsetzen und Bearbeiten von TypoScript-Code erheblich vereinfachen kann.

Dieser Editor, der übrigens erst seit TYPO3 Version 4.3 zur Verfügung steht, verfügt über eine automatische Zeilennummerierung, integrierte Syntaxhervorhebung und ...

... Codevervollständigung.

Letztere springt immer dann an, wenn Sie hinter einem Objektnamen einen Punkt eingeben.

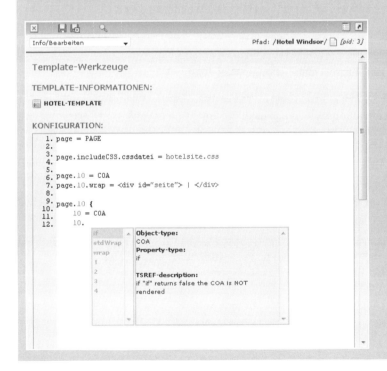

Die Codevervollständigung zeigt Ihnen daraufhin in einem eigens eingeblendeten Fenster an, welche Eigenschaften (oder Unterobjekte) Sie für das aktuelle Objekt bearbeiten können. Mit der Maus oder der Pfeiltaste können Sie die Liste der Eigenschaften durchgehen und die Erläuterungen im rechten Teil des Fensters lesen. Klicken mit der Maus oder das Drücken der ⏎-Taste wählt die Eigenschaft aus, die aktuell in der Liste markiert ist.

Die Codevervollständigung ist also weit mehr als eine simple Tipphilfe; sie ist eine kontextbezogene Referenz, die unserem Gedächtnis auf die Sprünge hilft, wenn wir uns einmal nicht genau erinnern können, wie eine spezielle Eigenschaft heißt, welche Eigenschaften es für ein Objekt überhaupt gibt oder wofür eine spezielle Eigenschaft gedacht ist.

Und noch ein Tipp: Wenn Sie einmal eine bestimmte Eigenschaft suchen, die angezeigte Liste aber sehr umfangreich ist, tippen Sie einfach den ersten Buchstaben der Eigenschaft ein und die Codevervollständigung reduziert die Liste augenblicklich auf die Eigenschaften, die mit dem besagtem Buchstaben beginnen.

5.5 Formatierung mit CSS

Für die Formatierung der Webseite verwenden wir ausschließlich CSS, um Inhalt und Design sauber zu trennen. Wie beim direkten Bearbeiten des HTML-Codes so können wir auch in TYPO3 die Stildefinitionen als

- Inline-Stile
- eingebettete Stylesheets oder
- Verknüpfung zu einer externen CSS-Datei

beifügen.

Wir werden für unsere Beispielsite die dritte Option verwenden. Nicht nur weil dies die Trennung von Inhalt und Design weiter fördert, sondern auch weil wir auf diese Weise später Änderungen am Design vornehmen können, ohne den TypoScript-Code bearbeiten zu müssen. Zuvor aber wollen wir zumindest einen kurzen Blick auf die Definition von Inline-Stilen und eingebetteten Stildefinitionen werfen:

Inline-Stile nur sparsam einsetzen!

5.5.1 Inline-Stile

Wo immer Sie HTML-Tags im TypoScript-Code explizit angeben, können Sie diesen Tags natürlich auch ein `style`-Attribut mit Inline-Stilen zuweisen:

Listing 5.10: Zuweisung von Inline-Stilen

```
10 = COA
10.wrap = <div id="spl" style="background-color:maroon"> | </div>

10.10 = HTML
10.10.value = <h1 style="color:white">Dies ist die linke Spalte</h1>
```

5.5.2 Eingebettete Stildefinitionen

Über die PAGE-Eigenschaft CSS_inlineStyle können Sie CSS-Stile direkt im TypoScript-Code definieren, z.B.:

```
page = PAGE
page.CSS_inlineStyle (
   #seite {
   background-color:maroon;
   }
   h1 {
   color:white;
   }
)
```

**PAGE.CSS_
inlineStyle**

*Listing 5.11:
In TypoScript
eingebettete
Stildefinitionen*

Während frühere TYPO3-Versionen die über CSS_inlineStyle definierten CSS-Stylesheets in <style>-Tags packten und im Header der resultierenden HTML-Seite ausgaben, verfährt TYPO3 mittlerweile so, dass es die Stile in eine temporäre CSS-Datei auslagert (Unterverzeichnis *typo3temp*) und diese über ein link-Element im Header der HTML-Datei einbindet.

5.5.3 Externe CSS-Datei als Ressource hinzufügen

Um dem Webprojekt eine externe CSS-Datei hinzuzufügen, sind grundsätzlich drei Schritte erforderlich:

1. Anlegen der CSS-Datei im *fileadmin*-Verzeichnis.
2. Die CSS-Datei dem Template als Ressource hinzufügen.
3. Die CSS-Ressource mit der(den) Webseite(n) verknüpfen.

Beginnen wir mit dem Anlegen der Datei.

CSS-Datei anlegen

Dateien, die wir für ein Webprojekt benötigen, speichern wir grundsätzlich in der *fileadmin*-Struktur der TYPO3-Site. Wenn Sie dazu in das Modul DATEI/DATEILISTE wechseln, werden Sie vermutlich feststellen, dass sich unter *fileadmin* bereits ein Unterverzeichnis *css* mit einer einzigen Datei namens *addstyles.css* befindet. Diese Elemente stammen noch von der Beispielsite aus Kapitel 3. Klicken Sie dann im Arbeitsbereich auf das Symbol vor der CSS-Datei und wählen Sie im Kontextmenü den Befehl zum Löschen aus.

Wenn Ihre *fileadmin*-Struktur kein Unterverzeichnis *css* enthält, klicken Sie im Verzeichnisbaum auf *fileadmin* und anschließend in der Symbolleiste des Arbeitsbereichs auf das Symbol NEU. In der daraufhin erscheinenden Eingabemaske können Sie das Verzeichnis *css* anlegen (siehe auch Ausführungen in Kapitel 3.2).

1. Klicken Sie im Modul DATEI/DATEILISTE im Verzeichnisbaum auf das Verzeichnis *css*.

Danach können Sie mithilfe der Symbole im Arbeitsbereich die CSS-Datei hochladen oder neu anlegen.

Abb. 5.15: Wenn Sie im Verzeichnisbaum auf ein Verzeichnis klicken, sehen Sie im Arbeitsbereich eine Liste der enthaltenen Dateien (hier leer) und oben in der Symbolleiste zwei Symbole zum Hochladen von Dateien und zum Anlegen neuer Dateien oder Verzeichnisse.

2. Die CSS-Datei mit den Stylesheets zur Formatierung der *Hotelsite_2* müssen Sie nicht selbst anlegen. Laden Sie die Datei *hotelsite.css* von der Buch-DVD aus dem Verzeichnis *Beispiele/Hotelsite_2/css* hoch.

Die derzeit für uns relevanten Stildefinitionen lauten:

```
/**********************************
* rudimentäres Browser-Reset
*/

* {
    margin:0;
    padding:0;
}

/**********************************
* Vorgaben für Schrift und Farbe
*/

body {
    font-size: 100.01%;
    color: #000000;
    background-color: #EFCFAF;
    margin: 20 0 0 50;
}

/**********************************
* Layout-Container
*/

div#seite {
    text-align: left;
}

div#spalteLinks {
    float: left;
    width: 235px;
    background-color: #EFCFAF;
}

div#spalteRechts {
    margin-left: 250px;
    padding-left: 15px;
```

```
    width: 600px;
    background-color: #EFCFAF;

    /* für Trennlinie zwischen Spalten */
    border-left: thin solid black;
}
```

Abb. 5.16:
Die CSS-Datei
hotelsite.css
wurde hochgeladen.

CSS-Datei als Ressource auswählen

1. Wechseln Sie zum Modul WEB/TEMPLATE.

2. Wählen Sie im Seitenbaum die *Hotel Windsor*-Seite aus.

3. Öffnen Sie die Eingabemaske für die Ressourcenverwaltung.

   Klicken Sie dazu in der Tabelle im Arbeitsbereich auf das Bleistiftsymbol in der RESSOURCEN-Zeile.

4. Wählen Sie in der TEMPLATE-WERKZEUGE-Eingabemaske über die DURCHSUCHEN-Schaltfläche die CSS-Datei aus dem *fileadmin/css*-Verzeichnis aus.

5. Speichern Sie – und die CSS-Datei wird in die Ressourcensammlung des Templates aufgenommen (siehe Abbildung 5.17).

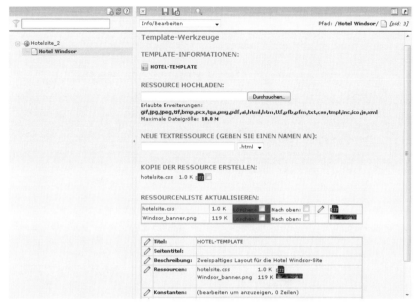

Abb. 5.17:
Die CSS-Datei
hotelsite.css
wurde in die
Ressourcenliste des Templates aufgenommen.

5 Individuelle Layouts mit eigenem Template und CSS

Intern wird die CSS-Datei beim Speichern aus dem *fileadmin/css*-Verzeichnis in das Verzeichnis *uploads/tf* kopiert, wo alle Unterstützungsdateien für das Template abgelegt werden.

CSS-Ressource für Webseite auswählen

1. Wechseln Sie zum Eingabefeld für die Bearbeitung des TypoScript-Codes des Templates.

   Ausgehend von der TEMPLATE-WERKZEUGE-Eingabemaske müssen Sie dazu nur in der Tabelle am Fußende der Eingabemaske auf das Bleistiftsymbol zur Tabellenzeile KONFIGURATION klicken.

PAGE.include-CSS

2. Fügen Sie im Eingabefeld KONFIGURATION TypoScript-Code hinzu, der die Datei als externe CSS-Datei mit der Webseite verbindet.

   Die dafür benötigte PAGE-Eigenschaft heißt includeCSS. Unter dieser legen wir eine Untereigenschaft für die CSS-Datei an, nennen Sie einfach cssdatei und weisen dieser die Ressource, vertreten durch den Dateinamen, zu:

Listing 5.12: Verknüpfung zur externen CSS-Datei (aus hotelsite_v2.ts)

```
page = PAGE
page.includeCSS.cssdatei = hotelsite.css
...
```

3. Klicken Sie auf das Diskettensymbol mit der Lupe, um die Änderungen zu speichern und sich eine Vorschau anzeigen zu lassen.

   Eventuell müssen Sie zuvor den Cache löschen (Blitzsymbol in TYPO3-Titelleiste).

Abb. 5.18: Die mit CSS formatierte Webseite auf dem aktuellen Stand[1]

---

1. Die Simulierung des Trennstriches zwischen den Spalten durch ein linksseitiges Rahmenelement der rechten Spalte – border-left: thin solid black; – funktioniert nur dann, wenn die rechte Spalte mindestens ebenso lang ist wie die linke Spalte; später wird dies der Fall sein.

Formatierung mit CSS

Falls Ihre Seite im Browser nicht ganz so aussieht wie in Abbildung 5.18 liegt dies vermutlich daran, dass Sie die CSS-Datei von der Buch-DVD kopiert haben. Die Version von der Buch-DVD enthält aber bereits Stile zur Formatierung der Überschriften, die in Abbildung 5.18 nicht berücksichtigt sind. Wenn Sie möchten, kommentieren Sie die betreffenden Stile einfach aus (siehe auch Hinweise im Kasten »CSS-Dateien in externem Editor bearbeiten«).

CSS-Dateien in externem Editor bearbeiten

Selbstverständlich können Sie die CSS-Datei direkt von TYPO3 aus einsehen und bearbeiten – indem Sie die Übersichtsseite TEMPLATE-WERKZEUGE aufrufen (Modul WEB/TEMPLATE, Klick auf Seite im Seitenbaum, Modus *Info/Bearbeiten*), dort auf das Bleistiftsymbol in der RESSOURCEN-Zeile klicken und zu guter Letzt in der Tabelle RESSOURCENLISTE AKTUALISIEREN auf das Bleistiftsymbol in der Zeile der CSS-Datei klicken.

Allerdings bietet das Eingabefeld derzeit keinerlei spezielle Unterstützung für das Aufsetzen des CSS-Codes, weswegen Sie womöglich die Bearbeitung in einem externen Editor vorziehen werden. Beachten Sie in diesem Fall, dass nur Änderungen an der Kopie im Verzeichnis *uploads/tf* von TYPO3 berücksichtigt werden! Wenn Sie die Kopie im *fileadmin*-Verzeichnis bearbeiten, müssen Sie immer, bevor Sie sich den Effekt Ihrer Änderungen ansehen können, zuerst die Ressource löschen (LÖSCHEN-Option in der RESSOURCENLISTE AKTUALISIEREN-Tabelle) und anschließend die Ressource neu aus dem *fileadmin*-Verzeichnis hochladen. Aber auch, wenn Sie die *uploads/tf*-Kopie direkt bearbeiten, sollten Sie daran denken, die *fileadmin*-Kopie irgendwann zu aktualisieren.

Der TYPO3-Uploadmechanismus

Im vorangehenden Kasten wurde darauf hingewiesen, dass Sie jedes Mal, wenn Sie die Ressourcendatei *hotelsite.css* erneut hochladen, zuvor die alte hochgeladene Datei löschen müssen.

Der Grund dafür ist folgender:

Wenn Sie eine Datei hochladen, die in dem betreffenden Zielverzeichnis bereits vorhanden ist, wird die vorhandene Datei nicht überschrieben! Stattdessen hängt TYPO3 an die hochgeladene Datei eine zweistellige Nummer an, sodass zum Beispiel beim zweiten Hochladen der Datei *hotelsite.css* aus dem Dateinamen *hotelsite_01.css* wird.

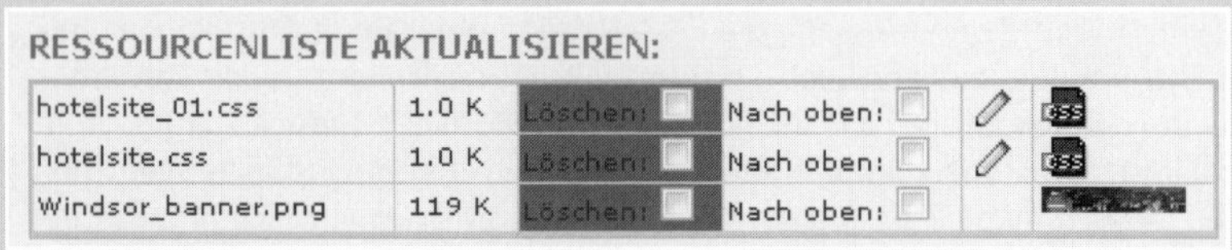

Abb. 5.19:
Hier wurde die Datei hotelsite.css zweimal hochgeladen (Ausschnitt aus der TEMPLATE-WERKZEUGE-Eingabemaske, vgl. Abbildung 5.17).

RESSOURCENLISTE AKTUALISIEREN:					
hotelsite_01.css	1.0 K	Löschen: ☐	Nach oben: ☐	✎	CSS
hotelsite.css	1.0 K	Löschen: ☐	Nach oben: ☐	✎	CSS
Windsor_banner.png	119 K	Löschen: ☐	Nach oben: ☐		

Da unser TypoScript-Code zur Einbettung der CSS-Datei aber den Dateinamen *hotelsite.css* verwendet, bleibt die neu hochgeladene aktualisierte Version unberücksichtigt.

Um dies zu korrigieren, gibt es vier Möglichkeiten:

- Sie aktualisieren den TypoScript-Code jedes Mal, wenn Sie eine bereits verwendete Datei neu hochladen. (Funktioniert, kann aber viel Extraarbeit bedeuten.)

- Sie löschen vor jedem erneuten Hochladen die alte hochgeladene Datei.

- Sie bearbeiten direkt die hochgeladene Datei (siehe Kasten »CSS-Dateien in externem Editor bearbeiten«)

- Sie hängen im TypoScript-Code an den Dateinamen das Sternchensymbol * an, also z.B.:

```
page.includeCSS.cssdatei = hotelsite*.css
```

Auf diese Weise greift der TypoScript-Code automatisch immer auf die Datei mit der höchsten Nummer zu (üblicherweise also die zuletzt hochgeladene Version).

5.6 Die Seiteninhalte einlesen

Bisher haben wir in unserer Webseite nur Textpassagen ausgegeben, die wir direkt im TypoScript-Code definiert haben, z.B.:

```
10.10 = HTML
10.10.value = <h1>Dies ist die linke Spalte</h1>
```

Die Ausgabe von direkt im TypoScript-Code definierten Elementen ist aber natürlich nur eine Option (und zudem bei Weitem die langweiligste, wenn auch nicht unwichtig). Weitere Optionen sind die Ausgabe von Inhalten, die aus externen Dateien (Bilder, extern gespeicherter HTML-Code) stammen, und – ganz wichtig – die Ausgabe der in der Datenbank gespeicherten Seiteninhaltselemente.

5.6.1 Bilder und externer HTML-Code

Wie Sie Bilder mit TypoScript ausgeben, haben Sie bereits in Abschnitt 5.3.4 gesehen. Sollten Sie dort lediglich die Bilddatei *Windsor_banner.png*. in das Verzeichnis *fileadmin/images* hochgeladen und den Template-Ressourcen hinzugefügt haben, so nehmen Sie jetzt bitte nach dem gleichen Verfahren noch die Bilddatei *Windsor_Logo.png* in die Ressourcenliste auf.

Abb. 5.20: So sollte die Ressourcenliste des Templates aussehen.

Wenn Sie unsicher sind, ob beide Ressourcen schon vorhanden sind, scrollen Sie in der TEMPLATE-WERKZEUGE-Eingabemaske nach unten bis zur Übersichtstabelle, siehe Abbildung 5.20.

1. Sind die Bild-Ressourcen angelegt, können Sie die Testüberschriften (die wir in Abschnitt 5.4.3 definiert haben) löschen und dafür das Logo in die linke und das Banner in die rechte Spalte einfügen:

```
page = PAGE

page.includeCSS.cssdatei = hotelsite.css

page.10 = COA
page.10.wrap = <div id="seite"> | </div>


page.10 {
10 = COA
10 {
   wrap = <div id="spalteLinks"> | </div>

   10 = IMAGE
   10.file = Windsor_Logo.png
   10.wrap = <div style="padding-bottom: 25px"> | </div>
}

20 = COA
20 {
   wrap = <div id="spalteRechts"> | </div>

   10 = IMAGE
   10.file = Windsor_banner.png
   10.wrap = <div style="padding-bottom: 25px"> | </div>
}
}
```

Listing 5.13: Einfügen der Top-Bilder für den oberen Abschluss der Spalten (hotelsite_v3.ts)

Beachten Sie, dass wir nebenbei den Code für COA-Objekte page.10 und page.20 der besseren Übersichtlichkeit wegen und um uns ein wenig Tipparbeit zu spa-

5 *Individuelle Layouts mit eigenem Template und CSS*

ren in {}-Klammern gefasst haben. Außerdem haben wir die Bilder zusätzlich in `<div>`-Tags gehüllt, um sie mittels eines einfachen Inline-Stils von den Inhalten abzugrenzen, die später unter den Bildern folgen werden.

Abb. 5.21:
Die Webseite
mit den Top-
Bildern in den
Spalten

Externen HTML-Code einfügen

HTML-Code, der in eine externe Datei ausgelagert ist, fügen Sie weitgehend analog ein:

```
10 = FILE
10.file = fileadmin/htmlElement.html
```

Während für Bilder automatisch ein `img`-Element erzeugt wird, übernimmt TYPO3 externen HTML-Code direkt, so wie er in der Datei definiert ist, in die resultierende Webseite.

5.6.2 Seiteninhaltselemente

Tabelle auswählen

Um Inhaltselemente aus der TYPO3-Datenbank einzufügen, gibt es das `CONTENT`-Objekt. Über die `table`-Eigenschaft des `CONTENT`-Objekts legen Sie fest, aus welcher Datenbanktabelle das Objekt Inhaltselemente einlesen soll. In der Regel ist dies die Tabelle `tt_content`.

```
20 = CONTENT
20.table = tt_content
```

Wenn eine Site aus mehreren Seiten besteht, achtet das `CONTENT`-Objekt automatisch darauf, nur diejenigen Inhaltselemente auszulesen, deren PID (die ID der Seite, für die sie angelegt wurden) mit der ID der aktuellen Seite übereinstimmt.

Elemente filtern

Sie können die Inhaltselemente, die für ein `CONTENT`-Objekt eingelesen werden, mithilfe der `select`-Eigenschaft[1] weiter filtern. Die grundsätzliche Syntax hierfür lautet:

```
.select = BEDINGUNG
```

---

1. Streng genommen ist `select` eine TypoScript-Funktion und keine Eigenschaft.

Als Bedingung können Sie beispielsweise festlegen, dass nur Text- und Bild-Elemente ausgewählt werden sollen. Da der Element-Typ im `tt_content`-Feld CType abgelegt wurde und die Werte für Text- und Bild-Elemente »text« bzw. »image« lauten (siehe Kapitel 4.1), sähe der zugehörige Code wie folgt aus:

Elemente bestimmten Typs auswählen

```
20.select = CType='text' OR CType='image'
```

Interessanter für uns ist allerdings die Auswahl der Inhaltselemente für eine bestimmte Spalte:

Elemente einer Spalte auswählen

```
20.select.where = ColPos=3
```

Reihenfolge beachten

Schließlich sollten wir darauf achten, die Reihenfolge zu berücksichtigen, in der die Elemente in der Spalte aufeinanderfolgen (und die nicht zwangsweise mit der Erstellungsreihenfolge übereinstimmen muss). Die Datensätze für die Seiteninhaltselemente verfügen dazu über ein Feld namens `sorting`, in dem TYPO3 für jedes Element eine Zahl ablegt, die seiner Position in der Spalte entspricht. Um sicherzustellen, dass die Elemente in der Reihenfolge ihrer `sorting`-Werte ausgegeben werden, schreiben Sie:

```
20.select.orderBy = sorting
```

1. Erweitern Sie den Template-Code der Site um die TypoScript-Anweisungen, die die Inhalte der Spalten 3 und 0 aus der Datenbank laden und in die `div`-Spalten der Webseite ausgeben:

```
page = PAGE

page.includeCSS.cssdatei = hotelsite.css

page.10 = COA
page.10.wrap = <div id="seite"> | </div>

page.10 {
    10 = COA
    10 {
        wrap = <div id="spalteLinks"> | </div>

        10 = IMAGE
        10.file = Windsor_Logo.png
        10.wrap = <div style="padding-bottom: 25px"> | </div>

        20 = CONTENT
        20.table = tt_content
        20.select.where = ColPos = 3
        20.select.orderBy = sorting
    }

    20 = COA
    20 {
        wrap = <div id="spalteRechts"> | </div>
```

Listing 5.14: Der fast fertige Template-Code (hotelsite_v4.ts)

5 Individuelle Layouts mit eigenem Template und CSS

```
            10 = IMAGE
            10.file = Windsor_banner.png
            10.wrap = <div style="padding-bottom: 25px"> | </div>

            20 = CONTENT
            20.table = tt_content
            20.select.where = ColPos = 0
            20.select.orderBy = sorting
        }
}
```

Falls Sie jetzt bereits versuchen, das Ergebnis Ihres Codes im Browser zu überprüfen, werden Sie allerdings feststellen, dass von den Inhaltselementen nichts zu sehen ist. Dies liegt daran, dass wir zur Unterstützung des CONTENT-Objekts noch das statische Template *CSS Styled Content* einbetten müssen.

Statisches Template

Das statische Template *CSS Styled Content* enthält Unterstützungscode, den wir zur formatierten Ausgabe von CONTENT-Objekten benötigen.

2. Klicken Sie im Modul WEB/TEMPLATE auf den Titel der Webseite im Seitenbaum.

3. Klicken Sie auf den Link VOLLSTÄNDIGEN TEMPLATE-DATENSATZ BEARBEITEN und wechseln Sie zur Registerkarte ENTHÄLT.

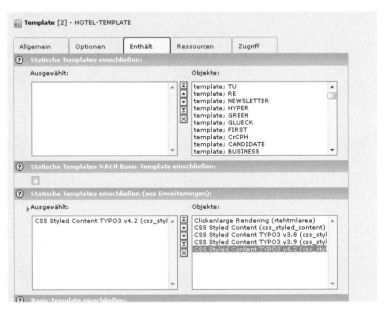

Abb. 5.22:
Statisches
Template einschließen

4. Scrollen Sie notfalls zum Feld STATISCHE TEMPLATES EINSCHLIESSEN und klicken Sie im rechten Bereich auf das Objekt *CSS Styled Content* in der Version 4.2[1], um es in die Liste der AUSGEWÄHLTEN statischen Templates zu übernehmen.

5. Speichern Sie Ihre Einstellungen und lassen Sie sich die Webseite anzeigen.

Die Seiteninhaltselemente sollten nun zu sehen sein, wenn auch nicht ganz so, wie wir es erhoffen würden. Das Problem ist nämlich, dass unser Template – im Gegensatz zum vordefinierten *CANDIDATE*-Template – nicht die Größen der Bilder anpasst.

5.6.3 Bildgrößen anpassen

Statt die Bildgrößen mittels eines Grafikprogramms, CSS oder individuellem TypoScript-Code anzupassen, gibt es auch die Möglichkeit, für Bilder eine maximale Breite vorzugeben und sie notfalls automatisch entsprechend skalieren zu lassen.

Um alleinstehende Bilder (wie die Übersichtskarte der linken Spalte) auf eine maximale Breite zu begrenzen, verwenden Sie die Eigenschaft `tt_content.image.20.maxW`.

Um Bilder mit Text (wie die Bilder in der rechten Spalte) auf eine maximale Breite zu begrenzen, verwenden Sie die Eigenschaft `tt_content.image.20.maxWInText`.

Sie können die Eigenschaften direkt am Ende des TypoScript-Codes setzen:

```
      ...
      20 = CONTENT
      20.table = tt_content
      20.select.where = ColPos = 0
      20.select.orderBy = sorting
   }
}
```

Listing 5.15: Abschluss des Template-Codes (hotelsite_v5.ts)

```
tt_content.image.20.maxW = 200
tt_content.image.20.maxWInText = 200
```

Oder Sie setzen die Werte für `maxW` und `maxWInText` im Konstanteneditor (siehe Kapitel 3.6).

Oder Sie wechseln im Modul WEB/TEMPLATE vom Modus *Info/Bearbeiten* zum *TypoScript-Objekt-Browser* (Listenfeld ganz oben), wählen im Listenfeld DURCHSUCHEN die Option *Konfiguration* aus und klicken nacheinander auf die Knoten [TT_CONTENT][IMAGE][20][MAXW] und [TT_CONTENT][IMAGE][20][MAXWINTEXT], um die betreffenden Eigenschaften zur Bearbeitung in eine Eingabemaske zu laden. (Die Eingabemaske besitzt ein Eingabefeld für den zuzuweisenden Wert und eine AKTUALISIEREN-Schaltfläche zum Speichern. Die Änderungen werden beim Speichern in Ihren TypoScript-Code übertragen.)

---

1. Wenn Sie mit einer älteren TYPO3-Version als 4.3 arbeiten, gibt es nur ein *CSS Styled Content*-Objekt zur Auswahl.

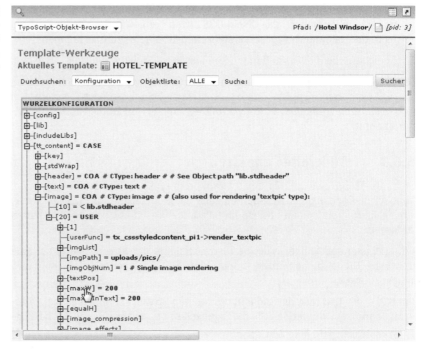

Abb. 5.23: Setzen der Eigenschaft maxW im TypoScript-Objektbrowser

CSS-Formatierung

Zum Abschluss möchte ich Sie nur noch auf den CSS-Code hinweisen, der für die gewünschte Formatierung der Inhaltselemente sorgt:

Listing 5.16: CSS-Stylesheets für die Formatierung der Inhaltselemente (hotelsite.css)

```
/*************************************
 * Element-Formatierungen
 */

h1.csc-firstHeader, h2 {
    color: maroon;
    font-family: Arial, sans-serif;
    font-weight: bold;
    font-size: 0.8em;
margin: 0 0 5 0;
}

h1 {
    color: maroon;
margin: 15 0 40 0;
}

p {
margin: 10 0 12 0;
}
```

Konstanten

```
ul {
list-style-type:square;
margin-left: 20px;
}
```

Abb. 5.24:
Die fertige
Webseite

Beachten Sie insbesondere, wie die jeweils ersten h1-Überschriften der beiden Spalten angesprochen werden. Diese werden vom *CSS Styled Content*-Template mit der CSS-Klasse csc-firstheader markiert, was es uns wiederum erlaubt, sie gezielt anzusprechen (und sie optisch zu verkleinern).

Die CSS-Klasse csc-firstheader ist natürlich nicht der einzige CSS-Selektor, der von dem *CSS Styled Content*-Template erzeugt wird. Welche weiteren Selektoren es gibt und wie Sie einzelne mit dem CONTENT-Objekt ausgegebene Elemente gezielt formatieren können, verrät Ihnen ein Blick in den generierten HTML-Quelltext.

5.7 Konstanten

Für feste Werte können Sie in TypoScript Konstanten definieren:

```
begruessung = Hallo Webbesucher
bildbreite = 300
```

und – eingebunden in geschweifte Klammern und mit vorangestelltem Dollarsymbol – an jeder Stelle verwenden, an der auch der entsprechende Wert gültig wäre:

```
10 = TEXT
10.value = {$begruessung}
```

5 Individuelle Layouts mit eigenem Template und CSS

Solche Konstanten haben zwei Vorteile:

- Numerische Werte werden mit einem aussagekräftigen Namen (dem Namen der Konstanten) verbunden.
- Wird eine Konstante an mehrere Eigenschaften zugewiesen, kann man durch Bearbeitung der Konstante mit einem Schlag allen betreffenden Eigenschaften den neuen Wert zuweisen.

Zur Übung werden wir jetzt für unser *Hotelsite*-Beispiel die maximale Bildbreite über eine Konstante definieren.

1. Klicken Sie im Modul WEB/TEMPLATE auf den Titel der *Hotel Windsor*-Seite im Seitenbaum.
2. Wechseln Sie gegebenenfalls in die Ansicht *Info/Bearbeiten* und klicken Sie auf den Link VOLLSTÄNDIGEN TEMPLATE-DATENSATZ BEARBEITEN. Wechseln Sie zur Registerkarte ALLGEMEIN.

Abb. 5.25: Definition einer Konstanten

```
Konstanten:
maxBildbreite = 200
```

3. Definieren Sie im Feld KONSTANTEN die Konstante `maxBildbreite` mit dem Wert 200.

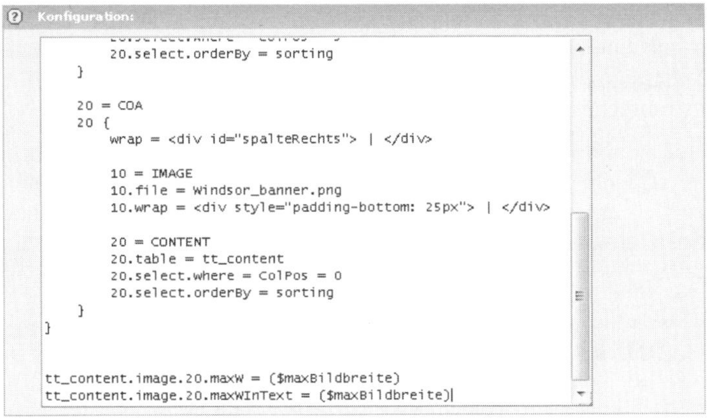

Abb. 5.26: Konstante zuweisen

```
        20.select.orderBy = sorting
    }

    20 = COA
    20 {
        wrap = <div id="spalteRechts"> | </div>

        10 = IMAGE
        10.file = windsor_banner.png
        10.wrap = <div style="padding-bottom: 25px"> | </div>

        20 = CONTENT
        20.table = tt_content
        20.select.where = ColPos = 0
        20.select.orderBy = sorting
    }
}

tt_content.image.20.maxW = ($maxBildbreite)
tt_content.image.20.maxWInText = ($maxBildbreite)
```

4. Weisen Sie im Feld KONFIGURATION den Eigenschaften `maxW` und `maxWInText` die Konstante `maxBildbreite` zu.

5. Speichern Sie und kontrollieren Sie das Ergebnis.

Konstanten über den Konstanteneditor bearbeiten

Wenn Sie möchten, können Sie Ihre Konstanten über den Konstanteneditor editierbar machen. Stellen Sie dazu der Konstantendefinition eine mit # eingeleitete Zeile voran, in der Sie die Kategorie (cat), einen Beschreibungstext (label) und gegebenenfalls den Typ (type) angeben:

```
#cat=Hotelsite;label=maximale Bildbreite
maxBildbreite = 200
```

Nach dem Speichern kann die Konstante im Konstanteneditor bearbeitet werden.

Abb. 5.27: Darstellung einer selbst definierten Konstante im Konstanteneditor

5.8 Fragen und Übungen

1. Welches Objekt repräsentiert im TypoScript-Code die aktuelle Seite?
2. Testen Sie, was passiert, wenn für eine Seite kein PAGE-Objekt existiert?
3. Nennen Sie zwei Vorzüge, die mit der Verwendung externer CSS-Dateien einhergehen.
4. Kann man mehrere CSS-Dateien mit einer Seite verknüpfen?
5. Nehmen Sie im Modul WEB/SEITE Änderungen an den Inhaltselementen der *Hotelsite_2*-Site vor. Erweitern Sie zum Beispiel einen Textblock, löschen Sie einen Aufzählungspunkt, streichen Sie eine Überschrift oder tauschen Sie ein Bild aus und beobachten Sie, wie sich die gerenderte Webseite verhält.
6. Bisher ist das Template für die *Hotelsite_2*-Site so aufgebaut, dass der Inhalt jeder Spalte in jeweils ein CONTENT-Objekt eingelesen wird. Schreiben Sie den Code für die linke Spalte (div-Element mit der ID spalteLinks) so um, dass die Elemente einzeln eingelesen und in eigene div-Elemente eingefasst werden. (Hinweis: Informieren Sie sich im Modul WEB/LISTE, ERWEITERTE ANSICHT, über die IDs der Elemente (Maus über Elementsymbol am Anfang der Tabellenzeile bewegen) und filtern Sie den Inhalt für die CONTENT-Objekte nach der ID (uid).

Teil II

Content Management

Nachdem Sie sich im ersten Teil des Buches mit der TYPO3-Oberfläche, TypoScript und den wichtigsten Arbeitsschritten vertraut gemacht haben, kommen wir nun zu dem eigentlichen Grund, warum wir mit TYPO3 arbeiten: der Erstellung kompletter Websites und ... der Verwaltung statischer und dynamischer Inhalte, kurz dem *Content Management*.

KAPITEL 6

Von der Seite zur Site

Wie Sie im Modul WEB/SEITE neue Seiten anlegen, haben Sie bereits im ersten Teil des Buches gesehen (beispielsweise Kapitel 3.3). Dort genügte uns allerdings eine einzige Seite. In diesem Kapitel lernen Sie, wie Sie mehrere Seiten anlegen, wie Sie dies besonders effizient tun, wie Sie die Seiten im Seitenbaum organisieren und wie Sie das Konzept der virtuellen Seiten dazu nutzen können, um im Seitenbaum Seiten für die unterschiedlichsten Aufgaben (Seitentypen) anzulegen.

Nebenbei werden wir den folgenden Seitenbaum für unsere neue Beispiel-Site, die Website eines auf Schottland spezialisierten Reiseveranstalters, aufbauen:

```
Schottland-Site
|--- root
     |--- navigation_oben
          |--- Home
          |--- Preise
          |--- Kontakt
          |--- Impressum
     |--- navigation_links
          |--- Home
          |--- Edinburgh
          |--- Loch Ness
          |--- Stonehaven
          |--- Skye
```

Listing 6.1: Seitenbaum der Schottland-Beispielsite (Hinweis: Nur den fettgedruckten Seiten des Baumes werden später reale HTML-Seiten entsprechen.)

6.1 Neue Seiten anlegen

Einzelne Seiten legen Sie üblicherweise im Modul WEB/SEITE an. Die Seitenbaumansicht besitzt zu diesem Zweck in der Symbolleiste ein Symbol NEUE SEITE ANLEGEN. Zusätzlich verfügen alle Knoten im Seitenbaum, einschließlich des von Beginn an vorhandenen Site-Knotens, über einen NEU-Befehl in ihrem Kontextmenü (zu öffnen über Mausklick auf Symbol oder Klick mit rechter Maustaste auf den Titel des Knotens, siehe auch Kapitel 2.1.2).

Wenn Sie die Schritt-für-Schritt-Anweisungen zum Aufbau der *Schottland*-Website nachvollziehen möchten:

1. Legen Sie jetzt eine neue TYPO3-Site an (siehe Kapitel 1.5 bzw. Anhang C.1.5 für Winstaller-Sites).

   Nennen Sie das Verzeichnis, das Sie für die TYPO3-Site unter dem Dokumentenverzeichnis des Webservers anlegen, *Schottland* (also beispielsweise <Server-Installation>\htdocs\Schottland).

   Geben Sie im Installations-Tool, Abschnitt BASIC CONFIGURATION, als Site-Name *Schottland-Site* ein und setzen Sie gegebenenfalls die DPI-Auflösung im Feld [GFX][TTFDPI] auf *96* herauf.

   Achten Sie außerdem darauf, dass GraphicsMagick installiert ist und von TYPO3 gefunden wird (siehe Anhang C.3).

2. Melden Sie sich bei der Site an und stellen Sie die Backendsprache auf Deutsch um (siehe Kapitel 1.4).

3. Rufen Sie das Modul WEB/SEITE auf.

6.1.1 Der Root-Knoten

Wenn Sie für eine neu angelegte TYPO3-Site die Seitenbaumansicht aufrufen – beispielsweise indem Sie ins Modul WEB/SEITE wechseln –, ist dort immer schon ein erster Knoten aufgeführt, der den Namen der TYPO3-Site trägt und eine Weltkugel als Symbol hat.

Dieser Knoten ist der Aufhänger, an dem wir den Seitenbaum für unsere Website anheften. Er ist nicht Teil der späteren Website (Frontend), nicht einmal Teil der TYPO3-Site, denn er repräsentiert keine virtuelle Seite – er ist einfach nur ein Aufhänger.

Die Seitenhierarchie einer Website sollte am besten auf einen *root*-Knoten zurückgehen.

Trotzdem empfiehlt es sich, alle (virtuellen) Seiten, die für den Aufbau einer Website benötigt werden, auf einen gemeinsamen Seiten-Knoten zurückgehen zu lassen. Da dies der Aufhänger nicht sein kann (er ist wie gesagt keine Seite), legen wir als Erstes unter dem Aufhänger einen Knoten an, der als Wurzel (engl. »root«) für unsere Website dient und den wir daher einfach *root* nennen.

1. Rufen Sie im Kontextmenü des »Aufhängers« den Befehl NEU auf.

2. Klicken Sie im Arbeitsbereich auf SEITE (IN).

Neue Seiten anlegen

Abb. 6.1:
Unter dem
»Aufhänger«
wird eine neue
Seite als Root
angelegt.

Es erscheint nun eine mehrseitige Eingabemaske, in der Sie die Seite konfigurieren können. In Abschnitt 6.1.3 werden wir diese Eigenschaften ein wenig näher untersuchen. Im Moment genügt es uns, der Root-Seite einen Titel zu geben.

3. Geben Sie als Seitentitel *root* ein.
4. Klicken Sie auf das Diskettensymbol mit dem Kreuz, um die Änderungen zu speichern und die Eingabemaske zu verlassen.

Abb. 6.2:
Die neu angelegte root-Seite

6.1.2 Weitere Seiten anlegen und positionieren

Wenn Sie weitere Seiten anlegen, können (müssen) Sie festlegen, wie die neue Seite relativ zur aktuell im Seitenbaum ausgewählten Seite positioniert werden soll.

Um beispielsweise unter dem *root*-Knoten eine untergeordnete Seite namens Home anzulegen, gehen Sie wie folgt vor:

1. Wählen Sie im Seitenbaum die Seite *root* aus.
2. Klicken Sie in der Symbolleiste auf das Symbol Neue Seite anlegen.

Abb. 6.3:
Eingabemaske
zur Auswahl
einer Position
im Seitenbaum

171

Es erscheint nun im Arbeitsbereich eine Eingabemaske, in der verschiedene mögliche Einfügepositionen (relativ zur im Seitenbaum ausgewählten Seite) angezeigt werden. Sie brauchen nur auf die gewünschte Position zu klicken.

3. Klicken Sie auf das versetzt unter *root* liegende Seitensymbol, um unter *root* eine untergeordnete Seite anzulegen.

Wie üblich erscheint die Eingabemaske zur Konfiguration der Seite.

Tabelle 6.1: Befehle zum Anlegen neuer Seiten im Modul WEB/SEITE

Befehl	Beschreibung
Symbol NEUE SEITE ANLEGEN	Führt Sie direkt zur Positionsauswahl (siehe Abbildung 6.3).
Kontextmenübefehl NEU	Führt Sie zu einem Auswahldialog, von dem aus Sie nicht nur neue Seiten, sondern auch Seiteninhalte, Templates und anderes anlegen können.
Kontextmenübefehl NEU SEITE (IN)	Fügt die neue Seite als oberste untergeordnete Seite der aktuell ausgewählten Seite ein.
Kontextmenübefehl NEU SEITE (NACH)	Fügt die neue Seite unter der aktuell ausgewählten Seite ein.
Kontextmenübefehl NEU SEITE (POSITION AUSWÄHLEN)	Führt Sie zur Positionsauswahl (siehe Abbildung 6.3).

6.1.3 Seiteneigenschaften

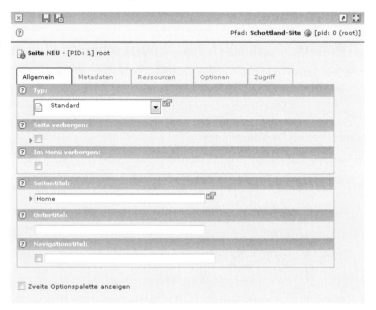

Abb. 6.4: Registerkarte ALLGEMEIN der Seiteneigenschaften

Bevor wir zu den Eigenschaften im Einzelnen kommen, noch ein Wort zur Symbolik und Legende.

Eingaben in der Eingabemaske werden nur permanent, wenn Sie zum Abschluss auf eines der Diskettensymbole zum Speichern klicken. (Beim Wechsel der Registerkarte müssen Sie nicht vorab speichern.)

Die meisten Einstellungen sind optional. Einstellungen, die Ihre Eingabe erfordern, sind durch ein gelbes Symbol mit Ausrufezeichen gekennzeichnet.

Einstellungen, die Sie bereits bearbeitet haben, werden durch ein Pfeildreieck gekennzeichnet.

Zu einigen Optionen gibt es weitere Einstellmöglichkeiten. Diese können Sie durch das Symbol mit der Hand einblenden. Durch Aktivieren der Option ZWEITE OPTIONSPALETTE ANZEIGEN am unteren Rand der Eingabemaske werden alle erweiterten Optionen auf einmal eingeblendet.

Die Seiteneigenschaften können auch nach dem Anlegen der Seite jederzeit noch überarbeitet werden. Klicken Sie einfach im Seitenbaum auf den Titel der Seite und anschließend im Arbeitsbereich auf die Schaltfläche SEITENEIGENSCHAFTEN BEARBEITEN.

Eigenschaften auf der Seite Allgemein

Die wichtigsten Seiteneigenschaften sind zweifelsohne der SEITENTITEL (optional auch mit UNTERTITEL) und der TYP der Seite.

Der voreingestellte Typ ist *Standard*, der vor allem für Seiten gedacht ist, die später auch als reale Seiten im Web zu sehen sein sollen. Die einzelnen Typen werden in Abschnitt 6.6 vorgestellt. Die erweiterten Optionen im Abschnitt TYP werden hier nicht weiter beschrieben, da sie größtenteils nur mit Unterstützung durch das Template funktionieren, siehe Fortgeschrittenenliteratur zu TypoScript (Ausnahme: das Feld NICHT SUCHEN, mit dem eine Seite von der Suche ausgeschlossen werden kann). **Typ**

Der Seitentitel wird in das `title`-Element der später generierten Webseite geschrieben und wird auch für Menüs verwendet, in denen die Seite auftaucht. Wenn Sie in den Menüs lieber einen anderen Titel verwenden möchten, geben Sie diesen unter NAVIGATIONSTITEL an. Soll die Seite überhaupt nicht in einem Menü erscheinen, aktivieren Sie die Option IM MENÜ VERBERGEN. (Die Erstellung von Menüs wird in Kapitel 8 besprochen.) **Seitentitel Navigationstitel Im Menü verbergen**

Abb. 6.5: Erweiterte Optionen unter dem Abschnitt SEITENTITEL

Zu den erweiterten Optionen des Abschnitts SEITENTITEL gehören:

- Adress-Alias: Hier haben Sie die Möglichkeit, der Seite einen eindeutigen Namen zuzuweisen, den Sie in vielen Fällen anstelle der ID der Seite verwenden können. Beispielsweise kann eine Seite mit dem Namen *home* vom Browser aus mittels `index.php?id=home` anstelle von beispielsweise `index.php?id=3` aufgerufen werden.

- ZIELFENSTER: Hier können Sie angeben, in welchem Fenster (Frame-Rahmen) die Seite angezeigt werden soll, wenn Sie über einen Link aufgerufen wird (beispielsweise `_self` (gleiches Fenster/Frame wie Link), `_blank` (neues Fenster) oder `_top` (im gleichen Fenster, aber ohne Frames)).

- NICHT CACHEN: Aktivieren Sie diese Option, wenn die Seite nicht gecacht werden soll.

- CACHE VERFÄLLT: Hier können Sie festlegen, nach Ablauf welcher Zeitspanne die gecachte Seite nicht mehr gültig sein soll (zeitliche Begrenzung des Cachings).

Seite verbergen Durch Aktivierung der Option SEITE VERBERGEN können Sie eine Seite ganz aus dem Frontend (der späteren Online-Website) ausschließen.

Beachten Sie aber, dass Sie selbst, solange Sie noch im Backend angemeldet sind, die Seite im Browser aufrufen und betrachten können – beispielsweise, indem Sie die Seite über ihre ID aufrufen (`index.php?id=2`) oder durch Auswahl der Seite im Seitenbaum und Klick auf das Lupensymbol. Wenn Sie nicht gleichzeitig im Backend angemeldet sind, wird statt der verborgenen Seite die jeweils übergeordnete Seite angezeigt.

Untertitel Der Untertitel wird nur angezeigt, wenn er vom Template unterstützt wird.

Eigenschaften der anderen Seiten

Welche weiteren Registerkarten mit konfigurierbaren Eigenschaften angezeigt werden, hängt von dem eingestellten Seiten-Typ ab. Für den Typ *Standard* sind es die Seiten METADATEN, RESSOURCEN, OPTIONEN und ZUGRIFF. Von den drei letzteren Seiten wollen wir uns noch einige Einstellungen ansehen, den Metadaten wenden wir uns im nächsten Abschnitt zu.

Ressourcen Die Registerkarte RESSOURCEN sollte Ihnen aus Kapitel 5.3.4 bekannt vorkommen. Dort haben wir die gleiche Eingabemaske benutzt, um Ressourcen für das Template in die TYPO3-Site hochzuladen. Während jedoch damals die Ressourcendateien in das Verzeichnis *uploads/tf* geladen wurden, wandern die hier hochgeladenen Dateien in das Verzeichnis *uploads/media*.

Wie diese Ressourcen verwendet werden, hängt – wie bei so vielen Einstellungen – vom verwendeten Template ab.

Im TSconfig-Feld können Sie das Backend für die Bearbeitung der Seite konfigurieren. Sie kennen dies bereits aus Kapitel 3.5.2, wo wir die Eingabemaske für Seiteninhaltselemente auf zwei Spalten beschränkt haben.	**Optionen**
Über die Felder Start und Stopp können Sie angeben, ab wann und bis wann eine Seite im Frontend (also im Online-Web) zu sehen ist. Start- und Stopp-Datum geben Sie im Format TT-MM-JJJJ an oder relativ zum aktuellen Datum, vertreten durch d: d gleich heute, d-2 gleich vorgestern, d+1 gleich morgen.	**Zugriff**

Wenn Sie zusätzlich die Option Inklusive Unterseiten aktivieren, gelten die Start- und Stopp-Einstellungen auch für untergeordneten Seiten.

Seiteneigenschaften via TypoScript ausgeben

Die Seiteneigenschaften, die Sie über die Eingabemasken der verschiedenen Registerkarten eingeben, werden intern von TYPO3 in der Datenbanktabelle *pages* gespeichert. Von dort aus können Sie sie vermittels der »Eigenschaft« field[1] abrufen.

Das sieht dann so aus, dass Sie

- an das Objekt, in welches Sie den Wert der Seiteneigenschaft einlesen wollen, .field anhängen,
- dieser Pseudo-Eigenschaft den Namen des Datenbankfeldes zuweisen, in dem die Seiteneigenschaft gespeichert ist.

```
// Abspeichern des Seitentitels in einem TEXT-Objekt
10 = TEXT
10.field = title
```

Wo sinnvoll, können Sie mittels des //-Operators ein Alternativfeld angeben, dessen Wert zu verwenden ist, wenn das zuerst angegebene Feld leer ist:

```
// Ruft den Untertitel ab. Ist das zugehörige Feld leer, wird als
// Ersatz auf den normalen Seitentitel zurückgegriffen
10 = TEXT
10.field = subtitle // title
```

Bleibt nur noch die Frage zu klären, wie die Datenbankfelder der *pages*-Tabelle heißen, in denen die Seiteneigenschaften abgelegt werden? Sie können diese beispielsweise im Modul Adminwerkzeuge/DB-Überprüfung, Vollsuche-Modus, mittels Durchführung einer Erweiterten Abfrage für die Tabelle *Seite* (*pages*) unter Auswahl der interessierenden Feldern ermitteln (das Listenfeld zur Auswahl der Felder enthält deutsche Umschreibungen, aber in den daraus generierten SQL-Befehl werden natürlich die Datenbankfeldnamen eingebaut.)	**Werfen Sie einen Blick in Anhang E.**

---

1. Was wie eine Eigenschaft aussieht, ist in Wirklichkeit eine TypoScript-Funktion (siehe Anhang E).

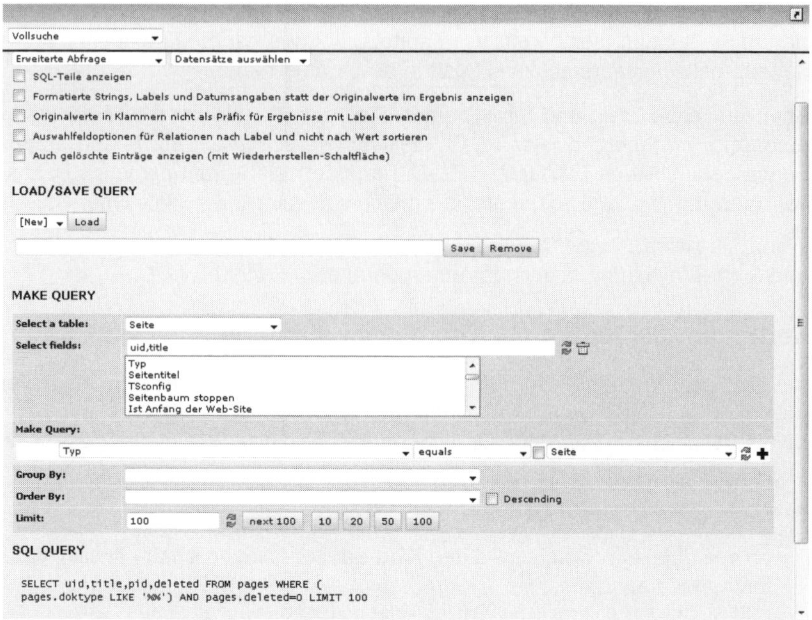

6 Von der Seite zur Site

Abb. 6.6:
Generierung
einer Daten-
bankabfrage

Sie können aber auch in das *bin*-Verzeichnis Ihrer MySQL-Installation wechseln und den Aufbau der Datenbanktabelle *pages* abfragen (siehe Abbildung 6.7).

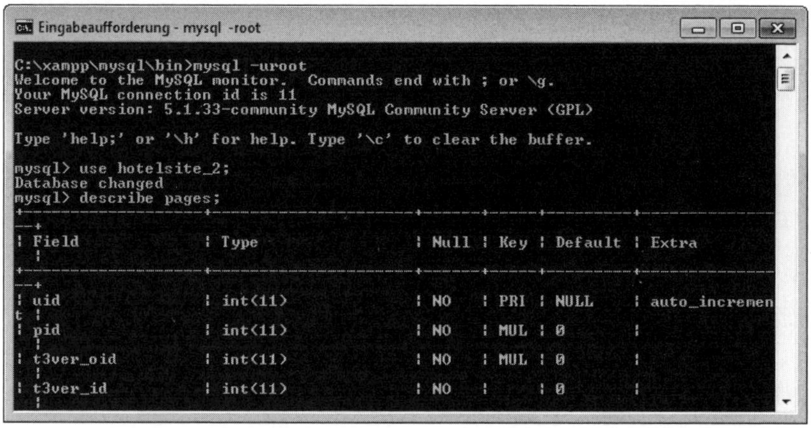

Abb. 6.7:
Aufbau der
MySQL-Tabelle
pages aus der
Datenbank
hotelsite_2
abfragen

Oder Sie schlagen die Feldnamen einfach in Anhang E nach.

6.1.4 Meta-Informationen

Auf der Seite METADATEN können Sie Werte für die wichtigsten Meta-Tags angeben, die als zusätzliche Informationen über die Seite im `header`-Abschnitt der späteren HTML-Seite abgelegt werden.

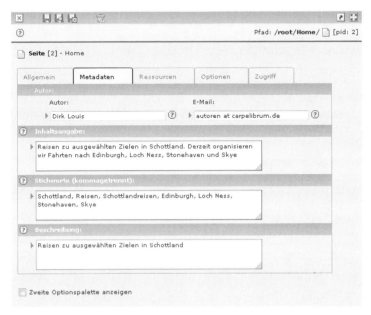

Abb. 6.8: Angeben von Meta-Informationen

- AUTOR: Hier können Sie den Namen des Autors angeben. Der Inhalt dieses Feldes ist für das Author-Meta-Tag gedacht.

- E-MAIL: Hier können Sie die E-Mail-Adresse des Autors angeben. Der Inhalt dieses Feldes ist für das EMail-Meta-Tag gedacht.

- INHALTSANGABE: Hier können Sie eine ausführlichere Beschreibung der Seite ablegen. Anders als das Feld BESCHREIBUNG, welches für das Meta-Tag `description` gedacht ist, dient dieses Feld der Unterstützung von Sitemaps vom Menü-Typ *Menü der Unterseiten (mit Inhaltsangabe)*.

- STICHWORTE: Hier können Sie Stichworte aus dem Inhalt der Seite angeben. Der Inhalt dieses Feldes ist für das Keywords-Meta-Tag gedacht. Suchmaschinen werten dieses Tag aus und gleichen bei einer späteren Suche des Benutzers die Stichworte mit dem Suchbegriff ab. Stichworte, die sich auch im Titel oder Inhalt der Seite wiederfinden, erhöhen üblicherweise die Trefferquote.

- BESCHREIBUNG: Hier können Sie eine kurze Beschreibung der Seite und ihres Inhalts angeben. Der Inhalt dieses Feldes ist für das Description-Meta-Tag gedacht und wird von Suchmaschinen als Beschreibung der Seite angezeigt.

Die Informationen, die Sie in die Eingabefelder für die Metadaten schreiben, werden nicht automatisch ausgelesen und in den HTML-Code der später gerenderten Webseiten übernommen. Dies müssen Sie selbst veranlassen. Das PAGE-Objekt verfügt dazu über eine Eigenschaft meta:

Listing 6.2: Meta-Informationen in Meta-Tags ausgeben

```
page = PAGE
page.meta.AUTHOR.field = author
page.meta.EMAIL.field = author_email
page.meta.KEYWORDS.field = keywords
page.meta.DESCRIPTION.field = description
```

Die Bezeichner, die Sie mit dem Punktoperator an page.meta anhängen, sind grundsätzlich frei wählbar und werden von TYPO3 in das name-Attribut des Meta-Tags geschrieben. Das content-Attribut des Meta-Tags wird mit dem zugewiesenen Wert gefüllt (im obigen Code der Inhalt der Datenbankfelder *author, author_email* etc.). Die Ausgabe des obigen Codes sieht daher wie folgt aus:

```
<meta name="AUTHOR" content="Dirk Louis" />
<meta name="EMAIL" content="autoren at carpelibrum.de" />
<meta name="KEYWORDS" content="Schottland, Reisen, Schottlandreisen,
                     Edinburgh, Loch Ness, Stonehaven, Skye" />
<meta name="DESCRIPTION" content="Reisen zu ausgewählten Zielen in
                     Schottland" />
```

> **Für Fortgeschrittene: Metadaten**
>
> Die Registerkarte METADATEN eignet sich gut, um einzelnen Seiten individuelle Werte für die Meta-Tags author, email, keywords oder description zuzuweisen. Sie ist allerdings weniger geeignet, um gleichlautende Metadaten für eine größere Anzahl Seiten festzulegen, und sie versagt gänzlich, wenn weitere Meta-Tags wie copyright oder robots angelegt werden sollen.
>
> Für die Generierung der Metadaten empfiehlt sich daher in der Regel ein zweistufiges Verfahren:
>
> – Es werden Standardwerte für alle Seiten vorgegeben.
>
> – Für jede einzelne Seiten wird geprüft, ob in den Datenbankfeldern *author, author_email, description* und *keywords* Werte stehen. (Sie müssen natürlich nur diejenigen Datenbankfelder prüfen, für die Sie Meta-Elemente erzeugen.) Wenn ja, werden die Standardwerte durch diese Werte ersetzt.
>
> Der zugehörige TypoScript-Code sieht wie folgt aus und gehört in das Template der Root-Seite (von wo aus er an alle untergeordneten Seiten weitervererbt wird, siehe weiter unten, Abschnitt 6.4):

```
page.meta.AUTHOR = Dirk Louis
page.meta.AUTHOR.override.field = author

page.meta.KEYWORDS = Schottland, Reisen, Schottlandreisen
page.meta.KEYWORDS.override.field = keywords

page.meta.DESCRIPTION = Reisen zu ausgewählten Zielen in
Schottland
page.meta.DESCRIPTION.override.field = description

page.meta.COPYRIGHT = Dirk Louis
```

Die Syntax

`<obj_eigensch>.override.field = <db_feld>`

bedeutet:

- lies den Wert aus dem Datenbankfeld `db_feld` aus (Aufgabe der `field`-Funktion)
- überschreibe mit diesem Wert den aktuellen Wert der Eigenschaft `obj_eigensch`, jedoch nur, wenn überhaupt ein Wert zurückgeliefert wurde (Aufgabe der `override`-Funktion)

Für eine praktische Umsetzung dieses Verfahrens siehe Kapitel 7.3, Abschnitt »Header ersetzen (CSS-Datei, Meta-Informationen etc.)«.

6.2 Mehrere Seiten gleichzeitig anlegen

Das Anlegen einer größeren Anzahl von Seiten im Modul WEB/SEITE kann recht mühsam sein. Insbesondere Seiten, die zusammen auf einer Ebene liegen, können daher etwas effizienter in einem Rutsch im Modul WEB/FUNKTIONEN angelegt werden.

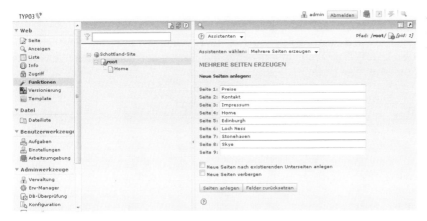

Abb. 6.9: Schnellverfahren zum Anlegen mehrerer Seiten

6 Von der Seite zur Site

Um z.B. das Gros der restlichen Seiten für die *Schottland*-Site (ohne Rücksicht auf die anvisierte Hierarchie) anzulegen, gehen Sie wie folgt vor:

1. Wählen Sie das Modul WEB/FUNKTIONEN aus.
2. Klicken Sie im Seitenbaum auf den Titel der Seite *root*.

   Achten Sie darauf, dass im Arbeitsbereich im Listenfeld oben der Assistent *Mehrere Seiten erzeugen* ausgewählt ist.
3. Geben Sie die Seitentitel in die zugehörigen Eingabefelder ein.
4. Klicken Sie auf die Schaltfläche SEITEN ANLEGEN.

 Wenn Sie mithilfe der Tastatur in der Seitenliste von einem Eingabefeld zum nächsten springen möchten, drücken Sie die ⇥-Taste.

Die neuen Seiten werden unter der aktuell im Seitenbaum ausgewählten Seite als Seiten vom Typ *Standard* angelegt.

Abb. 6.10: Der Seitenbaum nach dem Anlegen der Seiten

Der Seitenbaum sieht noch nicht ganz so aus, wie wir uns das eigentlich vorgestellt hatten, aber das macht nichts. Wir werden die Seitenliste gleich noch ergänzen und umarrangieren. Zuvor aber wollen wir uns noch ansehen, wie man in TYPO3 mehrere (Unter)-Seiten gleichzeitig bearbeiten kann und welche Seitentypen es gibt.

6.3 Mehrere Seiten gleichzeitig konfigurieren

Im Modul WEB/LISTE können Sie mehrere Seiten, genauer gesagt mehrere Unterseiten einer übergeordneten Seite, gleichzeitig konfigurieren. Das heißt, Sie ersparen sich den expliziten Aufruf der Seiteneigenschaften für die einzelnen Seiten. Stattdessen lassen Sie sich eine individuelle Eingabemaske zusammenstellen, in der Sie eine Eigenschaft für mehrere Seiten gleichzeitig bearbeiten können.

Zur Demonstration werden wir für alle Seiten das Metadaten-Feld STICHWORTE bearbeiten.

1. Wählen Sie das Modul WEB/LISTE aus.
2. Klicken Sie im Seitenbaum auf den Titel der Seite *root*.

Im Arbeitsbereich sehen Sie jetzt eine Auflistung aller für die Seite gespeicherten Datensätze, geordnet nach Tabellen. Auf dem aktuellen Bearbeitungsstand unserer TYPO3-Site dürfte dies nur die Tabelle SEITE (pages) mit den angelegten Unterseiten sein. Für diese Tabelle können wir nun auswählen, welche Felder wir bearbeiten möchten.

3. Klicken Sie auf den Tabellentitel (SEITE) – oder auf das daneben stehende Pluszeichen (mit dem QuickInfo-Titel NUR DIESE TABELLE ANZEIGEN) –, um die Liste der enthaltenen Datenbanktabellenfelder einzublenden (siehe Abbildung 6.11).

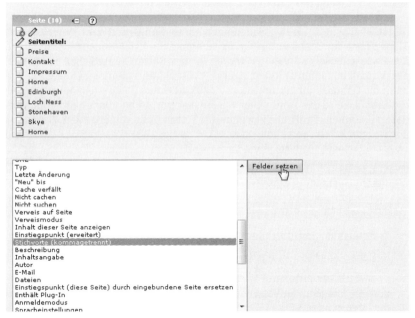

Abb. 6.11: Auswahl der zu bearbeitenden Felder (Modul WEB/LISTE)

4. Wählen Sie die zu bearbeitenden Felder aus (in unserem Fall der Eintrag STICHWORTE) und klicken Sie auf die Schaltfläche FELDER SETZEN.

In der Tabelle taucht nun neben dem Seitentitel die Spalte STICHWORTE auf.

5. Klicken Sie auf das Bleistiftsymbol neben der Spaltenüberschrift STICHWORTE.

In der nun erscheinenden Eingabemaske können Sie die Eigenschaft für die einzelnen Seiten festlegen (siehe Abbildung 6.12).

Abb. 6.12:
Eingabemaske für die gleichzeitige Bearbeitung einer speziellen Eigenschaft für mehrere Seiten

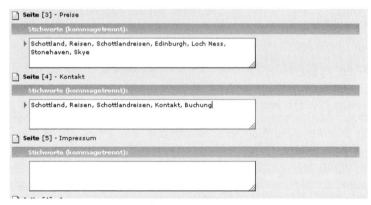

6.4 Organisation des Seitenbaums

Im Idealfall sollten Sie den Seitenbaum vorab planen und dann gemäß dieses Plans Ebene für Ebene aufbauen. Es ist aber auch nicht weiter tragisch, wenn Sie – wie in diesem Kapitel – so vorgehen, dass Sie im Wesentlichen erst einmal die (virtuellen) Seiten anlegen, die die (echten) Webseiten repräsentieren, und dann die Organisation nachreichen. TYPO3 ist – zum Glück – flexibel genug, um die Organisation des Seitenbaums jederzeit ohne Mühe überarbeiten oder ändern zu können. Schließlich verläuft die Entwicklung einer realen Website ja auch nicht immer geradlinig und selbst fertige Websites müssen dann und wann angepasst, modernisiert oder umstrukturiert werden.

Wichtig ist letzten Endes nur, dass Ihr Seitenbaum nicht nur die (virtuellen) Seiten für die späteren Webseiten enthält, sondern diese auch so anordnet, dass dadurch die Arbeit in TYPO3 möglichst einfach gemacht wird. Wie aber sieht ein Seitenbaum aus, der uns die Arbeit erleichtert?

- Er unterstützt das Prinzip der Template-Vererbung.
- Er bildet die Menü-Navigationselemente der Website nach.
- Er nutzt (nicht sichtbare) Verweis-Seiten, um Seiten in den Baum einzufügen, die lediglich der Verwirklichung der beiden erstgenannten Punkte dienen (selbst aber nicht im Frontend sichtbar sein werden).

6.4.1 Aufnahme der späteren Webseiten

Für jede Seite, die später zur Website gehören und dort aufrufbar sein soll, fügen wir dem Seitenbaum eine sichtbare Seite vom Typ *Standard* und dem gewünschten Seitentitel hinzu.

Das einfachste Grundmodell des Seitenbaums für unsere *Schottland*-Beispielsite, das nur die (virtuellen) Seiten für die späteren Webseiten enthält, sähe demnach wie folgt aus:

```
Schottland-Site          // Seitenbaum-Aufhängung
|--- Home
|--- Preise
|--- Kontakt
|--- Impressum
|--- Home
|--- Edinburgh
|--- Loch Ness
|--- Stonehaven
|--- Skye
```

Listing 6.3: Rudimentärer Seitenbaum, der einfach nur die Seiten für die späteren Webseiten enthält

6.4.2 Template-Vererbung unterstützen

Wie Sie bereits aus Teil I des Buches wissen, muss jede Seite mit einem Template verbunden werden, damit sie überhaupt angezeigt werden kann. Das bedeutet nun aber nicht, dass wir für jede Seite, wie in Kapitel 3.4 oder 5.2 gesehen, explizit ein Template auswählen oder neu definieren müssen. Dies wäre nicht nur recht mühselig, es wäre auch weitgehend unnötig, da die meisten Websites so konzipiert sind, dass alle oder zumindest ein Großteil der enthaltenen Seiten dasselbe Design/Layout verwenden.

TYPO3 trägt diesem Designprinzip durch den Mechanismus der Template-Vererbung Rechnung.

Besitzt eine Seite untergeordnete Seiten, vererbt sie diesen ihr Template (d.h. den TypoScript-Code).

Wenn wir unseren Seitenbaum also so organisieren, dass wir alle Seiten unter einer gemeinsamen übergeordneten Seite anlegen, müssen wir das Template, welches unser Site-Design erzeugt, nur dieser übergeordneten Seite zuordnen.

Aus diesem Grund haben wir in den vorangehenden Abschnitten die Seiten für unsere *Schottland*-Site unter einer Seite *root* angelegt:

```
Schottland-Site              // Seitenbaum-Aufhängung
|--- root                    // für Template der Site (siehe 7.3)
     |--- Home
     |--- Preise
     |--- Kontakt
     |--- Impressum
     |--- Home
     |--- Edinburgh
     |--- Loch Ness
     |--- Stonehaven
     |--- Skye
```

Listing 6.4: Verbesserter Seitenbaum, der den Mechanismus der Template-Vererbung unterstützt (aber keine Hilfe für die Menüerstellung bietet und eine Seite root enthält, zu der es keine Entsprechung im Web gibt)

Der Mechanismus der Template-Vererbung ist ebenso effizient wie flexibel.

Falls Sie sich jetzt sorgen, dass die Vererbung eines Templates an alle Seiten eines Webs doch wohl zu einem recht statischen Design führen könnte, darf ich Sie beruhigen:

- Erstens können Sie in dem Template mithilfe von TypoScript dynamische Bereiche definieren, die dann für jede Seite mit individuellen Inhalten gefüllt werden (siehe nachfolgende Kapitel).

Erweiterungs-Templates

- Zweitens können Sie jeder Seite ein *Erweiterungs-Template* zuweisen, welches das geerbte Layout ergänzt oder durch Umdefinition bestehender Eigenschaften anpasst (beispielsweise durch Einstellung einer anderen Hintergrundfarbe).
    - Um einer Seite ein Erweiterungs-Template zuzuweisen, wechseln Sie in das Modul WEB/TEMPLATE, wählen Sie die Seite im Seitenbaum aus und klicken Sie in der TEMPLATE-WERKZEUGE-Eingabemaske auf die Schaltfläche KLICKEN SIE HIER, UM EIN ERWEITERUNGS-TEMPLATE ZU ERSTELLEN. (Für ein Beispiel zur Definition eines Erweiterungs-Templates siehe Übung 4 zu Kapitel 7 oder Kapitel 9.1.1.)
    - Seiten, die ein Erweiterungs-Template definieren, vererben dieses zusammen mit dem geerbten Template weiter.

- Drittens steht es Ihnen natürlich frei, einzelnen Webseiten, deren Design stärker vom Design der Site abweicht, eigene Templates zuzuweisen.
    - In diesem Fall ersetzt das zugewiesene Template jeglichen geerbten Template-Code.
    - Enthält die Seite untergeordnete Seiten, vererbt sie diesen ihr eigenes Template. (Jede Seite, die ein eigenes Template zugewiesen bekommt, bildet also den Anfang eines neuen Teil-Seitenbaums mit eigenem Template.)

6.4.3 Menü-Navigationselemente nachbilden

Menüs werden in TYPO3-Sites fast immer im Template, mithilfe von TypoScript-Code, erzeugt. Der zugehörige Code definiert dabei nicht nur Aussehen und Verhalten des Menüs – er muss natürlich auch festlegen, welche Seiten als Links im Menü aufgeführt sein sollen.

Am einfachsten und übersichtlichsten geht dies, wenn der Seitenbaum die Menüs nachbildet – sprich, wenn es zu jedem Menü eine übergeordnete (nicht sichtbare) Seite gibt, der die im Menü aufgeführten Seiten untergeordnet sind.

Wenn wir uns überlegen, für die *Schottland*-Site im Top-Bereich ein horizontales Menü mit den Links *Home*, *Preise*, *Kontakt* und *Impressum* und im linken Bereich ein vertikales Menü mit den Einträgen *Home*, *Edinburgh*, *Loch Ness*, *Stonehaven* und *Skye* anzulegen, ergäbe sich damit folgender Seitenbaum:

```
Schottland-Site                         // Seitenbaum-Aufhängung
|--- root                               // für Template der Site
     |--- navigation_oben               // übergeordneter Knoten für Menü
          |--- Home
          |--- Preise
          |--- Kontakt
          |--- Impressum
     |--- navigation_links              // übergeordneter Knoten für Menü
          |--- Home
          |--- Edinburgh
          |--- Loch Ness
          |--- Stonehaven
          |--- Skye
```

Listing 6.5:
Noch einmal verbesserter Seitenbaum, der den Mechanismus der Template-Vererbung und der Menü-Erstellung unterstützt (aber mittlerweile mehrere Seiten enthält, zu denen es keine Entsprechung im späteren Web gibt)

Die Reihenfolge der Seitenknoten unter dem Menüknoten gibt bereits die Reihenfolge der Links im späteren Menü vor.

Seiten, die in einem Menü auftauchen, sind in der Regel vom Typ *Standard*. Seiten vom Typ *Verweis* können Sie ebenfalls verwenden, Sie müssen aber beachten, dass diese niemals aktuell werden und daher auch nicht auf einfache Weise im Menü als aktuell ausgewählte Seite gekennzeichnet werden können (siehe Erläuterungen zu Menüzustand CUR in Kapitel 8.1.2). So werden wir später, in Abschnitt 6.6.2, zur Vermeidung der Doppeldefinition der Seite *Home* den Typ der *Home*-Seite unter der Seite *navigation_links* in den Typ *Verweis* ändern. Wir ändern den Typ genau dieser Seite, weil das vertikale Menü, das wir auf der Basis der Seiten unter *navigation_links* erstellen – im Gegensatz zu dem Menü oben – nicht die aktuell ausgewählte Seite hervorheben wird.

6.4.4 Strukturierung mit nicht sichtbaren Verweis-Seiten

Um die Seiten im Seitenbaum hierarchisch organisieren zu können, müssen wir in der Regel (virtuelle) Seiten einfügen, zu denen es keine reelle Entsprechung im späteren Web gibt. Das heißt, diese Seiten dienen allein der Strukturierung des Seitenbaums. Folglich müssen wir verhindern, dass Besucher unserer Website diese »Seiten« später aufrufen können.

Wir können dazu für die besagten Seiten auf der Registerkarte ALLGEMEIN die Option SEITE VERBERGEN setzen. Wenn der Besucher der Site dann versucht, eine solche Seite aufzurufen (indem er einfach die ID ausprobiert, beispielsweise .../ index.php?id=1), bekommt er eine von TYPO3 generierte Fehlermeldungsseite angezeigt.

Eleganter ist es in der Regel, bei einem Aufruf einer solchen strukturellen Seite auf eine passende reelle Seite umzuleiten. Dazu müssen Sie in TYPO3 lediglich den Typ der Seite von *Standard* in *Verweis* umändern und das Ziel der Umleitung angeben (siehe Abschnitt 6.6.1).

Listing 6.6: Fertiger Seitenbaum (die nicht fett gedruckten Seiten sind vom Typ Verweis, die fett gedruckten vom Typ Standard)

```
Schottland-Site                      // Seitenbaum-Aufhängung
|--- root                            // für Template der Site
       |--- navigation_oben          // übergeordneter Knoten für Menü
              |--- Home
              |--- Preise
              |--- Kontakt
              |--- Impressum
       |--- navigation_links         // übergeordneter Knoten für Menü
              |--- Home
              |--- Edinburgh
              |--- Loch Ness
              |--- Stonehaven
              |--- Skye
```

In den Schritt-für-Schritt-Anleitungen der nachfolgenden Abschnitte werden wir unseren bisherigen Seitenbaum an dieses Modell anpassen.

6.5 Seiten verschieben

Die Position einer Seite im Seitenbaum kann auf verschiedenen Wegen verändert werden.

Am einfachsten verschieben Sie Seiten im Seitenbaum per Drag&Drop. Nehmen Sie die zu verschiebende Webseite einfach mit der Maus auf, ziehen Sie sie über die Zielseite, unterhalb der die Seite eingefügt werden soll, und lassen Sie die Maustaste los. Es erscheint ein Kontextmenü, in dem Sie auswählen können, ob Sie die Seite verschieben oder kopieren möchten und ob die Seite auf der gleiche Ebene (HINTER) oder einer untergeordneten Ebene (IN) relativ zur Zielseite eingefügt werden soll.

Abb. 6.13: Verschieben einer Seite (hier Preise) unter eine andere Seite (hier navigation_oben)

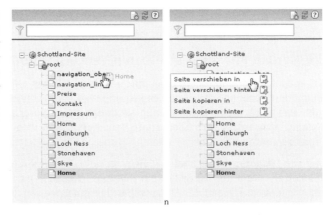

Die Seitentypen

Alternativ können Sie Seiten auch über ihr Kontextmenü in der Seitenbaumansicht oder die Symbole in der erweiterten Ansicht des LISTE-Moduls verschieben. (Mit letzterer Technik können Sie allerdings immer nur die in der SEITE-
Tabelle aufgeführten Seiten verschieben, also die untergeordneten Seiten der
im Seitenbaum aktuell ausgewählten Seite.)

1. Legen Sie im Modul WEB/FUNKTIONEN unter der Seite *root* zwei weitere untergeordnete Seiten *navigation_oben* und *navigation_links* an (siehe Abschnitt
6.2).
2. Verschieben Sie die Seiten *Home*, *Preise*, *Kontakt* und *Impressum* unter die
Seite *navigation_oben*, sodass sie dieser untergeordnet sind und in der
genannten Reihenfolge liegen.
3. Verschieben Sie die Seiten *Home*, *Edinburgh*, *Loch Ness*, *Stonehaven* und
Skye unter die Seite *navigation_links*, sodass sie dieser untergeordnet sind
und in der genannten Reihenfolge liegen.

Abb. 6.14:
Der Seitenbaum
nach der
Reorganisation
der Seiten

6.6 Die Seitentypen

Für neue Seiten ist standardmäßig der Typ *Standard* voreingestellt. *Standard* ist
zweifelsohne der wichtigste und gebräuchlichste Seitentyp, denn dieser Seitentyp legt fest, dass die virtuelle Seite im Seitenbaum eine echte Seite im späteren
Web repräsentiert.

Doch dies gilt nicht für alle Seiten im Seitenbaum. TYPO3 erlaubt uns, in den
Seitenbaum virtuelle Seiten aufzunehmen, die im späteren Web (Frontend) nicht
zu sehen sein werden. Diese Seiten können wir dazu benutzen, den Seitenbaum
logisch zu strukturieren (siehe unsere Seite *root*, deren Typ wir gleich noch
ändern werden), Doppeldefinitionen von Seiten zu vermeiden (siehe die Seite
Home, die in unserem Seitenbaum derzeit doppelt auftaucht) oder Seiten einfach nur als Daten-Container zu verwenden.

Lassen Sie uns anschauen, wie man den Typ einer Seite umstellen kann, bevor
wir uns in Tabelle 6.2 einen Überblick über die verschiedenen Seitentypen und
ihre Verwendung verschaffen.

6.6.1 Seitentyp umstellen

Abb. 6.15:
Der fertige
Seitenbaum

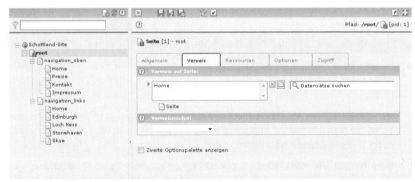

1. Wählen Sie das Modul WEB/SEITE aus.
2. Klicken Sie im Seitenbaum auf die Seite *root* und anschließend im Arbeitsbereich auf die Schaltfläche SEITENEIGENSCHAFTEN BEARBEITEN.
3. Ändern Sie den Typ von *Standard* in *Verweis*.

   Die Option SEITE VERBERGEN können Sie danach deaktivieren.
4. Wechseln Sie zur Registerkarte VERWEIS, wo Sie auf das Ordnersymbol klicken.
5. In dem aufspringenden Fenster wählen Sie als Zielseite für den Verweis die Seite *Home* im Teilbaum *navigation_oben* aus.
6. Klicken Sie auf das Diskettensymbol mit dem Kreuz, um die Änderungen zu speichern und zur Ausgangsmaske zurückzukehren.

Verweis-Seiten werden im Seitenbaum durch einen Pfeil im Seitensymbol gekennzeichnet. Sollte die Seite zusätzlich verborgen sein, wird der Pfeil von dem roten Stoppsymbol überdeckt.

Den Typ der Seiten *navigation_oben* und *navigation_links* können Sie nach dem gleichen Verfahren ändern oder mithilfe des Moduls WEB/LISTE:

1. Wählen Sie das Modul WEB/LISTE aus.
2. Klicken Sie im Seitenbaum auf den Titel der Seite *root*.
3. Klicken Sie im Arbeitsbereich auf den Tabellentitel (SEITE), um die Liste der enthaltenen Datenbanktabellenfelder einzublenden, und wählen Sie zunächst das Feld *Typ* ganz oben in der Liste aus.

4. Klicken Sie in der Seite-Tabelle auf das Bleistiftsymbol neben dem Spaltentitel Typ und ändern Sie in der erscheinenden Eingabemaske den Typ der beiden Seiten *navigation_oben* und *navigation_links* in *Verweis*.

5. Klicken Sie auf das Diskettensymbol mit dem Kreuz, um die Änderungen zu speichern und zur Ausgangsmaske zurückzukehren, wo Sie das Feld *Verweis auf Seite* auswählen.

6. Klicken Sie in der Seite-Tabelle auf das Bleistiftsymbol neben dem Spaltentitel Verweis auf Seite und wählen Sie in der erscheinenden Eingabemaske als Zielseite jeweils die Seite *Home* im Teilbaum *navigation_oben* aus und speichern Sie Ihre Eingaben.

Die Seite *Home* kommt zweimal im Seitenbaum vor, wir wollen sie allerdings nur ein einziges Mal erzeugen. Auch hier ist der *Verweis*-Typ die Lösung.

7. Wählen Sie im Modul Web/Seite die Seite *Home* unter der Seite *navigation_links* aus, ändern Sie ihren Typ in *Verweis* und lassen Sie sie auf die Seite *Home* im Teilbaum *navigation_oben* verweisen.

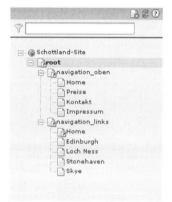

Abb. 6.16: Der fertige Seitenbaum

Sie können den Typ einer Seite beliebig umschalten, ohne dass dadurch Informationen für die Seite verloren gehen. Wenn Sie also beispielsweise eine *Standard*-Seite, für die Sie Metadaten definiert haben, in eine *SysOrdner*-Seite umändern, für die Metadaten üblicherweise nicht definiert werden (und für die daher auch keine Metadaten-Registerkarte angezeigt wird), bleiben die Meta-Informationen dennoch abgespeichert. Sollten Sie sich also überlegen, die Seite wieder in den Typ *Standard* zurückzuverwandeln, sind die Meta-Informationen wieder abgreifbar und editierbar.

6.6.2 Übersicht über die Seitentypen

Tabelle 6.2: Seitentypen

Seitentyp	Beschreibung
Standard	Für normale Webseiten
	Auf der Registerkarte ALLGEMEIN legen Sie Titel und Sichtbarkeit der Seite fest. Über die Registerkarte METADATEN können Sie Meta-Informationen, beispielsweise zur Unterstützung von Suchmaschinen, ablegen.
	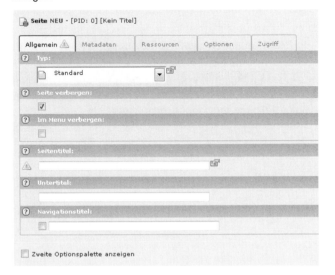
Backend-Benutzerbereich	Grundsätzlich wie *Standard*; die Seite wird allerdings nur angemeldeten Backend-Benutzern angezeigt.
	Durch Umschaltung des Seitentyps zwischen *Standard* und *Backend-Benutzerbereich* können Sie eine Seite mit einem Klick aus dem Frontend (der Online-Website) ausklinken oder umgekehrt eine unsichtbar im Hintergrund aufgebaute virtuelle Seite mit einem Klick ins Frontend übernehmen.

Die Seitentypen

Seitentyp	Beschreibung
Verweis	Weiterleitung zu anderer Seite
	Dieser Typ wird üblicherweise benutzt, um Doppeldefinitionen von Seiten, die im Seitenbaum mehrfach vorkommen, zu vermeiden (wie z.B. *Home* in unserem Seitenbaum) oder von Seiten umzuleiten, die lediglich der Organisation des Seitenbaums dienen und eigentlich keine sichtbare Entsprechung haben (wie z.B. *root* in unserem Seitenbaum).
	Auf der Registerkarte VERWEIS wählen Sie die Zielseite aus, auf die umgeleitet werden soll (Klick auf Ordnersymbol). Alternativ können Sie die Zieldatei über das Listenfeld VERWEISMODUS auswählen.
	Während Sie über das Ordnersymbol jede beliebige konkrete Seite auswählen können, erlaubt Ihnen das Listenfeld die automatische Umleitung auf
	– die erste untergeordnete Seite oder
	– eine zufällig bestimmte Unterseite
	Einstellungen im Listenfeld haben Vorrang vor der Einstellung unter VERWEIS AUF SEITE.

Tabelle 6.2: Seitentypen (Forts.)

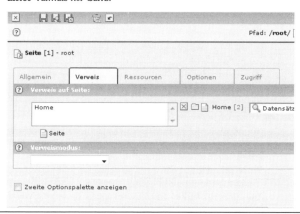

Tabelle 6.2:
Seitentypen
(Forts.)

Seitentyp	Beschreibung
Einstiegs-punkt	Verweis auf einen ganzen Teilbaum 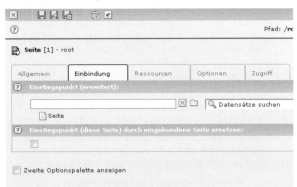 Dieser Seitentyp kann dazu verwendet werden, um einen ganzen Teilbaum in ein Menü zu integrieren. Nehmen Sie z.B. folgenden Seitenbaum. ``` root |--- nav_oben	|--- Seite A |--- nav_links |--- Seite B |--- Seite C |--- Seite C.1 |--- Seite C.2 ``` Angenommen Sie möchten die untergeordneten Seiten zu *Seite C* in das Menü zu *nav_oben* aufnehmen. Statt den gesamten Teilbaum noch einmal unter *nav_oben* anzulegen (mit dem Seitentyp *Verweis*), können Sie so vorgehen, dass Sie unter *nav_oben* eine weitere Seite namens *Seite D* vom Typ *Einstiegspunkt* anlegen und auf der Registerkarte EINBINDUNG die Seite *Seite C* als Einstiegspunkt auswählen (über Ordnersymbol). Als Ergebnis erhalten Sie das Top-Menü *Seite A* *Seite D* *Seite C.1* *Seite C.2* Wenn Sie zusätzlich die Option EINSTIEGSPUNKT DURCH EINGEBUNDENE SEITE ERSETZEN aktivieren, wird der Titel des Einstiegspunkts durch den Titel der Zielseite ersetzt: *Seite A* *Seite C* *Seite C.1* *Seite C.2*

Die Seitentypen

Seitentyp	Beschreibung
Link zu externer URL	Eben dies – über diesen Typ können Sie auf eine beliebige URL umleiten. 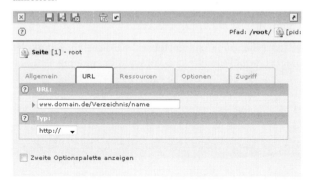
SysOrdner	Datensatz-Modul Mithilfe dieses Typs können Sie eine Hilfsseite anlegen, die eine Gruppe zusammengehöriger Datensätze (beispielsweise Template-Objekte, Frontend-Benutzer) enthält. Auf diese Weise können Sie Module zusammenstellen, über die Sie schneller von verschiedenen Stellen der TYPO3-Oberfläche aus auf die zusammengehörigen Elemente zugreifen können.
Papierkorb	Seiten vom Typ *Papierkorb* können Sie – analog zum Papierkorb Ihres Betriebssystems – dazu verwenden, Seiten oder Seiteninhaltselemente aus dem Seitenbaum (bzw. einer Seite) zu löschen, ohne sie gleich unwiederbringlich zu entsorgen (siehe Kapitel 11.1). Achtung! Wenn Sie eine Seite oder ein Seiteninhaltselement über den Kontextmenübefehl oder durch Ziehen auf das Papierkorbsymbol löschen, wird sie (es) nicht in den Papierkorb verschoben, sondern komplett gelöscht.
Visuelles Trennzeichen für Menü	Element zur Gruppierung von Menüelementen Bedarf der Unterstützung durch das Template.

Tabelle 6.2: Seitentypen (Forts.)

Den Seitentyp *Erweitert*, auf den in der Literatur und teilweise auch in der Online-Hilfe hingewiesen wird, gibt es nicht mehr. Er wurde mit dem *Standard*-Typ verschmolzen. Ebenso wurde der Typ *Nicht im Menü* durch die Seiteneigenschaft *Im Menü verbergen* ersetzt.

6.7 Fragen und Übungen

1. Welchen Seiten-Typ benutzen Sie für Seiten, die normale Webseiten repräsentieren?
2. Wozu dient das Modul WEB/FUNKTIONEN?
3. Wie können Sie am effizientesten eine bestimmte Eigenschaft für mehrere Webseiten bearbeiten? Welche Voraussetzungen müssen dafür erfüllt sein?

Abb. 6.17: http://typo3.org

4. Wie könnte der Seitenbaum der Website aus Abbildung 6.17 aussehen? Berücksichtigen Sie nur Seiten, auf deren Existenz Sie aus der Abbildung schließen können.
5. Fügen Sie als Vorbereitung für die nächsten Kapitel auf jeder Seite der *Schottland*-Site ein Text-Inhaltselement mit beliebigem Text und dem Seitennamen als Überschrift ein.

KAPITEL 7

Designvorlagen

Nachdem wir im letzten Kapitel die Seiten für die *Schottland*-Beispielsite angelegt haben, werden wir in diesem Kapitel das Template für das Site-Layout erstellen und den Seiten »überziehen«.

Anders als in Kapitel 5, wo wir mittels TypoScript den kompletten Seitenaufbau (div-Gerüst) definiert und wirklich jedes einzelne Inhaltselement eingefügt haben, arbeiten wir diesmal mit einer in HTML geschriebenen Designvorlage. In der Designvorlage geben wir den Seitenaufbau vor und etwaige statische Inhaltselemente, die auf allen Seiten identisch sind. Anschließend brauchen wir mittels TypoScript nur noch die dynamischen und seitenspezifischen Elemente einfügen.

Unser Beispiel ist so konzipiert, dass alle Seiten den gleichen Aufbau haben, sodass wir das Template mit der Designvorlage der *root*-Seite zuweisen können und von dort an alle Seiten vererben. Wenn Sie an Sites arbeiten, bei denen einzelne Seiten abweichende Layouts haben sollen, gibt es eventuell die Möglichkeit, das geerbte Layout mithilfe eines Erweiterungs-Templates anzupassen (siehe Abschnitt 7.4). Wo dies nicht ausreicht, beispielsweise weil die Designs zu verschieden sind, müssen Sie für die betreffenden Seiten eigene Templates definieren (wahlweise rein mit TypoScript oder basierend auf einer weiteren HTML-Vorlage).

7.1 Statische und dynamische Bereiche

Praktisch jede Website besitzt sowohl statische als auch dynamische Komponenten.

- Als »statisch« bezeichnen wir die Bestandteile einer Website, die auf allen Seiten der Website identisch sind.[1] Typische Kandidaten hierfür sind:
  - das Layout-Gerüst
  - das Logo
  - eventuell das Top-Bild (soweit überhaupt vorhanden)
  - eventuell die Fußzeile

  Die statischen Komponenten eignen sich zur Auslagerung in die Designvorlage.

Die »dynamischen« Komponenten werden im Sinne von TYPO3 in »direkt« und »indirekt« dynamische Komponenten unterschieden.

- Mit den »direkt dynamischen« Komponenten sind die Seiteninhaltselemente gemeint. »Lokal statische« oder »seitenspezifische« Komponenten wären vielleicht treffendere Bezeichnungen, denn aus Sicht einer einzelnen Seite handelt es sich im Grunde um statische Komponenten. Aus Sicht der Site sind sie jedoch dynamisch, da sie von Seite zu Seite wechseln.

  Die »direkt dynamischen« Komponenten erzeugen wir als Seiteninhaltselemente. Sie werden über die entsprechenden Backend-Eingabemasken erzeugt, bearbeitet, konfiguriert oder wieder entfernt (siehe Kapitel 3.5). Sie werden vom Template eingelesen und ausgegeben, aber nicht erzeugt.

- Bleiben noch die »indirekt dynamischen« Komponenten, zu denen alle die Komponenten gehören, die wir mithilfe von TypoScript erzeugen.

  Hierzu zählen üblicherweise Menüs, Klickpfade oder auch die Ausgabe des aktuellen Datums.

Beachten Sie, dass die obige Zuordnung:

- statisch → Designvorlage
- direkt dynamisch → Seiteninhaltselement
- indirekt dynamisch → Template

eher eine Richtlinie oder Empfehlung als ein sklavisch einzuhaltendes Dogma darstellt. Grundsätzlich können Sie jedes statische Element auch im Template via TypoScript erzeugen (siehe Kapitel 5). Und umgekehrt können Sie dynamische Komponenten natürlich auch statisch anlegen.

---

1. Oder, wenn nicht auf allen Seiten, so doch zumindest auf allen Seiten eines Teil-Seitenbaums.

7.2 Designvorlage erstellen

Prinzipiell gibt es zwei Ansätze zur Erstellung einer Designvorlage:

- Sie kopieren eine HTML-Datei einer bestehenden Webseite, passen das Design gegebenenfalls an und verwandeln die Datei dann mittels *Platzhaltern* und *Teilbereichen* in eine geeignete Vorlage.
- Sie legen die Designvorlage ganz neu an.

Wenn Sie die Vorlage gänzlich neu anlegen, werden Sie – um sich keine doppelte Arbeit zu machen – in der Vorlage nur die statischen Komponenten definieren (beispielsweise div-Gerüst und Logo). Für die dynamischen Komponenten, die TYPO3 nachliefert, fügen Sie spezielle *Platzhalter* ein.

Dynamische Komponenten werden durch Platzhalter ...

Wenn Sie eine bestehende Webseite als Vorlage heranziehen, sind Sie in der komfortablen Lage, dass die meisten, ja vielleicht alle dynamischen Elemente bereits in HTML definiert sind.

Statt den HTML-Code dieser Elemente zu löschen und Platzhalter einzufügen, können Sie die Elemente auch beibehalten und mittels *Teilbereich*-Markierungen für die spätere Ersetzung vormerken.

... oder durch Teilbereiche gekennzeichnet.

Der Vorteil dieses Verfahrens ist, dass der HTML-Code in der Vorlage verbleiben kann und Sie bei Begutachtung der Seiten im Browser statt eines Platzhalter-Namens das HTML-Pendant der noch zu erstellenden dynamischen Komponente sehen.

Für die *Erzeugung* der dynamischen Teile in TYPO3 ist es praktisch ohne Bedeutung, ob in der Vorlage Platzhalter stehen oder die Elemente durch Teilbereich-Markierungen gekennzeichnet sind.

Die Beispiel-Site

Die Site, die wir anvisieren und für die wir im Folgenden eine Designvorlage erstellen werden, sieht in etwa wie in Abbildung 7.1 aus.

Alle Seiten der Site haben denselben Seitenaufbau:

- eine Kopfzeile mit Logo und Top-Bild
- eine Zeile mit horizontalem Menü
- zwei Spalten für vertikales Menü und Seiteninhalt
- eine abschließende Fußzeile

7 Designvorlagen

Abb. 7.1:
Das anvisierte
Site-Design

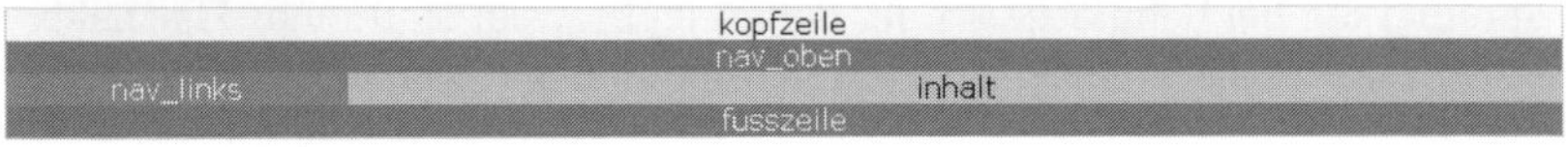

Abb. 7.2:
Schematische
Aufteilung der
Seite (nicht dar-
gestellt ist die
Aufteilung des
Inhalt-Bereichs
in Klickpfad
und sonstigen
Seiteninhalt)

Umgesetzt in HTML-Code könnte dies wie folgt aussehen:

Listing 7.1:
Der HTML-
Code der
Vorlage

```
<html>
  <head>
    <title>Schottland erleben mit ScotTravel</title>
    <link rel="stylesheet" type="text/css"
          href="../css/schottland.css" />
  </head>

  <body>
    <div id="seite">

      <div id="kopfzeile">
        <img src="../images/Logo.png" width="180px"
             height="100px"><img src="../images/Topbild.png"
             width="720px" height="100px">
      </div>

      <div id="nav_oben">
        Home | Preise | Kontakt | Impressum
      </div>

      <div id="nav_links">
        <a>Home</a><br>
        <a>Edinburgh</a><br>
        <a>Loch Ness</a><br>
        <a>Stonehaven</a><br>
```

198

Designvorlage erstellen

```
            <a>Skye</a>
        </div>

        <div id="inhalt">
            <div id="klickpfad">
                Sie befinden sich hier: <a>Home</a>
            </div>
            <div>
                <h1>Urlaub in Schottland</h1>
                <p>Lorem ipsum...</p>
            </div>
        </div>

        <div id="fusszeile">
            Stand: 20.02.2010
        </div>

    </div>
  </body>
</html>
```

Neben dem reinen div-Gerüst enthält die Vorlage noch weiteren HTML-Code, den wir kurz durchgehen sollten:

- das HTML-Gerüst, inklusive head-Bereich

    Das HTML-Gerüst wird für die Vorlage eigentlich nicht benötigt, ja tatsächlich ist es sogar störend. Wir schließen es trotzdem ein, weil es die Bearbeitung der Designvorlage in WYSIWYG-Editoren und die visuelle Kontrolle im Browser erleichtert.

    Beachten Sie auch die link-Verknüpfung zur CSS-Datei *schottland.css*, die das Design beisteuert und die Sie auf der Buch-DVD im Verzeichnis *Beispiele/Schottland/css* finden.

- die statischen Elemente

    Das Logo, das Top-Bild und der Text der Fußzeile sollen auf allen Seiten identisch angezeigt werden. Sie zählen also zu den statischen Elementen und stehen in der Designvorlage, um vom Template – zusammen mit dem div-Gerüst übernommen zu werden.

- nicht funktionelle Menüs

    Die Menüs in den Bereichen nav_oben und nav_links werden wir in Kapitel 8 mittels TypoScript erzeugen. Wir hätten den (nicht funktionellen) HTML-Code für die Menüs einfach weglassen können. So aber sehen wir beim Aufruf der Seite, welche Menüeinträge gewünscht werden.

- angedeutete Seiteninhalte

    Die Andeutungen von Klickpfad und Seiteninhalt haben wir – wie die Menü-Attrappen – nur als optische Reminiszenzen eingefügt. Für TYPO3 sind sie ohne Bedeutung (und wir werden sie auch gleich entfernen).

Soweit der HTML-Code. Um diesen Code in eine funktionierende Vorlage umzuwandeln, müssen wir jetzt noch angeben, wo dynamische Komponenten einzufügen bzw. HTML-Code durch dynamische Komponenten zu ersetzen ist.

7.2.1 Komplette Übernahme oder Selektion?

Wenn wir später die Designvorlage in unser Template einbinden, wird dies so aussehen, dass wir dem PAGE-Objekt ein TEMPLATE-Objekt zuweisen. Das TEMPLATE-Objekt, welches zu den Inhaltsobjekten gehört, repräsentiert dabei im Wesentlichen den Inhalt der Designvorlage – was uns vor ein Problem stellt.

Wie Sie sich vielleicht erinnern, erzeugt das PAGE-Objekt bereits ein komplettes HTML-Gerüst:

```
<html>
  <head>
    ...
  </head>
  <body>

      <!-- Hier wird die Ausgabe der PAGE hinzugefügten
           Inhaltsobjekte eingefügt -->

  </body>
</html>
```

Wenn wir über das TEMPLATE-Objekt eine Designvorlage mit ebenfalls komplettem HTML-Gerüst einfügen, erhalten wir eine Webseite mit doppeltem, ineinander verschachteltem HTML-Gerüst.

Wir können dies umgehen, indem wir das HTML-Gerüst – einschließlich der <body>-Tags – aus der Designvorlage entfernen. Doch dann könnten wir die Vorlage nicht mehr gut in WYSIWYG-Editoren bearbeiten oder in Browsern begutachten.

Ein besserer Weg ist daher, TYPO3 mitzuteilen, dass nur ein bestimmter Teilbereich der Vorlagendatei verarbeitet werden soll. Das TEMPLATE-Objekt verfügt zu diesem Zweck über eine spezielle Eigenschaft: workOnSubpart. Dieser werden wir später den Teilbereich DOKUMENT zuweisen, den wir in der Designvorlage wie folgt definieren:

Listing 7.2: Definition eines Teilbereichs zum partiellen Einlesen der Designvorlage

```
<html>
  <head>
    ...
  </head>
  <body>

      <!-- ###DOKUMENT### start -->

      <div id="seite">
        ...
      </div>

      <!-- ###DOKUMENT### ende -->

  </body>
</html>
```

Teilbereiche werden aber nicht nur definiert, um eine Designvorlage partiell einzulesen. Sie dienen, zusammen mit den Platzhaltern, auch dazu, die Einfügestellen für dynamische Inhalte zu kennzeichnen.

7.2.2 Platzhalter (Marks)

Platzhalter bestehen aus einem Namen, den Sie frei wählen können und der in drei führende und drei abschließende Rauten-Zeichen eingeschlossen werden muss (ohne trennende Leerzeichen):

```
<div id="klickpfad">
   ###KLICKPFAD###
</div>
```

Bei der Verarbeitung der Designvorlage durch das Template wird der Platzhalter gelöscht und durch den für den Platzhalter vorgesehenen Inhalt ersetzt.

Namen von Platzhaltern werden per Konvention in Großbuchstaben geschrieben.

7.2.3 Teilbereiche (Subparts)

Teilbereiche sind HTML-Codebereiche, die durch zwei gleichnamige Platzhalter eingeschlossen sind. Sie sollten in eigenen Zeilen stehen und werden üblicherweise in HTML-Kommentare eingefasst, damit sie beim Begutachten der Designvorlage im Browser nicht angezeigt werden.

```
<div id="nav_links">
<!-- ###MENU_LINKS### -->
   <a>Home</a><br>
   <a>Edinburgh</a><br>
   <a>Loch Ness</a><br>
   <a>Stonehaven</a><br>
   <a>Skye</a>
<!-- ###MENU_LINKS### -->
</div>
```

Bei der Verarbeitung der Designvorlage durch das Template wird der gesamte Bereich gelöscht und durch den für den Platzhalter vorgesehenen Inhalt ersetzt.

Wenn Sie möchten, können Sie in den Kommentaren angeben, ob es sich jeweils um den Anfang oder das Ende einer Teilbereichsdefinition handelt:

```
<div id="nav_links">
<!-- ###MENU_LINKS### start -->
   <a>Home</a><br>
   <a>Edinburgh</a><br>
   <a>Loch Ness</a><br>
   <a>Stonehaven</a><br>
   <a>Skye</a>
<!-- ###MENU_LINKS### ende -->
</div>
```

TYPO3 entfernt die Zeilen, in denen die Teilbereich-Markierungen stehen, komplett (zusammen mit dem eingeschlossenen Bereich). Sollte sich in diesen Zeilen also noch sonstiger HTML-Code befinden, wird dieser mit entfernt!

 Für Platzhalter wird nicht die gesamte Zeile, sondern wirklich nur der Platzhalter entfernt. Im Gegensatz zu den Teilbereichsnamen dürfen die normalen Platzhalter daher nicht in Kommentare eingefasst werden, da sonst die umliegenden Kommentarzeichen stehen bleiben und den von TYPO3 eingefügten Ersatztext ausklammern!

Abschluss der Designvorlage für die Beispielsite

In der Designvorlage für die *Schottland*-Site fassen wir den Inhalt des body-Elements in einen Teilbereich DOKUMENT zusammen, um später gezielt nur diesen Teilbereich einlesen zu können.

Im Falle der Menüs entscheiden wir uns dazu, den nicht funktionellen HTML-Code erst einmal aus optischen Gründen beizubehalten. Damit er später, wenn wir in Kapitel 8 die Menüs mittels TypoScript erzeugen, automatisch entfernt wird, fassen wir ihn in Teilbereiche ein (MENU_OBEN und MENU_LINKS).

Den HTML-Code für den Klickpfad und den angedeuteten Seiteninhalt entfernen wir und ersetzen ihn durch Platzhalter (KLICKPFAD und INHALT).

Listing 7.3:
Die fertige HTML-Vorlage (schottland_vorlage.html)

```
<html>
  <head>
    <title>Schottland erleben mit ScotTravel</title>
    <link rel="stylesheet" type="text/css"
          href="../css/schottland.css" />
  </head>

  <body>

    <!-- ###DOKUMENT### start -->

    <div id="seite">

      <div id="kopfzeile">
        <img src="../images/Logo.png" width="180px"
             height="100px"><img src="../images/Topbild.png"
             width="720px" height="100px">
      </div>

      <div id="nav_oben">
      <!-- ###MENU_OBEN### start -->
      Home | Preise | Kontakt | Impressum
      <!-- ###MENU_OBEN### ende -->
      </div>

      <div id="nav_links">
      <!-- ###MENU_LINKS### start -->
```

```
        <a>Home</a><br>
        <a>Edinburgh</a><br>
        <a>Loch Ness</a><br>
        <a>Stonehaven</a><br>
        <a>Skye</a>
    <!-- ###MENU_LINKS### ende -->
    </div>

    <div id="inhalt">
      <div id="klickpfad">
        ###KLICKPFAD###
      </div>
      <div>
          ###INHALT###
      </div>
    </div>

    <div id="fusszeile">
       Stand: 20.02.2010
    </div>

  </div>

  <!-- ###DOKUMENT### ende -->

  </body>
</html>
```

7.3 Designvorlage einbinden

Sinn und Zweck einer Designvorlage ist es, in ein Template aufgenommen zu werden und über dieses Template das Layout der Webseiten vorzugeben. Am effizientesten geschieht dies unter Nutzung des Vererbungsmechanismus, d.h., man leitet den Seitenbaum der Site von einer gemeinsamen Root-Seite ab (wie wir dies in Kapitel 6 für unsere *Schottland*-Beispielsite getan haben) und definiert für diese Root-Seite ein Template, in welches man die Designvorlage integriert.

Wie aber wird die Designvorlage in das Template integriert?

Um grundsätzlich den Inhalt einer Datei einzulesen und über ein PAGE-Objekt in die später generierten Webseiten einzubauen, gibt es das FILE-Objekt.

```
page.10 = FILE
10.file = fileadmin/htmlElement.html
```

Doch während dieses Objekt geeignet ist, um externen HTML-Code einzubinden oder einen Text, der dann mittels der wrap-Eigenschaft in HTML-Tags gekleidet wird, oder auch ein Bild (für das automatisch ein img-Element erzeugt wird), ist es für unsere Designvorlage nur bedingt geeignet, denn es kann die Vorlage zwar einlesen, erlaubt uns aber nicht deren Bearbeitung (weder die Auswahl eines zu verarbeitenden Teilbereichs, noch den Austausch der Platzhalter und Teilbereich-Markierungen). Zu diesem Zweck benötigen wir das TEMPLATE-Objekt.

7.3.1 Designvorlage laden

Zum Einbinden einer Designvorlage legen Sie unter dem PAGE-Objekt ein TEMPLATE-Objekt an. Die Verbindung zwischen dem TEMPLATE-Objekt und der Designvorlagen-Datei wird über die template-Eigenschaft hergestellt, der Sie ein FILE-Objekt zuweisen, dessen file-Eigenschaft den Pfad und den Namen der Vorlagendatei enthält.

```
page = PAGE

vorlage = FILE
vorlage.file = fileadmin/html/vorlage.html

page {
    # Vorlage laden
    10 = TEMPLATE
    10.template < vorlage
    10.workOnSubpart = DOKUMENT
}
```

oder abgekürzt:

```
page = PAGE
page {
    # Vorlage laden
    10 = TEMPLATE
    10.template = FILE
    10.template.file = fileadmin/vorlage.html
    10.workOnSubpart = DOKUMENT
}
```

Weiterführung des Beispiels Um nun die Seiten unserer *Schottland*-Beispielsite mit der Designvorlage zu formatieren, gehen Sie wie folgt vor:

Abb. 7.3: Template anlegen

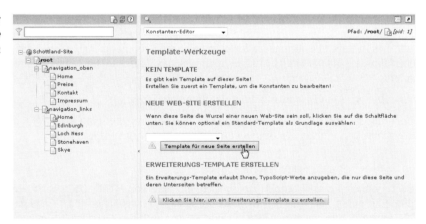

1. Kopieren Sie die Designvorlagen-Datei und die zugehörigen Unterstützungsdateien (Bilder, CSS-Dateien) in das *fileadmin*-Verzeichnis der Site.

   Sie finden die Dateien auf der Buch-DVD, Verzeichnis *Beispiele/Schottland* in den Unterverzeichnissen *css*, *images* und *html*. Kopieren Sie diese Verzeichnisse in das *fileadmin*-Verzeichnis

   Sie können dies auf Ihrem lokalen System von der Betriebssystemebene aus erledigen (Windows Explorer, Konqueror etc.) oder im Modul DATEI/DATEILISTE (siehe Erläuterungen in Kapitel 5.5.3.)

   Anschließend sollte Ihr *fileadmin*-Verzeichnis wie folgt aufgebaut sein:

   ```
   fileadmin
   |--- _temp
   |--- css
         |--- schottland.css
   |--- html
         |--- schottland_vorlage.html
   |--- images
         |--- Hintergrund.png
         |--- Logo.png
         |--- Topbild.png
   |--- user_upload
         |--- weitere Elemente
   ```

2. Erzeugen Sie im Modul WEB/TEMPLATE für die *root*-Seite ein selbstdefiniertes Template (Schaltfläche TEMPLATE FÜR NEUE SEITE ERSTELLEN klicken – ohne zuvor im Listenfeld ein Standard-Template auszuwählen, siehe auch Kapitel 5.2).

   Wir erzeugen das Template für die Seite *root*, damit es von dort an alle Seiten unserer Site weitervererbt wird. Dies war der Grund, warum wir überhaupt *root* als übergeordneten Knoten unserer Seitenhierarchie angelegt haben.

3. Schalten Sie in den Modus *Info/Bearbeiten* um (Listenfeld unter Titelleiste) und klicken Sie auf das Bleistiftsymbol in der KONFIGURATION-Zeile, um das Eingabefeld zur Bearbeitung des TypoScript-Codes zu öffnen.

4. Ersetzen Sie den vordefinierten Code durch den Code aus Listing 7.4 (den Sie im Übrigen auch auf der Buch-DVD im Unterverzeichnis *Beispiele/Schottland/typoscript* finden.

```
page = PAGE
page {
  # Vorlage laden
  10 = TEMPLATE
  10.template = FILE
  10.template.file = fileadmin/html/schottland_vorlage.html
  10.workOnSubpart = DOKUMENT
}
```

Listing 7.4: Code zum Laden der Designvorlage (schottland_01.ts)

Lassen Sie anschließend einmal eine Seite rendern und sehen Sie sich das Ergebnis im Browser an (siehe Abbildung 7.4). Das Ergebnis löst gemischte Gefühle aus: Zwar hat das Einbinden der Designvorlage funktioniert (die Inhalte des DOKUMENT-Bereichs sind zu sehen), aber der Browser findet offenbar weder die Bilder noch die CSS-Stylesheets.

Abb. 7.4:
Die Home-Seite nach dem »Überziehen« der Designvorlage

7.3.2 Bilder und Pfade in der Designvorlage

Die Vorlagendatei aus Listing 7.3 verwendet im `src`-Attribut der `img`-Elemente relative Pfadangaben, z.B.:

```
<img src="../images/Topbild.png" ...
```

Der Quelltext der Designvorlage ist für TYPO3 tabu.

TYPO3 passt diese Pfade nicht an, d.h., sie finden sich unverändert in der später gerenderten HTML-Seite wieder. Damit die obigen Pfadangaben funktionieren, müsste das *images*-Verzeichnis also noch einmal unter dem Dokumentenverzeichnis des Webservers, parallel zum Siteverzeichnis, zu finden sein. Da dies nicht der Fall und in der Regel auch nicht sinnvoll ist, passen wir die Pfade in der Vorlagendatei an. Korrekt wäre für obiges Bild z.B. der Pfad[1]:

```
<img src="fileadmin/images/Topbild.png" ...
```

Pfadangaben in Vorlagendateien müssen angepasst werden. (Dies betrifft allerdings nur die Pfadangaben im DOKUMENT-Bereich, d.h. jenes Teilbereichs, der in das Template eingelesen wird.)

Abb. 7.5:
Sie können die Designvorlage direkt von TYPO3 aus bearbeiten.

---

1. Unter der Voraussetzung, dass Sie die Verzeichnisse *css*, *images* und *html* von der Buch-DVD wie in Schritt 1 beschrieben in das *fileadmin*-Verzeichnis kopiert haben.

5. Wechseln Sie in das Modul DATEI/DATEILISTE und klicken Sie im Verzeichnisbaum auf das Verzeichnis *html*.
6. Klicken Sie im Arbeitsbereich auf das Symbol der Designvorlage und wählen Sie im Kontextmenü den Befehl BEARBEITEN aus.
7. Korrigieren Sie im Editor die Pfade zu Logo und Topbild in

    fileadmin/images/Logo.png

    und

    fileadmin/images/Topbild.png

8. Speichern Sie Ihre Änderungen und kontrollieren Sie das Ergebnis im Browser.

    Wechseln Sie dazu ins Modul WEB/SEITE, leeren Sie die Caches und lassen Sie die *Home*-Seite anzeigen.

Abb. 7.6: Nach Anpassung der Pfade werden die Bilder aus der Designvorlage gefunden.

7.3.3 Header ersetzen (CSS-Datei, Meta-Informationen etc.)

Da wir nur den Inhalt des body-Elements einlesen, gehen die Informationen aus dem head-Bereich der Designvorlage verloren. Dies ist, wie gesagt, gewünscht, da diese Informationen ja vom PAGE-Objekt erzeugt werden, führt aber dazu, dass die Daten erst einmal verloren gehen und von uns ersetzt werden müssen.

Titel

Um den Titel müssen wir uns in der Regel nicht kümmern. Das PAGE-Objekt entnimmt ihn automatisch dem title-Feld des Seiten-Datensatzes.

Metadaten

Sollen Metadaten ausgegeben werden, müssen wir die entsprechenden Befehle in den Template-Code aufnehmen:

Listing 7.5:
Ausgabe der Meta-Elemente (aus schottland_02.ts)

```
page = PAGE

# META-Information
page.meta.AUTHOR = Dirk Louis
page.meta.KEYWORDS = Schottland, Reisen, Schottlandreisen
page.meta.KEYWORDS.override.field = keywords
page.meta.DESCRIPTION = Reisen zu ausgewählten Zielen in Schottland
page.meta.DESCRIPTION.override.field = description
page.meta.COPYRIGHT = Dirk Louis
```

Dieser Code erzeugt auf allen Seiten die Meta-Elemente

```
<meta name="AUTHOR" content="Dirk Louis" />
<meta name="KEYWORDS"
      content="Schottland, Reisen, Schottlandreisen" />
<meta name="DESCRIPTION"
      content="Reisen zu ausgewählten Zielen in Schottland" />
<meta name="COPYRIGHT" content="Dirk Louis" />
```

Für Seiten, deren `keywords`- und/oder `description`-Felder bearbeitet wurden (beispielsweise über die Seiteneigenschaften-Eingabemaske), werden die vorgegebenen `content`-Werte – dank der `override`-Befehle – durch die Werte aus den Datenbankfeldern ersetzt (siehe auch Kapitel 6.1.4).

9. Fügen Sie obigen Code in das Template der *root*-Seite der *Schottland*-Beispielsite ein.

   Setzen Sie für Autor und Copyright Ihren eigenen Namen ein und platzieren Sie den Code direkt unter der Definition des `PAGE`-Objekts. (Wenn Sie den Code nicht abtippen möchten, kopieren Sie ihn aus der Datei *schottland_02.ts*, die Sie auf der Buch-DVD im Verzeichnis *Beispiele/Schottland/typoscript* finden.)

CSS-Dateien

Um die CSS-Datei mit den Stylesheets zu laden, verwenden Sie die `includeCSS`-Eigenschaft des `PAGE`-Objekts:

Listing 7.6:
Einbinden der CSS-Datei (aus schottland_02.ts)

```
# CSS-Stylesheets
page.includeCSS.cssdatei = fileadmin/css/schottland.css
```

10. Fügen Sie obigen Code in das Template der *root*-Seite der *Schottland*-Beispielsite ein.

    Platzieren Sie den Code direkt unter den Befehlen für die Meta-Elemente. (Wenn Sie den Code nicht abtippen möchten, kopieren Sie ihn aus der Datei *schottland_02.ts*, die Sie auf der Buch-DVD im Verzeichnis *Beispiele/Schottland/typoscript* finden.)

Die CSS-Datei erzeugt den Seitenhintergrund mithilfe eines Bildes. Der Verweis zu diesem Bild ist in der CSS-Datei als URL-Angabe enthalten:

```
background: url(../images/hintergrund.png) center repeat-y;
```

Diese Pfadangabe muss korrekt wiedergeben, wo die Bilddatei *hintergrund.png* im *fileadmin*-Verzeichnis (relativ zu der CSS-Datei) zu finden ist.

7.3.4 Platzhalter und Teilbereich-Markierungen austauschen

Nach Abhaken der notwendigen Präliminarien kommen wir zu dem wirklich interessanten Teil: dem Austausch der Platzhalter und Teilbereiche.

Grundsätzlich werden Platzhalter und Teilbereiche beim Austauschen im Template-Code gleich behandelt:

a) Sie definieren für das TEMPLATE-Objekt ein Unterobjekt für den Platzhalter/Teilbereich.
   - Der Name dieses Unterobjekts ist der Name des Platzhalters/Teilbereichs (ohne umschließende #-Zeichen).
   - Als Typ des Unterobjekts wählen Sie die Art von Inhaltsobjekt, durch welches Sie den HTML-Platzhalter ersetzen möchten (beispielsweise TEXT, IMAGE, COA, CONTENT etc.).

b) Dann müssen Sie das Unterobjekt nur noch wie üblich konfigurieren (siehe z.B. Kapitel 5.6) – und sind fertig.

Unterschiede gibt es lediglich in den TEMPLATE-Eigenschaften, unter denen wir die Platzhalter- bzw. Teilbereich-Objekte definieren, und dem Ersetzungsverhalten:

Platzhalter

Platzhalter-Objekte werden unter der TEMPLATE-Eigenschaft marks definiert.

```
# Vorlage laden
10 = TEMPLATE
10.template = FILE
10.template.file = fileadmin/vorlage.html
10.workOnSubpart = DOKUMENT

# Platzhalter ersetzen
10.marks.NAME = TEXT
10.marks.NAME.value = Dr. Hill
```

Dieser Code ersetzt einen Platzhalter ###NAME### durch den Text »Dr. Hill«.

Genauso gut können Sie einen Platzhalter aber auch mit Inhalten aus der *tt_content*-Tabelle ersetzen:

```
# Vorlage laden
10 = TEMPLATE
10.template = FILE
10.template.file = fileadmin/vorlage.html
10.workOnSubpart = DOKUMENT

# Platzhalter ersetzen
10.marks.NAME = CONTENT
10.marks.NAME {
    table = tt_content
    select.where = colPos=0
    select.orderBy = sorting
}
```

Teilbereiche

Teilbereich-Objekte werden unter der TEMPLATE-Eigenschaft subparts definiert.

```
# Vorlage laden
10 = TEMPLATE
10.template = FILE
10.template.file = fileadmin/vorlage.html
10.workOnSubpart = DOKUMENT

# Teilbereich ersetzen
10.subparts.BEREICHNAME = CONTENT
10.subparts.BEREICHNAME {
    table = tt_content
    select.where = colPos=0
    select.orderBy = sorting
}
```

Dieser Code ersetzt den Teilbereich ###BEREICHNAME### durch den Inhalt der Normal-Spalte.

Anders als bei Platzhaltern werden bei Teilbereichen die Zeilen von der ersten öffnenden Teilbereich-Markierung bis zur schließenden Markierung komplett ersetzt.

Was läuft schief?

Wenn ein Platzhalter/Teilbereich nicht ersetzt wird, prüfen Sie, ob Sie auf der Webseite noch den Platzhalter bzw. den zu ersetzenden HTML-Bereich sehen.

- Wenn ja, hat keine Ersetzung stattgefunden und der Fehler hat mit dem Ersetzungscode zu tun (vielleicht haben Sie die falsche TEMPLATE-Eigenschaft verwendet oder den Namen des Platzhalters bzw. Teilbereichs falsch buchstabiert).

- Ist der Platzhalter (Teilbereich) verschwunden, hat der Fehler vermutlich mit dem Code für das Ersatzobjekt zu tun. Möglicherweise haben Sie eine Eigenschaft oder den Objekttyp falsch angegeben oder Sie verwenden das CONTENT-Objekt, ohne das statische *CSS Styled Content*-Objekt eingebunden zu haben (siehe nachfolgendes Beispiel).

Das Schottland-Beispiel fortführen

In unserer *Schottland*-Beispielsite ersetzen wir vorerst nur den INHALT-Platzhalter. Den KLICKPFAD-Platzhalter und die Teilbereiche ersetzen wir erst in Kapitel 8. Ersetzt werden soll der Platzhalter durch die Seiteninhalte, die für die Normal-Spalte eingegeben wurden.

11. Lassen Sie die vollständige Template-Eingabemaske anzeigen. Klicken Sie im Seitenbaum des Moduls Web/Template auf die Seite *root*, wechseln Sie gegebenenfalls in die Ansicht *Info/Bearbeiten* und klicken Sie unter der Übersichtstabelle auf die Option Vollständigen Template-Datensatz bearbeiten.

12. Wechseln Sie zur Registerkarte ENTHÄLT und wählen Sie im Feld OBJEKTE unter STATISCHE TEMPLATES EINSCHLIESSEN das Template *CSS Styled Content TYPO3 v4.2* aus.

13. Wechseln Sie zur Registerkarte ALLGEMEIN und ersetzen Sie den bisherigen page-Code durch den Code aus Listing 7.7.

```
page {

    # Vorlage laden
    10 = TEMPLATE
    10.template = FILE
    10.template.file = fileadmin/html/schottland_vorlage.html
    10.workOnSubpart = DOKUMENT

    10.marks.INHALT = CONTENT
    10.marks.INHALT {
       table = tt_content
       select.where = colPos=0
       select.orderBy = sorting
    }
}
```

Listing 7.7:
Der überarbeitete page-Code (aus schottland_02.ts)

14. Speichern Sie Ihre Einstellungen

15. Wechseln Sie in das Modul WEB/ANZEIGEN und sehen Sie sich ein paar Seiten an. (Klicken Sie einfach im Seitenbaum auf die Seitentitel und die Seite wird in den Anzeigebereich geladen.)

Abb. 7.7:
Der Platzhalter INHALT wird jetzt durch die individuellen Seiteninhalte ersetzt.

7.4 Noch einmal: das Konzept der Template-Vererbung

Ich hatte Ihnen das Konzept der Template-Vererbung bereits in Kapitel 6.4.2 im Kontext der Organisation von Seitenbäumen vorgestellt. Da den dortigen, theoretischen Ausführungen nun mittlerweile die praktische Umsetzung nachgefolgt ist, möchte ich die wichtigsten Punkte dieses Konzepts noch einmal kurz hervorheben:

Wird einer Seite ein Template zugewiesen, vererbt diese Seite das Template an alle ihr untergeordneten Seiten weiter.

Aus diesem Grund ist es üblich, den Seitenbaum von einer einzigen Seite (der Root) abzuleiten. Dieser Root-Seite kann dann das Template für das Site-Design zugewiesen werden, woraufhin das Template an alle anderen Seiten der Website weitervererbt wird.

Aus dem gleichen Grund ist es üblich, die Designvorlage in das Template der Root-Seite einzufügen.

Jede Seite kann zusätzlich zu dem(n) geerbten Template(s) ein Erweiterungs-Template zugewiesen bekommen (Schaltfläche KLICKEN SIE HIER, UM EIN ERWEITERUNGS-TEMPLATE ZU ERSTELLEN *in der* TEMPLATE-WERKZEUGE-*Eingabemaske).*

Über ein solches Erweiterungs-Template kann man einer Seite individuellen TypoScript-Code zuordnen, der nur für die Seite (und ihre Unterseiten) ausgeführt wird.

Erweiterungs-Templates können eine Ergänzung des von oben geerbten Codes sein (beispielsweise wenn auf einer Seite ein Element ausgegeben werden soll, das auf den anderen Seiten nicht zu sehen ist).

Erweiterungs-Templates können aber auch in den geerbten Code eingreifen und ihn abwandeln. (Hierzu werden wir gleich noch eine Übung machen.)

Wird einer untergeordneten Seite statt eines Erweiterungs-Templates ein vollwertiges Template zugewiesen (Schaltfläche TEMPLATE FÜR NEUE SEITE ERSTELLEN *in der* TEMPLATE-WERKZEUGE-*Eingabemaske), unterbricht diese Seite die Vererbung der Templates von den übergeordneten Seiten und begründet einen Teil-Seitenbaum mit eigener Template-Vererbung. Das heißt, diese Seite erbt keine Templates von übergeordneten Seiten, sondern definiert ihr eigenes Template, welches sie anschließend nach unter weitervererbt.*

Auf diese Weise können Sie Teil-Seitenbäumen ein vom üblichen Site-Design abweichendes Layout und Design zuweisen.

7.5 Fragen und Übungen

1. Wie können Sie in einer Designvorlage eine Stelle markieren, in der mittels TypoScript ein dynamisches Element eingefügt werden soll?

2. Wie können Sie in einer Designvorlage eine Stelle markieren, die mittels TypoScript durch ein dynamisches Element ersetzt werden soll?

3. Ist es möglich, Designvorlagen zu erstellen, die komplett in ein Template eingelesen werden können?

4. Erstellen Sie für die Seite *Kontakt* ein Erweiterungs-Template.

5. Nutzen Sie dieses Erweiterungs-Template, um für die Seite *Kontakt* die Ausgabe des Seiteninhalts zu unterdrücken. (Weisen Sie z.B. dem Platzhalter INHALT ein TEXT-Objekt zu, welches das ursprünglich zugewiesene CONTENT-Objekt verdrängt.)

6. Löschen Sie das Erweiterungs-Template wieder und kontrollieren Sie, ob die *Kontakt*-Seite wieder wie zuvor angezeigt wird.

KAPITEL 8

Menüs und Klickpfade

In diesem Kapitel sehen wir uns an, wie man in TYPO3 Menüs und Klickpfade zur Navigation durch eine Site erstellen kann.

8.1 Menüs aufbauen

Menüs werden in TYPO3 fast immer dynamisch mithilfe von TypoScript erzeugt. Das zugehörige Objekt, welches Ihr Menü repräsentiert, ist HMENU.

```
# den Teilbereich MENU_OBEN durch ein Menü-Objekt ersetzen
page.10.subparts.MENU_OBEN = HMENU
```

Obwohl die Definition von Menüs mithilfe von TypoScript und HMENU nicht sonderlich schwierig ist, lohnt es sich, vorab anzusehen, wie Menüs in TYPO3 grundsätzlich aufgebaut werden. Mit anderen Worten: Überlegen wir uns kurz, welche Informationen TYPO3 benötigt, um ein Menü nach unseren Wünschen generieren zu können.

8.1.1 Die Menüpunkte

Die wichtigste Frage ist natürlich, welche Seiten als Links im Menü auftauchen sollen. Vielleicht erinnern Sie sich, dass wir unseren Seitenbaum so aufgebaut haben, dass die Seiten für die Menüs oben und links jeweils unter einer gemeinsamen übergeordneten Seite *navigation_oben* bzw. *navigation_links* aufgeführt sind (siehe Abbildung 8.1).

Abb. 8.1:
Der Seitenbaum unserer Schottland-Site spiegelt bereits den Aufbau der Menüs wider.

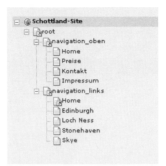

Doch die Zuordnung der Seiten über eine gemeinsame übergeordnete Seite im Seitenbaum ist nur eine von mehreren Möglichkeiten:

Die HMENU-Eigenschaft special

Über die Eigenschaft `special` des `HMENU`-Objekts legen Sie fest, wie die Seiten für das Menü ausgewählt werden. Die wichtigsten Werte für `special` sind in Tabelle 8.1 zusammengefasst. Für eine vollständigere Referenz siehe in Anhang E.3 den Eintrag zum `HMENU`-Objekt.

Tabelle 8.1:
Die wichtigsten Werte für die HMENU-Eigenschaft special

Wert für special	Beschreibung
directory	Untergeordnete Seiten
	Die ID der Seite, deren untergeordnete Seiten für das Menü herangezogen werden sollen, weisen Sie der Eigenschaft `special.value` zu:
	`MENU_OBEN.special = directory` `MENU_OBEN.special.value = 14`
	Sie können auch mehrere übergeordnete Seiten angeben:
	`MENU_OBEN.special.value = 14, 20`
	Diese Art der Festlegung der Menüeinträge ist sehr gebräuchlich.
list	Auflistung einzelner Seiten
	`MENU_OBEN.special = list` `MENU_OBEN.special.value = 7,8,9,10`
rootline	Klickpfad, ausgehend von dem Seitenbaum-»Aufhänger«
	`MENU_OBEN.special = rootline`
	Über die Eigenschaft `range` können Sie den Klickpfadbereich einschränken, siehe Abschnitt 8.5.

Das Ebenenkonzept

TYPO3 baut die Menüs Ebene für Ebene auf. Die beiden Menüs unserer Beispielsite, die auf die übergeordneten Seiten *navigation_oben* bzw. *navigation_links* zurückgehen (siehe Abbildung 8.1), bestehen aus einer einzigen Ebene. Würden Sie unter einer der Seiten weitere untergeordnete Seiten anlegen, würden Sie damit die zweite Ebene definieren.

```
menu
|--- Seite 1
|--- Seite 2
     |--- Seite 2.1
     |--- Seite 2.2
|--- Seite 3
     |--- Seite 3.1
          |--- Seite 3.1.1
     |--- Seite 3.2
```

Hier bilden Seite 1, 2 und 3 die erste Ebene. Die Seiten 2.1, 2.2, 3.1 und 3.2 gehören der zweiten Ebene an und die dritte Ebene besteht allein aus der Seite 3.1.1.

Jede Ebene eines Menüs wird durch ein eigenes Objekt repräsentiert und kann über dieses unterschiedlich formatiert werden.

```
page.10.subparts.MENU_OBEN = HMENU    # das Menü
page.10.subparts.MENU_OBEN {
    1 = TMENU                # erzeuge die erste Ebene als
                             # TMENU-Objekt (Text-Menü)
    2 = TMENU                # erzeuge die zweite Ebene als
                             # TMENU-Objekt (Text-Menü)
    3 = GMENU                # erzeuge die dritte Ebene als
                             # GMENU-Objekt (grafisches Menü)
}
```

Der obige Code repräsentiert die beiden ersten Menüebenen durch TMENU-Objekte, für die dritte Ebene wird ein GMENU-Objekt verwendet. In der Praxis ist es allerdings eher üblich, für alle Ebenen eines Menüs das gleiche Objekt zu verwenden. **Die Ziffern für die Ebenen sind fest!**

Die Ziffern zur Bezeichnung der einzelnen Ebenen sind fest vorgegeben (1 ist immer Ebene 1, 2 ist immer Ebene 2 und so fort). Außerdem können keine Ebenen ausgelassen werden.

8 Menüs und Klickpfade

Für die Menüebenen können Sie folgende Objekte verwenden:

Tabelle 8.2: TypoScript-Objekte für Menüebenen

Menüebenen-Objekt	Beschreibung
TMENU	Text-Menü
	Menü, das durch Text, HTML-Code und CSS-Stile definiert wird. Dank CSS-Formatierung sehr vielseitig und sehr beliebt (siehe Abschnitt 8.2).
GMENU	Grafisches Menü
	Menü, das mit Unterstützung des Grafikprogramms GraphicsMagick aus Hintergrundbildern und dynamisch erzeugten Texten aufgebaut wird (siehe Abschnitt 8.3).
IMGMENU	Bild-Menü
	Menü, das aus Bereichen eines Bildes erzeugt wird.
JSMENU	JavaScript-Menü
	Menü, das als Listenfeld aufgebaut wird.

8.1.2 Die Menüzustände

Die einzelnen Menüeinträge können unterschiedliche Zustände annehmen. Bekanntestes Beispiel ist wohl der Rollover-Effekt, wenn der Benutzer mit der Maus über einen Menüeintrag fährt und dieser dann auf irgendeine Weise optisch hervorgehoben wird.

TYPO3 unterscheidet und unterstützt verschiedene Menüzustände (siehe Tabelle 8.3), für die Sie jeweils eigene Formatierungen definieren können.

Die Menüzustände gelten nur für die Menüs TMENU, GMENU und IMGMENU.

Tabelle 8.3: Menüzustände

Menüzustand	Beschreibung
NO	Normalzustand
RO	Rollover
	Tritt ein, wenn der Besucher die Maus über den Menüeintrag bewegt.
CUR	Aktuell
	Tritt ein, wenn der Besucher sich aktuell auf der betreffenden Seite befindet.
ACT	Aktiv
	Tritt ein, wenn die Seite im aktuellen Klickpfad liegt.
IFSUB	Tritt ein, wenn der Menüeintrag mindestens eine Unterseite hat.
SPC	Tritt ein, wenn der Menüeintrag ein Trennelement ist (Seitentyp VISUELLES TRENNZEICHEN FÜR MENÜ).

Tabelle 8.3:
Menüzustände
(Forts.)

Menüzustand	Beschreibung
USR	Tritt ein, wenn der Menüeintrag auf eine zugriffsgeschützte Seite verweist, die für den aktuellen Besucher aber zugänglich ist.
USERDEF1 USERDEF2	Benutzerdefinierter Zustand, der von einem Skript gesetzt wird.
Kombinationen	Daneben gibt es noch zahlreiche kombinierte Zustände: ACTRO, CURRO, IFSUBRO, USRRO, USERDEF1RO, USERDEF2RO, ACTIFSUB, ACTIFSUBRO, CURIFSUB, CURIFSUBRO.

8.1.3 Die Formatierung

Die Formatierung eines Menüs und seiner Einträge erfolgt:

- durch Auswahl des Menüebenen-Objekts (TMENU, GMENU etc.)
- durch Angabe unterschiedlicher Formatierungen für die unterstützten Menüzustände

Text-Menüs werden dabei grundsätzlich mithilfe von HTML-Tags und CSS-Stilen formatiert, während das Aussehen der grafischen Menüs durch die verwendeten Grafiken bestimmt wird. Wie man dabei vorgeht, erläutern die folgenden Abschnitte.

8.2 Text-Menüs

Nach den Vorbemerkungen aus Abschnitt 8.1 sollte es uns nicht allzu schwerfallen, in wenigen Minuten den Teilbereich MENU_OBEN unserer *Schottland*-Site durch ein Text-Menü zu ersetzen.

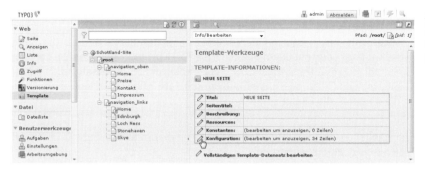

Abb. 8.2:
Template-Code
zur Bearbeitung laden

1. Wechseln Sie in das Modul WEB/TEMPLATE und klicken Sie im Seitenbaum auf den Titel der Seite *root*.
2. Wechseln Sie gegebenenfalls in die Ansicht *Info/Bearbeiten* und klicken Sie in der Übersichtstabelle auf das Bleistiftsymbol der KONFIGURATION-Zeile.

8.2.1 Menü anlegen

Der TypoScript-Code, der unseren MENU_OBEN-Teilbereich durch ein Text-Menü ersetzt, sieht wie folgt aus:

Listing 8.1: Erzeugung eines Text-Menüs (1. Version, aus schottland_03.ts)

```
page = PAGE
# ...

page {
   # Vorlage laden
   # ...

   10.subparts.MENU_OBEN = HMENU
   10.subparts.MENU_OBEN {
      special = directory
      special.value = 11

      # Ebene 1
      1 = TMENU
      1 {
         NO = 1
         NO.linkwrap =  &#124; |
      }

   }
}
```

Der Code ersetzt zuerst den MENU_OBEN-Teilbereich durch ein HMENU-Objekt. Dann wird mittels der Zuweisungen

```
special = directory
special.value = 11
```

festgelegt, dass für die Menüeinträge die untergeordneten Seiten der Seite *navigation_oben* (ID = 11) verwendet werden sollen.

> Wenn Sie dieses Beispiel nachvollziehen, kontrollieren Sie, ob die Seite *navigation_oben* bei Ihnen ebenfalls die ID 11 besitzt. (Bewegen Sie dazu im Seitenbaum den Mauszeiger über das Symbol vor dem Seitentitel und warten Sie, bis das QuickInfo-Fenster aufspringt.) Falls nicht, ersetzen Sie im Code die 11 durch die ID Ihrer Seite.

Anschließend wird festgelegt, dass die erste (und einzige) Menüebene durch ein TMENU-Objekt repräsentiert wird.

```
1 = TMENU    # die 1 ist fest vorgegeben als Name der 1. Ebene
```

Zu guter Letzt wird für die Menueinträge dieser Ebene festgelegt,

- dass der Normalzustand verwendet werden soll

```
NO = 1    # aktiviert den Normalzustand
```

Diese Zuweisung ist im Grunde redundant, da der Normalzustand automatisch aktiviert ist.

welcher HTML-Code vor und hinter den Menüeinträgen stehen soll

```
NO.linkWrap =  &#124; |
```

Legt fest, dass vor jedem einzelnen Menüeintrag (repräsentiert durch das Zeichen |) drei Zeichen stehen sollen: ein Leerzeichen, der Trennstrich (dezimaler ASCII-Code 124) und noch ein Leerzeichen.

Menü testen

1. Arbeiten Sie den Code für das Menü aus Listing 8.1 in den Template-Code der *root*-Seite der *Schottland*-Beispielsite ein.

   Sie können wahlweise den Code für den Teilbereich MENU_OBEN unter dem Code für den Platzhalter INHALT einfügen oder Sie ersetzen einfach den gesamten Template-Code im KONFIGURATION-Feld durch den Inhalt der Datei *schottland_03.ts* von der Buch-DVD.

2. Speichern Sie und lassen Sie die *root*-Seite neu rendern.

Wenn es keine Fehler im Code gibt, sollten Sie jetzt feststellen, dass TYPO3 den Text im Teilbereich wie gewünscht ersetzt hat. Allerdings dürften die Seiten-Links wegen der für Hyperlinks vorgegebenen Farben nur schwer zu lesen sein (siehe Abbildung 8.3). Um dies zu korrigieren, richten wir eine zweite CSS-Datei zur Formatierung der Menüs ein. Anschließend wenden wir uns noch einmal der linkWrap-Eigenschaft zu, die ebenfalls noch verbessert werden kann.

Abb. 8.3:
Das Menü ist angelegt, aber die Einträge sind schlecht lesbar.

CSS-Stylesheets

Um dem Template eine weitere CSS-Datei namens *menues.css* hinzuzufügen, gehen Sie wie folgt vor:

1. Legen Sie im Modul DATEI/DATEILISTE (oder auf der Betriebssystemebene, soweit Sie entsprechende Zugriffsrechte besitzen) im Verzeichnis *fileadmin/ css* eine Datei *menues.css* an.

2. Laden Sie die Datei (Klick auf Symbol vor dem Dateinamen und Auswahl des Kontextmenübefehls BEARBEITEN).

3. Tippen Sie folgenden CSS-Code ein:

```
#nav_oben a {
   text-decoration: none;
   color: #FFFFFF;
}
```

4. Speichern Sie und wechseln Sie zurück zum Template-Code.
5. Ersetzen Sie die Zeile page.inludeCSS... durch:

   ```
   page.includeCSS {
      cssdatei1 = fileadmin/css/schottland.css
      cssdatei2 = fileadmin/css/menues.css
   }
   ```

6. Speichern Sie, löschen Sie die Caches, rendern Sie die *root*-Seite neu und prüfen Sie das Ergebnis.

   Klicken Sie auch einmal auf die Links im Menü, um sich zu versichern, dass das Menu funktionsfähig ist.

Abb. 8.4: Jetzt kann man das Menü sehen.

linkWrap

Zur Formatierung der einzelnen Menüeinträge mittels linkWrap haben wir weiter oben folgende Zeile verwendet:

```
# Ebene 1
1 = TMENU
1 {
   NO = 1
   NO.linkWrap =  &#124; |
}
```

Die obige Zuweisung stellt jedem Menüeintrag, vertreten durch den Platzhalter | die folgende Zeichenfolge voran:

Leerzeichen ( ) senkrechter Trennstrich (|) Leerzeichen ( )

Etwas unschön daran ist, dass auf diese Weise auch dem ersten Menüeintrag (dem Link zur Seite *Home*) ein Trennstrich voransteht (siehe Abbildung 8.4). Durch Verlegung der Zeichenfolge an das Ende der Menüeinträge lässt sich dieses Problem nicht lösen (höchstens vom Anfang der Menüzeile ans Ende verschieben), wohl aber durch eine Technik, die sich *OptionSplit* nennt.

OptionSplit Dabei wird der zuzuweisende Wert mittels |*| in drei Bereiche für Anfang, Mitte und Ende unterteilt. Im Anfang-Bereich definieren Sie den Wrap-Code für das erste Element, im mittleren Bereich den Wrap-Code die eingeschlossenen Elemente und im Ende-Bereich den Wrap-Code für das letzte Element:

```
<Anfang> |*| <Mitte> |*| <Ende>
```

Dieser Konstruktion folgend schreiben wir:

```
NO.linkWrap = | &#124;  |*| | &#124;  |*| |
```

Das erste und die mittleren Elemente werden mit der Zeichenfolge Leerzeichen-Trennstrich-Leerzeichen abgeschlossen, das letzte Element steht allein.

7. Ändern Sie die `linkWrap`-Zuweisung im Template-Code und kontrollieren Sie den Effekt im Browser.

Abb. 8.5:
Korrekt formatiertes Menü

Text-Menüs, CSS und Barrierefreiheit

Für Webseiten, die mit CSS formatiert werden, ist es mittlerweile Standard, Menüs als ungeordnete Listen aufzubauen. Nachdem wir mit dem TypoScript-Code zur Erstellung von Menüs mittlerweile etwas vertrauter sind, wollen wir uns nun noch ansehen, wie wir diese Technik, die zudem weitgehend barrierefrei ist, auf unser Text-Menü übertragen können.

Um das Text-Menü als ungeordnete Liste aufbauen zu lassen, müssen wir

- das gesamte `TMENU`-Objekt in `<ul>`-Tags einhüllen
- die einzelnen Einträge in `<li>`-Tags einfassen

Der zugehörige Code sieht wie folgt aus:

```
page = PAGE
# ...

page {
   # Vorlage laden
   ...

   10.subparts.MENU_OBEN = HMENU
   10.subparts.MENU_OBEN {
      special = directory
      special.value = 11

      # Ebene 1
      1 = TMENU
      1.wrap = <ul>|</ul>
      1 {
         NO = 1
         NO.linkWrap = <li>| &#124; </li> |*| <li>| &#124; </li> |*| <li>|</li>
      }
   }
}
```

Listing 8.2:
Erzeugung eines Text-Menüs
(2. Version, aus schottland_04.ts)

223

Anschließend müssen Sie die Liste durch CSS-Stile wieder in die alte Optik des Text-Menüs zurückverwandeln:

Listing 8.3: Stildefinitionen für das Top-Menü (aus menues.css)

```
#nav_oben ul
{
    background-color:#111177;
    color:#FFFFFF;
    text-align:right;
    list-style-type: none;
    padding: 2 10 2 10;
    margin: 0;
}

#nav_oben ul li {
    display: inline;
    color:#FFFFFF;
}

#nav_oben a {
    text-decoration: none;
    color: #FFFFFF;
}
```

8. Überarbeiten Sie den Code des Templates und ergänzen Sie die Stildefinitionen in *menues.css*.

9. Speichern Sie Ihre Änderungen und kontrollieren Sie den Effekt.

Das Menü sollte wie in Abbildung 8.5 aussehen.

8.2.2 Menüzustände definieren

Jeden Menüzustand, den Sie verwenden wollen, müssen Sie aktivieren (auf 1 setzen) und individuell formatieren. Für die Formatierung werden dabei üblicherweise CSS-Stile verwendet. Damit diese auch gezielt den einzelnen Zuständen zugewiesen werden können, verfügt jedes Zustands-Objekt über eine `ATagParams`-Eigenschaft, über die dem `<a>`-Tag des Menülinks ein Parameter (in unserem Fall eine individuelle CSS-Klasse) zugewiesen werden kann.

Listing 8.4: Erzeugung eines Text-Menüs (3. Version, aus schottland_04.ts)

```
page = PAGE
# ...

page {
    # Vorlage laden
    # ...

    10.subparts.MENU_OBEN = HMENU
    10.subparts.MENU_OBEN {
        special = directory
        special.value = 11

        # Ebene 1
        1 = TMENU
        1.wrap = <ul>|</ul>
        1 {
            # Normalzustand
```

```
        NO = 1
        NO.linkWrap = <li>| &#124; </li> |*|
<li>| &#124; </li> |*| <li>|</li>
        NO.ATagParams = class = "nav_oben_normal"

        # Rollover
        RO < .NO
        RO.ATagParams = class = "nav_oben_rollover"

        # Aktuell
        CUR < .NO
        CUR.ATagParams = class = "nav_oben_aktuell"

    }
  }
}
```

An der Definition des Normalzustands NO hat sich bis auf die Zuweisung an die ATagParams-Eigenschaft nichts geändert.

Die Zustände RO und CUR werden als Kopien des NO-Zustands angelegt (<-Operator). Anschließend wird die ATagParams-Eigenschaft überschrieben, sodass jeder Zustand mit einer eigenen CSS-Klasse verbunden ist.

Die zugehörigen CSS-Definitionen lauten:

```
#nav_oben ul
{
  /* wie gehabt */
}

#nav_oben ul li {
  /* wie gehabt */
}

#nav_oben a, nav_oben_normal {
    text-decoration: none;
    color: #FFFFFF;
}

#nav_oben a:hover, #nav_oben a.nav_oben_rollover
{
background-color: #FFFFFF;
color: #111177;
}

#nav_oben a.nav_oben_aktuell
{
font-weight: bold;
color: #AAAAAA;
}

#nav_oben a.nav_oben_aktuell:hover
{
background-color: #FFFFFF;
color: #111177;
}
```

Listing 8.5:
Die Stildefinitionen für das Menü (menues.css)

10. Überarbeiten Sie den Code des Templates und ergänzen Sie die Stildefinitionen in *menues.css*.

11. Speichern Sie Ihre Änderungen und kontrollieren Sie den Effekt.

Das Menü sollte wie Abbildung 8.6 aussehen.

Abb. 8.6:
Das fertige
Menü

8.3 Grafische Menüs

Grafische Menüs werden grundsätzlich analog zu Text-Menüs aufgebaut, jedoch mit dem Unterschied, dass für die Menüebene(n) das GMENU-Objekt verwendet wird. Die Formatierung der Menüeinträge erfolgt nicht über CSS, sondern indem Sie in die Bilder für die Menüeinträge zeichnen.

Listing 8.6:
Definition des
grafischen
Menüs für den
Platzhalter
MENU_LINKS
(aus schott-
land_05.ts)

```
page = PAGE
# ...
page {
    # Vorlage laden
    # ...

    10.subparts.MENU_OBEN = HMENU
    # ...

    10.subparts.MENU_LINKS = HMENU
    10.subparts.MENU_LINKS {
        special = directory
        special.value = 12

        # Ebene 1
        1 = GMENU
        1 {
            # Normalzustand
            NO = 1
            NO.XY = 160,25
            NO.backColor = #111177

            NO.10 = TEXT
            NO.10.text.field = nav_title // title
            NO.10.fontColor = #FFFFFF
            NO.10.fontFile = fileadmin/fonts/arial.ttf
            NO.10.fontSize = 14
            NO.10.niceText = 0
            NO.10.offset = 20,18
```

```
        # Rollover
        RO < .NO
        RO.backColor = #F9F9F9
        RO.10.fontColor = #000000

      }
    }
}
```

Hier wird zuerst der Teilbereich MENU_LINKS durch ein Menü ersetzt, das seine Einträge aus den Unterseiten der Seite *navigation_links* (ID 12) erstellt. Anschließend wird ein grafisches Menü für die erste (und einzige) Ebene erzeugt. Die einzelnen Menüeinträge werden als Bilder der Breite 160, der Höhe 25 und der Hintergrundfarbe #111177 erzeugt:

```
# Normalzustand
NO = 1
NO.XY = 160,25
NO.backColor = #111177
```

Dann wird ein TEXT-Objekt in die Menübilder eingezeichnet:

```
NO.10 = TEXT
NO.10.text.field = nav_title // title
NO.10.fontFile = fileadmin/fonts/arial.ttf
NO.10.fontColor = #FFFFFF
NO.10.fontSize = 14
NO.10.niceText = 0
NO.10.offset = 20,18
```

Als Text (text) wird der Inhalt des Feldes nav_title oder – wenn das Datenbankfeld nav_title leer ist – des Feldes title (der Seitentitel) verwendet.

Als Schriftart (fontFile) wird die Schrift Arial verwendet, deren *.ttf*-Datei entsprechend noch in das Verzeichnis *fileadmin/fonts* hochgeladen wurde.

Danach werden noch Schriftfarbe, Schriftgröße, Schriftenglättung[1] und Einzug von links und oben festgelegt.

Eine größere Auswahl an Schriftdateien finden Sie in der Regel bereits auf dem Server-Rechner (unter Windows beispielsweise im Verzeichnis *<Windows>/Fonts*). Bedenken Sie aber, dass diese meist lizenzgeschützt sind (und deshalb nicht von einem Rechner auf einen anderen übertragen werden dürfen).

Wenn Sie in den gerenderten Seiten keinen Text auf den Menübildern sehen, kontrollieren Sie die Einstellungen für die Schriftfarbe (fontColor), für das Einrücken (offset) und schalten Sie das Antialiasing (niceText = 0) aus. Prüfen Sie auch, ob GraphicsMagick korrekt installiert ist.

---

1. Um die Schriftenglättung einzuschalten, muss niceText auf den Wert 1 gesetzt werden. In der TYPO3-Version 4.3 scheint es aber diesbezüglich einen Bug zu geben, der dazu führt, dass bei eingeschalteter Schriftenglättung überhaupt kein Text gerendert wird. Wir setzen daher niceText auf 0.

8 Menüs und Klickpfade

Anschließend wird der Rollover-Zustand als Kopie des Normalzustands und mit veränderten Farbwerten (dunkelblauer Text vor weißem Hintergrund) erzeugt.

1. Überarbeiten Sie den Code des Templates gemäß Listing 8.6.
2. Speichern Sie Ihre Änderungen und kontrollieren Sie den Effekt.

Das Menü sollte wie in Abbildung 8.7 aussehen.

Abb. 8.7:
Das linke Menü wird aus Grafiken aufgebaut.

Kritik

Grafische Menüs haben verschiedene Nachteile:

- Die Bilder stellen eine zusätzliche Serverlast dar. Nicht nur wegen der Datenübertragung, sondern auch wegen der ad-hoc-Erstellung der Grafiken (die erstellten Grafiken werden im *typo3temp*-Verzeichnis abgelegt).
- Für das Einzeichnen von Texten benötigen Sie Schriften, für die Sie eventuell zusätzliche Lizenzgebühren zahlen müssen.
- Die grafischen Menüs sind nicht barrierefrei.

Wägt man diese Nachteile gegen die mittlerweile enormen Möglichkeiten ab, welche die Erstellung von CSS-gestützten Textmenüs bietet, kommt man schnell zu dem Ergebnis, das Text-Menüs häufig die bessere Wahl sind.

8.4 Untermenüs

Ein Untermenü zu erzeugen bedeutet, dass Sie für ein Menü eine zweite Ebene (Objekt 2) erzeugen. Dabei gehen Sie ganz genauso vor wie beim Anlegen des Objekts 1 für die erste Ebene (siehe Ausführungen in den vorangehenden Abschnitten).

Oft geht es sogar noch einfacher: Sie erzeugen die zweite Ebene einfach als Kopie der ersten Ebene und überschreiben anschließend nur noch die Eigenschaften, die mit der Formatierung zu tun haben:

Untermenüs

```
page.10.subparts.MENU_DEMO = HMENU
page.10.subparts.MENU_DEMO {
   special = directory
   special.value = 7

   # 1. Menüebene
   1 = TMENU
   1 {
   }

   # 2. Menüebene
   2 = TMENU
   2 < .1
   2 {
      NO.ATagParams = class ="nav_oben_normal_2"
      RO.ATagParams = class = "nav_oben_rollover_2"
      CUR.ATagParams = class = "nav_oben_aktuell_2"
   }
}
```

In älteren TYPO3-Versionen (vor 4.2) müssen Sie bei der Definition mehrerer Menüebenen mittels der HMENU-Eigenschaft entrylevel angeben, auf welcher Ebene die Seiten der ersten Menüebene liegen. Dabei liegen alle Seiten, die direkt dem Aufhängungspunkt des Seitenbaums untergeordnet sind, auf der Ebene 0 (im Falle unserer *Schottland*-Site wäre dies allein die Seite *root*), die nächste Ebene hat die Nummer 1, dann 2 und so weiter. (Die entryLevel für die Menüs der *Schottland*-Site wäre demnach 2.)

Weitere nützliche Eigenschaften für die Definition von Untermenüs sind

- expAll – Wenn Sie diese Eigenschaft (von TMENU, GMENU) auf 1 setzen, sind die Unterebenen standardmäßig beim Aufruf der Webseite aufgeklappt. Wenn die Untermenüs zugeklappt sein sollen, setzen Sie expAll auf 0.
- wrapItemAndSub – Über diese Eigenschaft (der TMENU-Zustände) können Sie HTML-Code um einen Menüeintrag und sein Untermenü legen.

Als praktisches Beispiel werden wir unter der Seite *Edinburgh* ein Untermenü für zwei Seiten *Museen* und *Festival* einrichten.

Abb. 8.8: Der zur Erzeugung einer zweiten Menüebene erweiterte Seitenbaum

229

8 Menüs und Klickpfade

3. Wechseln Sie in das Modul WEB/SEITE und legen Sie unter der Seite *Edinburgh* zwei Seiten *Museen* und *Festival* an.

4. Wechseln Sie zurück zum Template-Code und erweitern Sie die Definition des linken (grafischen) Menüs wie folgt:

Listing 8.7: Definition der zweiten Menüebene (aus schottland_06.ts)

```
10.subparts.MENU_LINKS = HMENU
10.subparts.MENU_LINKS {
    special = directory
    special.value = 12

    # Ebene 1
    1 = GMENU
    1.expAll = 1
    1 {
        # Normalzustand
        # wie gehabt
    }

    # Ebene 2
    2 < .1
    2.NO.backColor = #444488
    2.NO.10.offset = 30,18
    2.RO < .2.NO
    2.RO.backColor = #F9F9F9
    2.RO.10.fontColor = #000000
}
```

5. Speichern Sie Ihre Änderungen und kontrollieren Sie den Effekt.

Das Menü sollte wie in Abbildung 8.9 aussehen.

Abb. 8.9: Das linke Menü wurde um ein Untermenü erweitert.

230

8.5 Klickpfad

Zum Abschluss der *Schottland*-Site werden wir auf den Seiten noch einen Klickpfad einblenden. Klickpfade listen in der Grundkonfiguration die Seiten auf, die im TYPO3-Seitenbaum von der Root-Seite zur aktuellen Seite führen. Sie erleichtern dem Benutzer die Orientierung und erlauben ihm per Mausklick direkt zu den übergeordneten Seiten zu springen.

Für eine so flache Hierarchie wie die unserer *Schottland*-Site sind Klickpfade zwar nicht wirklich nützlich, aber wir sollten nicht darauf verzichten, uns anzuschauen, wie sie erzeugt werden:

```
10.marks.KLICKPFAD = HMENU
10.marks.KLICKPFAD {
   special = rootline
   special.range = 2 | 0
   wrap = <p>Sie befinden sich hier:  | </p>

   1 = TMENU
   1.NO = 1
   1.NO.linkWrap = | &gt;  |*| | &gt;  |*| |
}
```

Listing 8.8:
Code zur Ersetzung des KLICKPFAD-Platzhalters (aus schottland_07.ts)

Die wichtigsten Unterschiede gegenüber der Erzeugung eines normalen Menüs betreffen die HMENU-Eigenschaft `special`:

- Der Eigenschaft selbst weisen wir den Wert `rootline` zu.

- Der Untereigenschaft `range` weisen wir zwei Zahlenwerte zu, die angeben, mit welchen Ebenen der Klickpfad beginnen und enden soll.

  `special.range = 2 | -1`

  Die Nummerierung der Ebenen ist die gleiche wie für `entryLevel` (siehe Kapitel 8.4).

  Um *root* und *navigation_oben* aus der Darstellung des Klickpfads auszuklammern, lassen wir den Bereich daher mit der Ebene 2 beginnen. Die abschließende Ebene können Sie weglassen oder als -1 (für die aktuelle Seite) angeben.

Abb. 8.10:
Die Website mit Klickpfad

8.6 Fragen und Übungen

1. Welche Beziehung besteht zwischen HMENU, TMENU und NO?
2. Was müssen Sie tun, damit im linken Menü der Eintrag *Skye* vor dem Eintrag *Stonehaven* aufgeführt wird?
3. Wie aufwändig wäre es, das *Edinburgh*-Untermenü um einen weiteren Eintrag *Zoo* zu erweitern? Probieren Sie es aus!

Teil III

Weiterführende Themen

KAPITEL 9

Formulare, Suche und die Erweiterungen

jetzt lerne ich

In diesem Kapitel werden wir uns zwei spezielle Inhaltselemente etwas genauer ansehen: die mailbasierten Formulare und die Suchoption. Danach stelle ich Ihnen das Erweiterungs- oder Extension-Repository vor, über das Sie sich zusätzliche Funktionalität, sowohl für die Arbeit im Backend als auch für die Gestaltung des Frontends, erschließen können. Wie zum Beispiel das »Advanced Frontend Editing«-Plugin, das wir zum Abschluss des Kapitels installieren und ein wenig näher betrachten wollen.

9.1 Formulare

Für Formulare, deren Daten per Mail an den Site-Inhaber gesendet werden, gibt es in TYPO3 ein vordefiniertes Inhaltselement.

Die vorliegenden Ausführungen gehen davon aus, dass Sie das statische *CSS Styled Content*-Template so eingebunden haben, dass es auf der Seite mit dem Formular zur Verfügung steht – also beispielsweise via Vererbung durch ein Template einer übergeordneten Seite oder via ein Erweiterungs-Template (siehe Kapitel 5.6.2, Abschnitt »Statisches Template«).

9.1.1 Formular anlegen

Um auf einer Seite ein Formular anzulegen, beginnen Sie wie gewohnt im Modul WEB/SEITE und klicken – abhängig von der Position auf der Seite, wo das Formular eingefügt werden soll – auf eines der Symbole zum Erstellen eines neuen Datensatzes. In der Eingabemaske NEUES INHALTSELEMENT wählen Sie dann die Option MAIL-FORMULAR aus.

235

Abb. 9.1:
Anlegen eines
Formulars

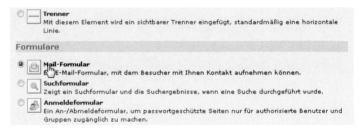

Danach erscheinen die Registerkarten zur Konfiguration des Inhaltselements.

Auf der Registerkarte ALLGEMEIN können Sie eine ÜBERSCHRIFT angeben. Sie können diese Überschrift dazu nutzen, einen einleitenden Text anzugeben, beispielsweise »Treten Sie mit uns in Kontakt:«. Da diese Überschrift vom *CSS Styled Content*-Template als HTML-Überschrift gerendert wird (<h1>, <h2> etc.), ist es jedoch sauberer, den einleitenden Text als eigenständiges Element zu erstellen und die Überschrift nur als internen Titel, beispielsweise »Kontaktformular«, zu verwenden (und über das TYP-Listenfeld in den erweiterten Optionen zu verbergen, sodass es nicht im Frontend erscheint).

Abb. 9.2:
Die Register-
karte zur
Definition des
Formulars

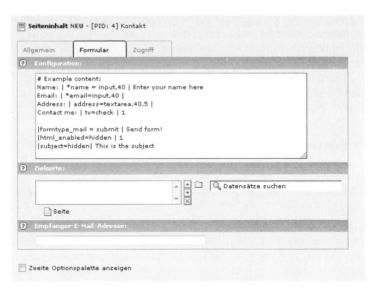

Auf der Registerkarte FORMULAR sehen Sie im Feld KONFIGURATION eine bereits vordefinierte Formular-Definition:

```
# Example content:
Name:   | *name = input,40 | Enter your name here
Email:  | *email=input,40 |
Address: | address=textarea,40,5 |
Contact me: | tv=check | 1
```

```
|formtype_mail = submit | Send form!
|html_enabled=hidden | 1
|subject=hidden| This is the subject
```

Wenn Sie über ein wenig HTML-Kenntnisse verfügen und wissen, wie in HTML Formulare und Formularfelder definiert werden, wird es Ihnen – nach kurzer Orientierung – sicher nicht schwerfallen, die Formulardefinition direkt im KONFIGURATION-Feld zu bearbeiten. Sie können aber auch den Assistenten dazu benutzen.

Code oder Assistent?

Um den Formular-Assistenten aufzurufen, müssen Sie das Formular erst einmal durch Klick auf das reine Diskettensymbol speichern. Danach wird neben dem Feld KONFIGURATION ein Symbol angezeigt, über das Sie den Assistenten aufrufen können.

Auf jeden Fall hilft es, wenn Sie sich einmal ansehen, wie das Formular gerendert wird, und diese Darstellung mit der Formulardefinition vergleichen. Zuvor aber sollten Sie dafür sorgen, dass das Formular mittels CSS-Stilen einigermaßen ansprechend formatiert wird.

Sie können dazu beispielsweise so vorgehen, dass Sie der Seite mit dem Formular ein Erweiterungs-Template hinzufügen (Modul WEB/TEMPLATE, Auswahl der betreffenden Seite, Schaltfläche KLICKEN SIE HIER, UM EIN ERWEITERUNGS-TEMPLATE ZU ERSTELLEN). Dann tippen Sie in den Template-Code den Befehl zur Einbindung einer passenden Stylesheet-Datei:

CSS

```
page.includeCSS.cssformular = fileadmin/css/formular.css
```

und sorgen zum Abschluss dafür, dass TYPO3 unter dem angegebenen Pfad eine entsprechende Datei mit CSS-Stilen zur Formatierung des Formulars vorfindet. (Die Datei *formular.css* können Sie von der Buch-DVD, Verzeichnis *Beispiele/ Sonstiges* kopieren Die dort definierten Stile beziehen sich zum größten Teil auf Klassen und IDs, die das *CSS Styled Content*-Template für die HTML-Ausgabe erzeugt, vgl. Quelltext der gerenderten Webseite.)

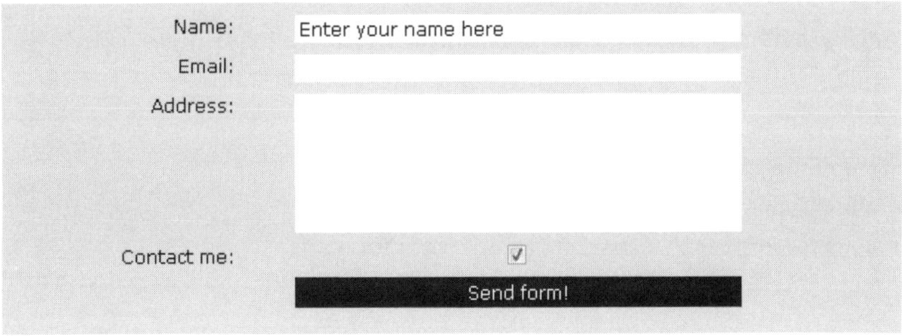

Abb. 9.3: Das vordefinierte Formular (mit CSS formatiert)

9.1.2 Formular anpassen

Vergleicht man das gerenderte Formular mit der Formulardefinition im Feld KON-FIGURATION:

```
# Example content:
Name: | *name = input,40 | Enter your name here
Email: | *email=input,40 |
Address: | address=textarea,40,5 |
Contact me: | tv=check | 1

|formtype_mail = submit | Send form!
|html_enabled=hidden | 1
|subject=hidden| This is the subject
```

so erkennt man schnell, dass die Definition eines jeden Formularfeldes aus drei Teilen besteht, die durch das Zeichen | getrennt werden.

Das |-Zeichen ist hier kein Platzhalter für auszugebenden Code, sondern einfach nur ein Trennzeichen.

Tabelle 9.1: Teile einer Formularfeld-Definition

Teil	Bedeutung	Beispiel
Beschriftungsfeld	Sie geben den anzuzeigenden Titel an und TYPO3 erzeugt daraus ein label-Element.	Name:
Formularfeld	Sie geben an, ob es sich um ein Pflichtfeld handelt (*), wie das HTML-Feld heißen soll (HTML-Attribut name), welches HTML-Element erzeugt werden soll (Tag) und welche Werte den speziellen Attributen des HTML-Elements zugewiesen werden sollen.	*name = input,40
Vorgabewert	Wert, der im Formularfeld angezeigt wird (value-Attribut des Formularfeldes).	Enter your name here

Erzeugter HTML-Code:
```
<label for="mailformname">Name:</label>
<input type="text" name="name" id="mailformname"
       size="40" value="Enter your name here" />
```

Lokalisierung Mit dieser Information sollte es Ihnen nicht schwerfallen, die Beschriftungen und Vorgabewerte in Deutsch zu übersetzen:

```
Name: | *name = input,40 | Geben Sie hier Ihren Namen ein
E-Mail: | *email=input,40 |
Adresse: | address=textarea,40,5 |
Rückmeldung: | tv=check | 1
```

```
|formtype_mail = submit | Abschicken!
|html_enabled=hidden | 1
|subject=hidden| Kontaktaufnahme
```

oder das Rückmeldungsfeld zu löschen, ein Feld für die gewünschte Anrede hinzuzufügen und das textarea-Element für die Eingabe einer Mitteilung zu verwenden:

Aufbau

```
Anrede:     | *title = input,40 | Wie möchten Sie angeredet werden
Name:       | *name = input,40  | Geben Sie hier Ihren Namen ein
E-Mail:     | *email=input,40   |
Mitteilung: | text=textarea,40,5 |

|formtype_mail = submit | Abschicken!
|html_enabled=hidden | 1
|subject=hidden| Kontaktaufnahme
```

Alternativ können Sie das Formular aber auch, wie gesagt, im Formular-Assistenten bearbeiten, den Sie durch Klick auf die Schaltfläche am rechten Rand aufrufen.

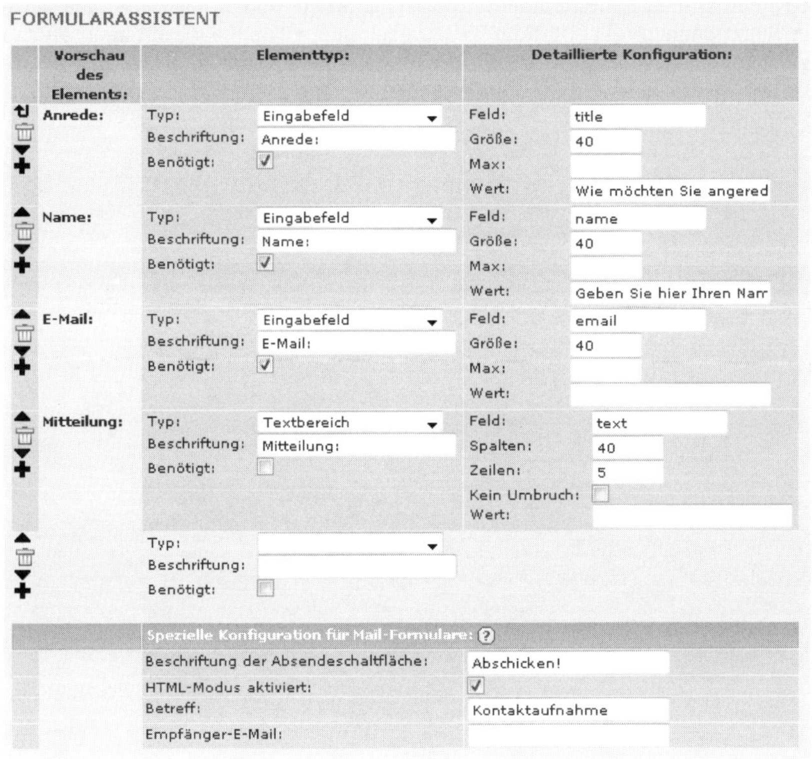

Abb. 9.4: Die Eingabemaske des Formular-Assistenten

9.1.3 Empfänger angeben

Die E-Mail-Adresse des Site-Inhabers, bzw. der Person, die die Formulardaten entgegennehmen und auswerten soll, geben Sie auf der Registerkarte FORMULAR im Feld EMPFÄNGER-E-MAIL-ADRESSE ein.

Abb. 9.5:
Festlegen des
Empfängers

 Damit die Formulardaten auch wirklich an die gewünschte Adresse gesendet werden, muss auf dem System ein passender Mail-Server eingerichtet sein. Bei den Servern von Providern, die TYPO3 unterstützen, ist dies üblicherweise der Fall.

9.1.4 Bestätigungsseite angeben

Schließlich sollten Sie noch eine Bestätigungsseite einrichten. Legen Sie diese im Seitenbaum direkt unter der Formularseite an, füllen Sie sie mit Inhalten und wechseln Sie dann zur Seite mit dem Formular zurück, um auf der Registerkarte FORMULAR im Bereich ZIELSEITE die Bestätigungsseite auszuwählen (Klick auf das Ordnersymbol).

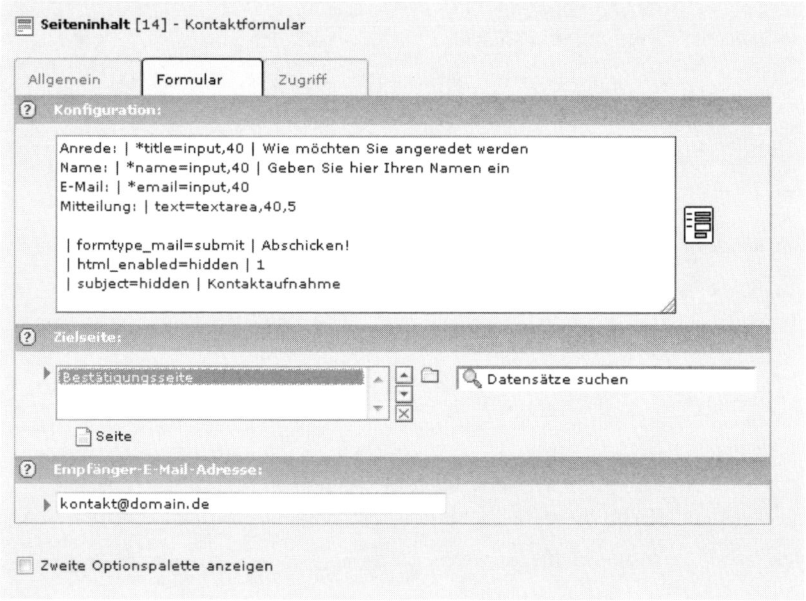

Abb. 9.6:
Das vollständig
konfigurierte
Formular

9.2 Suche

Ebenso einfach wie die Erstellung eines Formulars ist in TYPO3 der Einbau einer Suchfunktion. Doch es gibt einen Wermutstropfen. Weder für das zur Suche gehörende Eingabeformular noch für die Ergebnisseite gibt es eine Eingabemaske, über die Sie Formular und Ergebnisseite konfigurieren könnten. Wenn Sie also in den Aufbau des Formulars eingreifen oder die in Formular und Ergebnisseite verwendeten Beschriftungen von Englisch auf Deutsch umstellen möchten, müssen Sie dies via TypoScript tun.

Die vorliegenden Ausführungen gehen davon aus, dass Sie das statische *CSS Styled Content*-Template so eingebunden haben, dass es auf der Seite mit dem Formular zur Verfügung steht – also beispielsweise via Vererbung durch ein Template einer übergeordneten Seite oder via ein Erweiterungs-Template (siehe Kapitel 5.6.2, Abschnitt »Statisches Template«).

9.2.1 Suchfunktion einrichten

Die vordefinierte TYPO3-Suche besteht aus einem Eingabeformular, über das der Besucher seinen Suchbegriff eingibt und abschickt, sowie einer für jede Suche automatisch generierten Ergebnistabelle. Die Ergebnistabelle kann allerdings nur in Seiten eingeblendet werden, auf denen sich auch das Suchformular befindet. Grundsätzlich empfiehlt es sich daher, für die Suche eine eigene Seite anzulegen, die das Suchformular – und nach Abschicken eines Suchbegriff – auch die Suchergebnisse anzeigt.

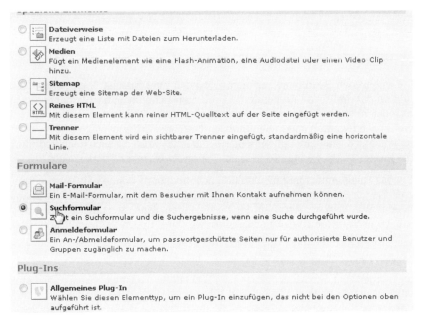

Abb. 9.7: Anlegen einer Suchfunktion

9 *Formulare, Suche und die Erweiterungen*

Um auf einer Seite eine Suchfunktion einzurichten, beginnen Sie wie gewohnt im Modul WEB/SEITE und klicken – abhängig von der Position auf der Seite, wo das Formular eingefügt werden soll – auf eines der Symbole zum Erstellen eines neuen Datensatzes. In der Eingabemaske NEUES INHALTSELEMENT wählen Sie dann die Option SUCHFORMULAR aus.

Danach erscheinen die Registerkarten zur Konfiguration des Inhaltselements.

Allgemein Auf der Registerkarte ALLGEMEIN können Sie eine ÜBERSCHRIFT angeben. Sie können diese Überschrift dazu nutzen, einen einleitenden Text anzugeben, beispielsweise »Suche:«. Da diese Überschrift vom *CSS Styled Content*-Template als HTML-Überschrift gerendert wird (<h1>, <h2> etc.), ist es jedoch sauberer, den einleitenden Text als eigenständiges Element zu erstellen und die Überschrift nur als internen Titel zu verwenden (und über das TYP-Listenfeld in den erweiterten Optionen zu verbergen, sodass es nicht im Frontend erscheint).

Suchen Auf der Registerkarte SUCHEN können Sie die Seite auswählen, auf der die Suchergebnisse angezeigt werden sollen. Doch Obacht! Die ausgewählte Seite, muss selbst wieder über eine integrierte Suchfunktion verfügen, sonst kann sie die Suchergebnisse nicht anzeigen. Am einfachsten ist es daher, die Suchergebnisse auf der aktuellen Seite einblenden zu lassen. In diesem Fall lassen Sie das Feld ZIELSEITE einfach leer.

An diesem Punkt sollten Sie speichern und sich das Ergebnis im Browser anzeigen lassen (siehe Abbildung 9.8).

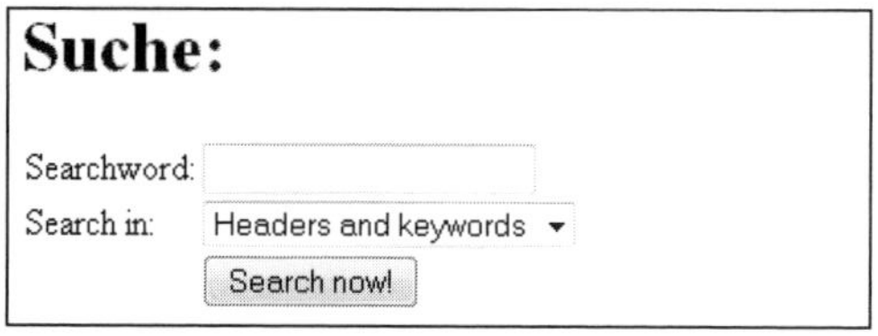

Abb. 9.8: Das vordefinierte Suchformular (mit dt. Überschrift)

Suche:

Searchword:
Search in: Headers and keywords ▼
Search now!

Die englischen Begriffe sollten natürlich noch ins Deutsche übersetzt werden und an der grafischen Aufbereitung kann man sicher auch noch arbeiten, doch ansonsten ist die Suche voll funktionsfähig. Testen Sie sie und suchen Sie sowohl nach Begriffen, die in den Überschriften oder Schlüsselwörtern der Seiten auftauchen (Listenfeld-Option *Headers and keywords*), als auch nach Begriffen, die nur im Text der Seiten (Listenfeld-Option *Page content*) vorkommen.

CSS Um das Suchformular mithilfe von CSS zu formatieren, können Sie so vorgehen, dass Sie der Seite mit dem Suchformular ein Erweiterungs-Template hinzufügen (Modul WEB/TEMPLATE, Auswahl der betreffenden Seite, Schaltfläche KLICKEN SIE HIER, UM EIN ERWEITERUNGS-TEMPLATE ZU ERSTELLEN). Dann tippen Sie in den Template-Code den Befehl zur Einbindung einer passenden Stylesheet-Datei:

```
page.includeCSS.csssuche = fileadmin/css/suche.css
```

und sorgen zum Abschluss dafür, dass TYPO3 unter dem angegebenen Pfad eine entsprechende Datei mit CSS-Stilen zur Formatierung des Formulars vorfindet. (Die Datei *suche.css* können Sie von der Buch-DVD, Verzeichnis *Beispiele/Sons-*

tiges kopieren Die dort definierten Stile beziehen sich auf Klassen, die das *CSS Styled Content*-Template für die HTML-Ausgabe erzeugt, vgl. Quelltext der gerenderten Webseite.)

Searchword:
Search in:
Headers and keywords
Search now!

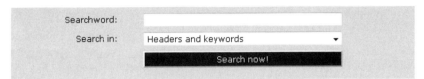

Abb. 9.9: Das vordefinierte Formular (mit CSS formatiert)

9.2.2 Suchformular anpassen

Für Aufbau und Inhalt des Suchformulars ist das Inhaltselement. *CSS Styled Content*-Template verantwortlich. Wir können diesen Code nicht ändern, aber wir können die Definitionen des *CSS Styled Content*-Templates nachträglich via TypoScript überschreiben und anpassen.

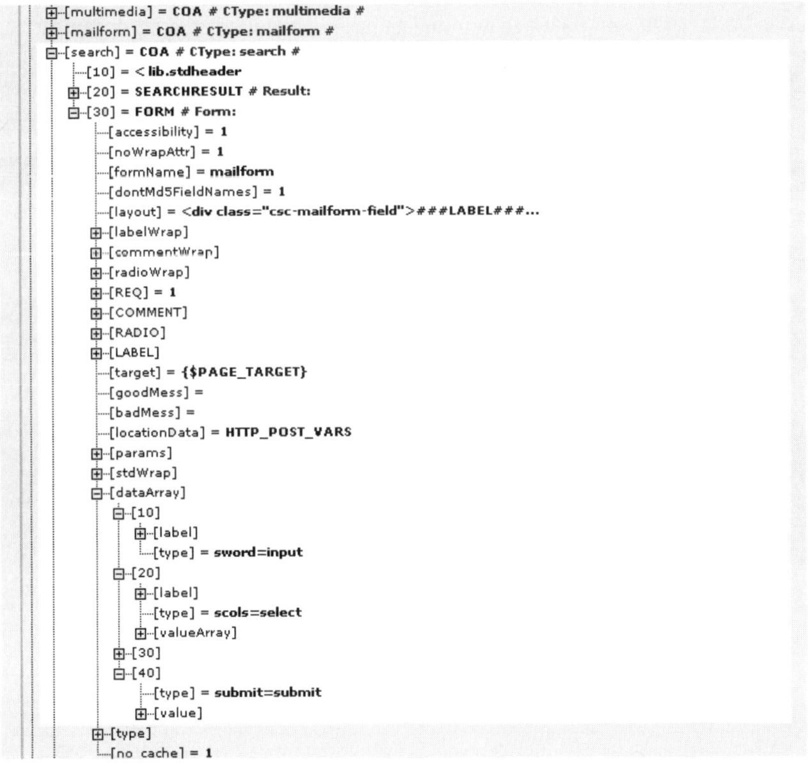

TypoScript-Objektbrowser

Zunächst aber müssen wir uns im TypoScript-Objektbrowser einen Überblick darüber verschaffen, wie das *CSS Styled Content*-Template das Suchformular aufbaut.

[multimedia] = COA # CType: multimedia #
[mailform] = COA # CType: mailform #
[search] = COA # CType: search #
[10] = < lib.stdheader
[20] = SEARCHRESULT # Result:
[30] = FORM # Form:
[accessibility] = 1
[noWrapAttr] = 1
[formName] = mailform
[dontMd5FieldNames] = 1
[layout] = <div class="csc-mailform-field">###LABEL###...
[labelWrap]
[commentWrap]
[radioWrap]
[REQ] = 1
[COMMENT]
[RADIO]
[LABEL]
[target] = {$PAGE_TARGET}
[goodMess] =
[badMess] =
[locationData] = HTTP_POST_VARS
[params]
[stdWrap]
[dataArray]
[10]
[label]
[type] = sword=input
[20]
[label]
[type] = scols=select
[valueArray]
[30]
[40]
[type] = submit=submit
[value]
[type]
[no_cache] = 1

Abb. 9.10: Die Definitionen für die Suchfunktion im TypoScript-Objektbrowser

9 *Formulare, Suche und die Erweiterungen*

Wechseln Sie dazu im Modul WEB/TEMPLATE mithilfe des Listenfeldes oben im Arbeitsbereich von der Ansicht *Info/Bearbeiten* in den TypoScript-Objektbrowser. Wenn der TypoScript-Objektbrowser erscheint, ändern Sie gegebenenfalls die Auswahl im DURCHSUCHEN-Listenfeld in *Konfiguration*.

Die Definitionen des *CSS Styled Content*-Templates stehen im Abschnitt [tt_content]. Klappen Sie den zugehörigen Bereich also auf.

Die Definitionen für die Suchfunktion stehen im Abschnitt [search]. Klappen Sie auch diesen Bereich auf.

Die Definitionen für das Suchformular stehen im Abschnitt [30]. Klappen Sie den Bereich auf.

Die Definitionen für die einzelnen Felder des Suchformulars stehen im Abschnitt [dataArray]. Klappen Sie diesen Bereich und seine Unterbereiche auf:

- [10] (Beschriftung und Eingabefeld für den Suchbegriff)
- [20] (Beschriftung und Listenfeld für die zu durchsuchenden Bereiche)
- [30] (ein intern verwendetes, verborgenes Feld)
- [40] (die Schaltfläche zum Starten der Suche)

Wir werden nun die Beschriftungen (inklusive des Schaltflächentitels) ins Deutsche übersetzen, das Eingabefeld für den Suchbegriff auf eine Breite von 30 Zeichen verlängern und die Optionen im Listenfeld umstellen, sodass der Besucher standardmäßig im Seiteninhalt sucht. Schließlich geben wir noch einen Text vor, der als Meldungsfenster angezeigt wird, wenn der Besucher eine Suche startet, ohne einen Suchbegriff eingegeben zu haben ([badMess]).

Sie können alle diese Änderungen direkt im TypoScript-Objektbrowser vornehmen, indem Sie auf die zugehörige [Eigenschaft] klicken und diese dann in der erscheinenden Eingabemaske (siehe Abbildung 9.11) entweder direkt oder – bei [data]-Feldern – mit override überschreiben.

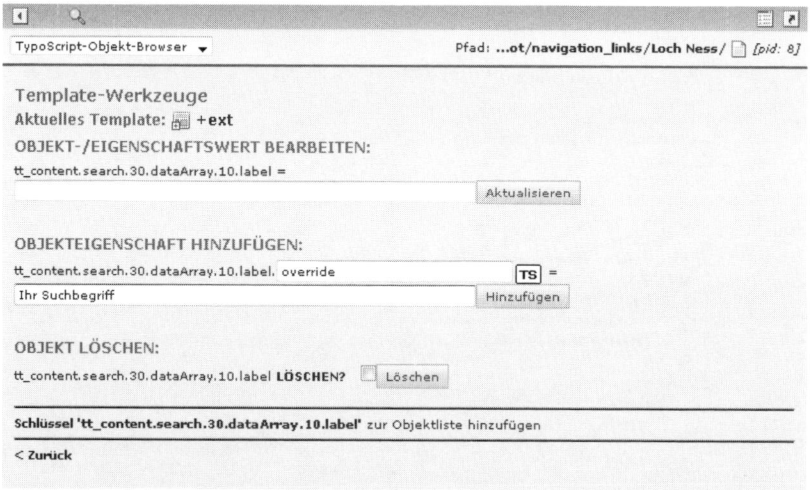

Abb. 9.11: Überschreibung von tt_content. search.30. dataArray. 10.label.data im TypoScript-Objektbrowser

Die Änderungen werden direkt ans Ende Ihres Template-Codes geschrieben. Und wenn Sie sich noch einmal die Hierarchie des Objektbrowsers ansehen möchten, klicken Sie unten in der Eingabemaske auf den Link < BACK.

Sie können die Änderungen aber auch selbst in den Template-Code einfügen (setzt natürlich voraus, dass Sie die zu überschreibenden Eigenschaften kennen).

```
page.includeCSS.csssuche = fileadmin/css/suche.css

# Das Suchformular anpassen
tt_content.search.30 {

    dataArray.10 {
        label.override = Ihr Suchbegriff:
        type = *sword = input, 30
    }
    dataArray.20 {
        label.override = Suchen in:
        value = tt_content.header-bodytext-imagecaption:pages.title-subtitle-keywords-description
        valueArray.10 {
            label.override = Seiteninhalt
            value = tt_content.header-bodytext-imagecaption
        }
        valueArray.20 {
            label.override = Titel und Metadaten
            value = pages.title-subtitle-keywords-description:tt_content.header
        }
    }
    dataArray.40 {
        value.override = LOS!
    }

    badMess = Kein Suchbegriff!
}
```

Listing 9.1: Code zur Übersetzung und Anpassung des Suchformulars (aus Beispiele/ Sonstiges/ suche.ts)

Der erste Abschnitt überarbeitet die Beschriftung-Eingabefeld-Kombination für den Suchbegriff:

```
dataArray.10 {
    label.override = Ihr Suchbegriff:
    type = *sword = input, 30
}
```

Als Titel des label-Elements wird »Ihr Suchbegriff:« festgelegt. Das zugehörige Formularfeld wird – analog zu der Formularfeld-Definition, die Sie in Abschnitt 9.1.2 kennengelernt haben – als input-Element mit dem name-Attribut sword und dem size-Attribut 30 definiert. Das heißt, wir übernehmen für das Element im Prinzip die Definition des *CSS Styled Content*-Templates, legen aber die Breite explizit fest.

Die Namen der Formularfelder (sword, scols, submit etc.) dürfen nicht geändert werden, da sie intern verwendet werden.

Der zweite Abschnitt übersetzt die Beschriftung-Listenfeld-Kombination für die zu durchsuchenden Bereiche ins Deutsche und vertauscht gleichzeitig die Positionen der beiden Optionen im Listenfeld.

Wenn Sie das Listenfeld ganz ausblenden möchten, verbergen Sie es durch Überschreiben der `type`-Definition:

```
type = scols = hidden
```

Zuletzt wird der Titel der Sendeschaltfläche übersetzt und der Text für das Meldungsfenster festgelegt.

Vielleicht ist Ihnen im TypoScript-Objektbrowser die Eigenschaft `goodMess` aufgefallen, die offensichtlich das Pendant zu `badMess` darstellt. Wenn Sie `goodMess` einen Text zuweisen, wird dieser in einem Meldungsfenster angezeigt, das nach dem Abschicken eines korrekt ausgefüllten Formulars aufspringt. Nutzen Sie `goodMess` gegebenenfalls zum Debuggen, aber löschen Sie den zugewiesenen Text später wieder, damit die Besucher der Site nicht erst das Meldungsfenster wegklicken müssen, bevor sie die Suchergebnisse angezeigt bekommen.

9.2.3 Ergebnistabelle anpassen

Die Ergebnistabelle wird durch das Objekt `tt_content.search.20` repräsentiert.

Listing 9.2: Code zur Übersetzung und Anpassung der Ergebnistabelle (aus Beispiele/Sonstiges/suche.ts)

```
tt_content.search.20 {
    layout.10 >
    noResultObj.10.override = Sorry, keine Vorkommen gefunden!
    next.override = vor
    prev.override = zurück
    range = 5
}
```

Für die Ergebnistabelle müssen wir den einleitenden Text, die Fehlermeldung `noResultObj.10` und die Titel der Vor- und Zurück-Schaltflächen übersetzen. Der einleitende Text befindet sich in dem `TEXT`-Objekt, das sich hinter der Eigenschaft `layout.10` verbirgt. Statt den Text zu überschreiben, löschen wir ihn einfach. Zu guter Letzt setzen wir noch die maximale Zahl gleichzeitig anzuzeigender Ergebnisse auf 5 zurück.

9.3 Das Extension-Repository (Erweiterungsbibliothek)

Bereits in der Grundausstattung, auf die sich dieses Buch im Wesentlichen beschränkt, verfügt TYPO3 über jede Menge von Optionen, Funktionen und vorgefertigten Website-Komponenten. Damit nicht genug, kann jeder TYPO3-Nutzer Erweiterungen schreiben, die die Funktionalität von TYPO3 bereichern. Und umgekehrt kann jeder TYPO3-Nutzer auf die Bibliothek der frei zugänglichen Erweiterungen zugreifen – das sogenannte Extension Repository.

9.3.1 Übersicht

Um sich eine Übersicht darüber zu verschaffen, welche Erweiterungen bereits auf Ihrem System installiert und verfügbar sind, müssen Sie in das Modul ADMIN-WERKZEUGE/ERW-MANAGER wechseln und im Listenfeld unter der Titelleiste den Eintrag *Geladene Erweiterungen* auswählen.

Abb. 9.12: Übersicht über die (wichtigsten) installierten Erweiterungen

Im Arbeitsbereich sehen Sie daraufhin die »wichtigsten« Erweiterungen, aufgeteilt in

- Backend-Erweiterungen, auch *Module* genannt, die die Funktionalität des Backends erweitern (wie z.B. der Rich-Text-Editor *htmlArea RTE*)
- Frontend-Erweiterungen, auch *Plugins* genannt, die Komponenten definieren, die die Funktionalität der erzeugten Website erweitern oder deren Design beeinflussen (wie z.B. das *CSS styled content*-Template)

Vollständige Liste
Dies ist allerdings noch nicht die vollständige Liste der verfügbaren Erweiterungen. Um diese angezeigt zu bekommen, müssen Sie die Option SCHEUE ERWEITERUNGEN ANZEIGEN setzen.

Die Liste dürfte nun um einiges länger sind. Doch beachten Sie, dass dies lediglich die bereits installierten und direkt verfügbaren Erweiterungen sind. Daneben befinden sich auf Ihrem System aber noch diverse weitere Erweiterungen, die nur noch nicht installiert sind. Um sich die Liste aller auf Ihrem System vorhandenen Erweiterungen anzeigen zu lassen, müssen Sie über das Listenfeld unter der Titelleiste in die Ansicht *Erweiterungen installieren* wechseln.

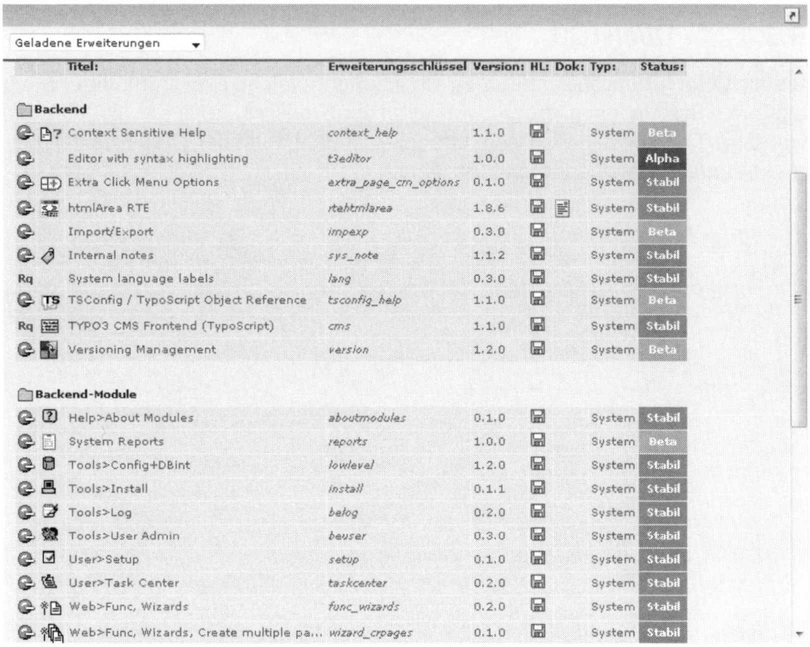

Abb. 9.13:
Übersicht über die auf dem System vorhandenen Erweiterungen

Die Liste wird daraufhin noch einmal erweitert: um die Erweiterungen mit dem grauen Symbol und dem Pluszeichen. Zum Installieren einer solchen Erweiterung müssen Sie nur auf das Symbol mit dem Pluszeichen klicken.

Über das grüne Symbol mit dem Minuszeichen können Sie eine vorhandene Erweiterung deinstallieren.

9.3.2 Herunterladen

Wenn Sie nach Unterstützung für eine bestimmte Funktionalität suchen oder von einer bestimmten Erweiterung wissen, die auf Ihrem System nicht vorhanden ist, können Sie im Internet im globalen, öffentlichen Extension Repository danach suchen.

Wechseln Sie dazu mithilfe des Listenfeldes unter der Titelleiste in die Ansicht *Erweiterungen importieren*.

Abb. 9.14: Die Eingabemaske für das Herunterladen von Erweiterungen aus dem Extension Repository

In der erscheinenden Eingabemaske (siehe Abbildung 9.14) können Sie jetzt im Eingabefeld unter GEPRÜFTE ERWEITERUNGEN AUFFÜHREN ODER SUCHEN den *Extension Key* der gewünschten Erweiterung eingeben (oder einen Teil des Extension Keys) und die Erweiterung durch Klick auf die LOOK UP-Schaltfläche heraussuchen lassen.

Wenn Sie nicht genau wissen, wie der Extension Key einer Erweiterung lautet, oder Sie sich überhaupt erst einmal informieren möchten, welche Erweiterungen es gibt, wofür sie eingesetzt werden und wie ihre Extension Keys lauten, informieren Sie sich auf der Webseite *http://typo3.org/extensions/repository*.

Im Erfolgsfall wird die Erweiterung unter dem Eingabefeld aufgelistet und Sie müssen nur noch auf die Schaltfläche ganz links mit dem Pfeilsymbol klicken, um die Erweiterung in das Verzeichnis *typo3conf/ext* herunterzuladen (siehe Abbildung 9.15).

Abb. 9.15: Die Erweiterung tt_news wurde gefunden und kann heruntergeladen werden.

War die Suche erfolglos, obwohl Sie sicher sind, den korrekten Extension Key verwendet zu haben, besuchen Sie die Repository-Website und nutzen Sie deren Suchfunktion (die meist mehr Treffer liefert) oder durchsuchen Sie selbst die angebotenen Listen. Sollten Sie die gewünschte Erweiterung dann doch finden, folgen Sie dem zugehörigen Link und laden Sie die zugehörige .t3x-Datei herunter. Zurück in Ihrer TYPO3-Site können Sie anschließend in der ERWEITERUNGEN IMPORTIEREN-Ansicht, Bereich Erweiterungsdatei direkt hochladen (.t3x), die .t3x-Datei in Ihre TYPO3-Installation hochladen und installieren (siehe auch Abschnitt 9.4.1).

Auf der Webseite *http://typo3.org/extensions/repository* können Sie:

- sich darüber informieren, welche Erweiterungen es gibt und wofür diese gedacht sind,
- nachsehen, wie der Extension Key einer Erweiterung lautet (Angabe in runden Klammern hinter dem Namen),
- das Benutzerhandbuch (Manual) zu der Erweiterung einsehen (soweit vom Autor bereitgestellt),
- die Erweiterung als .t3x-Datei herunterladen.

9.3.3 Installieren

Nachdem Sie eine Erweiterung erfolgreich heruntergeladen haben, blendet TYPO3 automatisch eine Eingabemaske ein, von der aus Sie die Erweiterung direkt durch Klick auf das graue Symbol und dem Pluszeichen installieren können.

Sie können dies aber auch jederzeit von der ERWEITERUNGEN INSTALLIEREN-Eingabemaske aus tun, in der die heruntergeladenen Erweiterungen automatisch aufgenommen werden.

9.3.4 Verwenden

Backend-Module werden in der Regel in die Backend-Oberfläche integriert. Frontend-Plugins, die Seiteninhaltselemente definieren, werden üblicherweise in der Eingabemaske NEUES INHALTSELEMENT im Bereich PLUG-INS aufgelistet.

9.4 Das Frontend-Editing-Plugin

In Kapitel 3.5.4 habe ich Sie bereits auf die Möglichkeit der Frontend-Bearbeitung von Webseiten und das dafür benötigte Plugin aufmerksam gemacht. Dieses Plugin werden wir nun installieren und ein wenig näher inspizieren.

9.4.1 Installation des »Advanced Frontend Editing«-Plugins

Der Extension Key des Plugins lautet *feeditadvanced*. Sie können die .t3x-Datei der Erweiterung von der Repository-Website herunterladen oder von der Buch-DVD, Verzeichnis *Software/<IhrBetriebssystem>/TYPO3*, kopieren. (Zum Zeitpunkt der Drucklegung dieses Buches gab es allerdings lediglich eine Beta-Version.)

1. Wählen Sie das Modul ADMINWERKZEUGE/ERW-MANAGER aus und wechseln Sie mithilfe des Listenfeldes unter der Titelleiste in die Ansicht *Erweiterungen importieren*.

2. Klicken Sie im Bereich ERWEITERUNGSDATEI DIREKT HOCHLADEN (.T3X) auf die DURCHSUCHEN-Schaltfläche und wählen Sie die .t3x-Datei aus.

3. Klicken Sie auf ERWEITERUNGSDATEI HOCHLADEN.

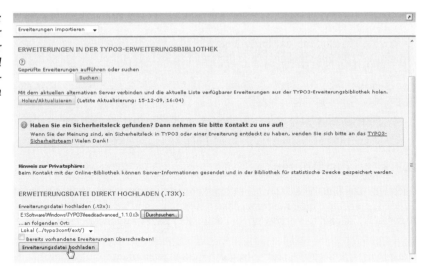

Abb. 9.16: Hochladen der .t3x-Datei für das »Advanced Frontend Editing«-Plugin

Hat alles geklappt, können Sie

4. auf der automatisch erscheinenden Ergebnisseite auf ERWEITERUNG INSTALLIEREN klicken, um das Plugin zu aktivieren.

Das Frontend-Editing-Plugin

Abb. 9.17:
Die »Advanced Frontend Editing«-Erweiterung wurde erfolgreich installiert.

9.4.2 Frontend-Bearbeitung

Wenn die »Advanced Frontend Editing«-Erweiterung installiert ist, können Sie die Inhaltselemente Ihrer Webseiten direkt über die gerenderten Ansichten im Modul WEB/ANZEIGEN oder im Browser bearbeiten.

Die direkte Bearbeitung der im Browser gerenderten Webseiten (siehe Abbildung 9.18) ist nur möglich, wenn Sie gleichzeitig beim Backend angemeldet sind.

Abb. 9.18:
Direkte Frontend-Bearbeitung im Browser

253

Die »Advanced Frontend Editing«-Erweiterung blendet über dem Inhalt der angezeigten Webseite zwei Menüleisten ein, über die Sie

- die Seiteneigenschaften bearbeiten und neue Seiten anlegen bzw.
- neue Inhaltselemente anlegen

können.

Außerdem wird für jedes gerenderte Inhaltselement eine Symbolleiste mit Bearbeitungsoptionen eingeblendet, wenn Sie mit der Maus über das Element fahren (siehe Abbildung 9.18).

Wenn Sie die Webseite begutachten möchten, ohne von den Bearbeitungselementen abgelenkt zu werden, klicken Sie ganz rechts in der obersten Menüleiste auf CLOSE und zurückbleibt eine kleine Schaltfläche EDIT PAGE, über die Sie die Bearbeitungselemente bei Bedarf wieder einblenden können.

9.5 Fragen und Übungen

1. Wie könnten Sie im Feld KONFIGURATION der Registerkarte FORMULAR ein HTML-Feld zur Eingabe von Kommentaren definieren?
2. Wie könnte man im Suchformular das Listenfeld zur Auswahl der zu durchsuchenden Bereiche ausblenden?

KAPITEL 10

jetzt lerne ich

Grafikbearbeitung

Nachdem das Thema Bildbearbeitung in den vorangehenden Kapiteln schon hier und da angeklungen ist, wollen wir uns in diesem Kapitel noch einmal etwas ausführlicher mit dem Themenbereich beschäftigen.

Wir beginnen mit einer Zusammenfassung der wichtigsten Techniken zur Verwaltung und Einbindung von Bildern und begutachten, was dabei im Hintergrund geschieht. Anschließend wenden wir uns dem TypoScript-Objekt GIFGUILDER zu, welches es uns ermöglicht, Grafiken ad hoc via TypoScript zu erzeugen.

10.1 Bilder und andere Ressourcendateien verwalten

Bilder, oder ganz allgemein Ressourcendateien, verwaltet TYPO3 nach einem dreistufigen System. Dieses System unterscheidet im Wesentlichen:

- Externe Ressourcen, die bei Bedarf von »irgendwoher« geladen werden. (»Irgendwoher« bedeutet dabei in der Regel aus dem Verzeichnis *fileadmin* oder einem untergeordneten Verzeichnis.)

    Ein typisches Beispiel für eine solche externe Ressource wäre eine externe CSS-Datei, die Sie mittels TypoScript laden:

    `page.includeCSS.cssdatei = fileadmin/css/stile.css`

- Interne Ressourcen, auf die in der TYPO3-Site-Datenbank Verweise abgelegt sind. Diese Ressourcen kopiert TYPO3 in das *uploads*-Verzeichnis (oder eines der untergeordneten Verzeichnisse).

10 Grafikbearbeitung

- Eine typisches Beispiel hierfür wäre eine Bilddatei, die Sie für ein TEXT M/BILD-Inhaltselement auf der Registerkarte MEDIEN ausgewählt haben.

- Temporäre Ressourcen, die für eine angeforderte Webseite benötigt und ad hoc erzeugt werden. Diese Ressourcen legt TYPO3 im Verzeichnis *typo3temp* an.

  Typische Beispiele hierfür wären Bilddateien, die ad hoc mit TypoScript erzeugt, oder Bilder für Inhaltselemente (z.B. TEXT M/BILD), deren Abmaße, Dateigröße oder andere Parameter von TYPO3 automatisch angepasst werden.

Ein einfacher Rat: Kopieren Sie alle Ressourcendateien nach filadmin.

Wie also sollte man die Bilddateien (und andere Ressourcendateien), die für eine Website benötigt werden, auf die Verzeichnisse *fileadmin*, *uploads* und *typo3temp* verteilen? Auf diese Frage gibt es glücklicherweise eine ganz einfache Antwort: Verteilen Sie die Ressourcendateien überhaupt nicht, sondern kopieren Sie die Dateien alle unter das Verzeichnis *fileadmin* (bzw. dessen Unterverzeichnisse) und überlassen Sie die weitere Verteilung TYPO3.

Dieses Verfahren ist einfach und daher fehlerresistent, es ist übersichtlich und es hat den Vorteil, dass auf diese Weise alle benötigten Ressourcendateien vom Backend (Modul DATEI/DATEILISTE) erreichbar sind. (Wenn Sie Bilddateien für interne Ressourcen direkt ins *uploads*-Verzeichnis kopieren, sind diese nicht vom Backend aus erreichbar; Programmierer oder Redakteure, die keine entsprechenden Zugriffsrechte auf das Dateisystem besitzen, können sie dann nicht bearbeiten.)

Nachteilig ist der erhöhte Speicherbedarf, da insbesondere Bilder, die Sie für ein BILD- oder TEXT M/BILD-Inhaltselement aus dem *fileadmin*-Verzeichnis auswählen, intern von TYPO3 kopiert und noch einmal im *uploads*-Verzeichnis gespeichert werden. (Und womöglich wird sogar noch eine temporäre Kopie erzeugt und im *typo3temp*-Verzeichnis abgelegt.) Bevor Sie jetzt aber darangehen, den Speicherbedarf Ihrer TYPO3-Site mit Rücksicht auf den Server zu optimieren, überschlagen Sie erst einmal, wie groß das Einsparpotential für Ihre Site überhaupt ist. Speicher ist mittlerweile recht billig und meist in ausreichendem Maße verfügbar, sodass es sich in der Regel nicht lohnt, für ein paar Megabyte mehr oder weniger die oben genannten Vorteile aufzugeben.

Den Inhalt des Verzeichnisses *typo3temp* können Sie jederzeit löschen, ohne einen Datenverlust befürchten zu müssen. Die gelöschten Elemente werden bei Bedarf einfach wieder neu erzeugt. Dies kostet natürlich Serverzeit, ist aber gelegentlich notwendig, um die Elemente zu aktualisieren.

10.1.1 Das Verzeichnis fileadmin

Sofern Sie über entsprechende Zugriffsrechte verfügen, können Sie das Verzeichnis *fileadmin* direkt vom Betriebssystem aus (beispielsweise dem Windows Explorer oder dem Konqueror) bearbeiten. Alternativ, oder falls Ihnen der direkte Zugriff versperrt ist, können Sie alle nötigen Arbeiten aber auch vom TYPO3-Backend aus erledigen.

Unterverzeichnisse anlegen

Je mehr Ressourcendateien Sie für eine Site verwenden, umso empfehlenswerter ist es, diese übersichtlich auf passende Unterverzeichnisse zu verteilen. Daher hier noch einmal die wichtigsten Schritte zum Anlegen eines Unterverzeichnisses (hier *images* genannt) unter *fileadmin*.

1. Wechseln Sie in das Modul DATEI/DATEILISTE.
2. Klicken Sie im Verzeichnisbaum mit der rechten Maustaste auf *fileadmin* und wählen Sie den Befehl NEU aus.

   Wenn das neue Verzeichnis nicht direkt unter *fileadmin*, sondern einem bereits bestehenden Unterverzeichnis von *fileadmin* angelegt werden soll, wählen Sie im Verzeichnisbaum statt *fileadmin* das *fileadmin*-Unterverzeichnis aus.

   Gegebenenfalls müssen Sie die Anzeige der *fileadmin*-Hierarchie durch Klick auf die Plus-Schaltflächen erweitern.

3. Legen Sie im Arbeitsbereich ein neues Verzeichnis an (siehe auch Abbildung 10.1).

   - Wählen Sie in dem oberen Listenfeld aus, wie viele Verzeichnisse (Ordner) Sie auf einmal anlegen möchten. Wenn Sie mehr als ein Verzeichnis anlegen möchten, wird die Eingabemaske neu aufgebaut und es erscheint für jedes Verzeichnis ein eigenes Eingabefeld.
   - Tippen Sie den Namen des Verzeichnisses in das Eingabefeld darunter ein.
   - Klicken Sie auf ORDNER ANLEGEN.

Abb. 10.1:
Anlegen eines Verzeichnisses images unter fileadmin

Dateien hochladen

Um eine Datei in ein *fileadmin*-Verzeichnis zu kopieren, gehen Sie wie folgt vor:

Abb. 10.2:
Dateien in das Verzeichnis images hochladen

1. Wechseln Sie in das Modul DATEI/DATEILISTE.
2. Wählen Sie im Verzeichnisbaum das Verzeichnis aus, in das Sie die Datei kopieren möchten.

   Gegebenenfalls müssen Sie die Anzeige der *fileadmin*-Hierarchie durch Klick auf die Plus-Schaltflächen erweitern.

3. Klicken Sie im Arbeitsbereich auf die Schaltfläche DATEIEN HOCHLADEN.

Die Eingabemaske im Arbeitsbereich wird daraufhin ausgetauscht und Sie können zwischen eins und zehn Dateien zum Hochladen auswählen:

4. Wählen Sie in dem oberen Listenfeld aus, wie viele Dateien Sie auf einmal hochladen möchten. Wenn Sie mehr als eine Datei hochladen möchten, wird die Eingabemaske neu aufgebaut und es erscheint für jede Datei ein eigenes Eingabefeld samt DURCHSUCHEN-Schaltfläche.
5. Klicken Sie in das Eingabefeld oder auf die DURCHSUCHEN-Schaltfläche, um das Dialogfenster zum Auswählen der Datei aufzurufen. Wählen Sie dort die Datei aus.
6. Klicken Sie auf HOCHLADEN.

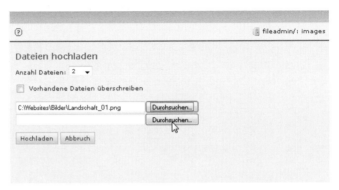

Abb. 10.3:
Dateien zum Hochladen auswählen

258

Dateien neu anlegen (nur für Textdateien)

1. Wechseln Sie in das Modul DATEI/DATEILISTE.
2. Wählen Sie im Verzeichnisbaum das Verzeichnis aus, in dem Sie die Datei anlegen möchten.

   Gegebenenfalls müssen Sie die Anzeige der *fileadmin*-Hierarchie durch Klick auf die Plus-Schaltflächen erweitern.
3. Klicken Sie im Arbeitsbereich auf die Schaltfläche NEU.
4. Tippen Sie im Bereich TEXTDATEI ERZEUGEN den Namen der neuen Datei samt Dateierweiterung ein und klicken Sie auf die DATEI ERZEUGEN-Schaltfläche

Danach wird die neue Datei im Arbeitsbereich angezeigt (siehe Abbildung 10.4). Wenn Sie mit der Maus auf das Symbol vor dem Dateinamen klicken, können Sie im aufspringenden Kontextmenü den Befehl BEARBEITEN aufrufen, um die Datei in ein Editierfeld zu laden.

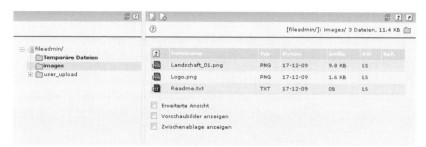

Abb. 10.4: Auflistung der Dateien im Verzeichnis images

Weitere Operationen im Modul Datei/Dateiliste

Im Modul DATEI/DATEILISTE können Sie Verzeichnisse und Dateien nicht nur anlegen, Sie können sie auch bearbeiten, umbenennen oder löschen. Tabelle 10.1 gibt Ihnen eine Übersicht über die wichtigsten Operationen:

Operation	Beschreibung
Datei bearbeiten	Befehl BEARBEITEN im Kontextmenü der Datei (Achtung! Die direkte Dateibearbeitung im Backend wird derzeit nur für Textdateien (*.txt*, *.html*, *.css*, *.php* etc.) unterstützt.)
	Wählen Sie im Verzeichnisbaum das Verzeichnis aus, in dem die Datei steht. Klicken Sie dann im Arbeitsbereich auf das Symbol vor der Datei (siehe Abbildung 10.4) und wählen Sie den Befehl BEARBEITEN aus.
	Die Bearbeitung erfolgt dann direkt in einem Editierfeld der Backend-Eingabemaske.

Tabelle 10.1: Auswahl wichtiger Operationen im Modul DATEI/DATEILISTE

10 Grafikbearbeitung

Tabelle 10.1:
Auswahl wichtiger Operationen im Modul DATEI/DATEILISTE (Forts.)

Operation	Beschreibung
Datei-Info anzeigen	Befehl INFO im Kontextmenü der Datei
	Wählen Sie im Verzeichnisbaum das Verzeichnis aus, in dem die Datei steht. Klicken Sie dann im Arbeitsbereich auf das Symbol vor der Datei (siehe Abbildung 10.4) und wählen Sie den Befehl INFO aus.
	Für Bilder wird neben den Pixelabmaßen und der Dateigröße auch eine Vorschau angezeigt, die größer ist als die Vorschau im Arbeitsbereich (Option VORSCHAUBILDER ANZEIGEN).
Datei umbenennen	Befehl UMBENENNEN im Kontextmenü der Datei
Verzeichnis umbenennen	Befehl UMBENENNEN im Kontextmenü des Verzeichnisses
	Expandieren Sie im Verzeichnisbaum die *fileadmin*-Hierarchie, bis das Verzeichnis angezeigt wird. Klicken Sie dann auf das Symbol vor dem Verzeichnis und wählen Sie den Befehl UMBENENNEN aus.
Datei löschen	Befehl LÖSCHEN im Kontextmenü der Datei.
Verzeichnis löschen	Befehl LÖSCHEN im Kontextmenü des Verzeichnisses
	Expandieren Sie im Verzeichnisbaum die *fileadmin*-Hierarchie, bis das Verzeichnis angezeigt wird. Klicken Sie dann auf das Symbol vor dem Verzeichnis und wählen Sie den Befehl LÖSCHEN aus.
	Achtung! Per Voreinstellung können Sie nur leere Verzeichnisse löschen. Wie Sie die Site-Konfiguration ändern, um beliebige Verzeichnisse löschen zu können, lesen Sie in Kapitel 11.6.

10.1.2 Dateiverwaltung mit dem Element-Browser

Der Element-Browser von TYPO3 fasst die wichtigsten Operationen des Moduls DATEI/DATEILISTE noch einmal in einem einzigen Dialogfenster zusammen, welches Sie unter anderem über die MEDIEN-Registerkarte aufrufen können, die beim Bearbeiten oder Anlegen von Inhaltselementen mit Bild- oder Medienkomponente angezeigt wird (siehe Abbildung 10.5). Das Fenster des Element-Browsers gliedert sich in drei Bereiche.

Abb. 10.5:
Ein Klick auf das Ordnersymbol ruft den Element-Browser auf

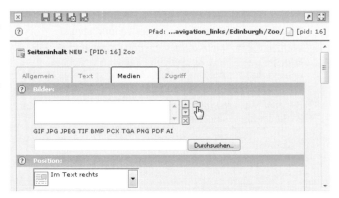

Verzeichnisbaum

Hier können Sie eine oder mehrere Dateien auswählen. Klicken Sie im Verzeichnisbaum auf ein Verzeichnis, um sich rechter Hand eine Auflistung der enthaltenen Dateien anzeigen zu lassen.

Eine einzelne Datei wählen Sie aus, indem Sie einfach auf den Dateinamen klicken. Um mehrere Dateien gleichzeitig auszuwählen, markieren Sie die Kontrollkästchen vor den Dateinamen und klicken anschließend auf AUSWAHL IMPORTIEREN.

Befindet sich die gewünschte Datei offensichtlich noch nicht im *fileadmin*-Verzeichnis, können Sie sie direkt im unteren Bereich des Element-Browsers nachladen.

Wenn Sie GraphicsMagick installiert haben, können Sie sich durch Setzen der gleichnamigen Option VORSCHAUBILDER anzeigen lassen.

Dateien hochladen

Dieser Bereich entspricht in etwa der Eingabemaske zum Hochladen von Dateien des Moduls DATEI/DATEILISTE (siehe 10.1.1, Abschnitt »Dateien hochladen«). Das Zielverzeichnis wählen Sie oben im Fenster im Verzeichnisbaum aus.

Neuer Ordner bzw. neue Datei

Dieser Bereich entspricht in etwa der Eingabemaske zum Anlegen neuer Verzeichnisse des Moduls DATEI/DATEILISTE (siehe 10.1.1, Abschnitt »Unterverzeichnisse anlegen«). Das Zielverzeichnis wählen Sie oben im Fenster im Verzeichnisbaum aus.

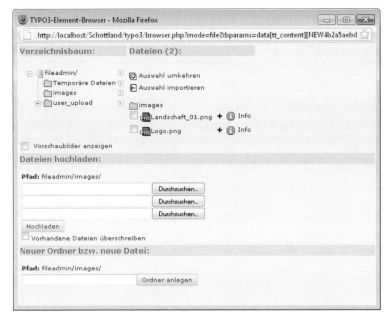

Abb. 10.6:
Das Fenster des Element-Browsers

10.2 Bilder einfügen

Es gibt fünf Wege, Bilder in TYPO3-generierte Seiten einzublenden:

- die Inhaltselemente BILD und TEXT M/BILD
- das TypoScript-Objekt IMAGE
- durch Import einer Seitenressource
- mittels einer Designvorlage
- durch direkte Erzeugung mit TypoScript (siehe Abschnitt 10.3)

10.2.1 Inhaltselemente Bild und Text m/Bild

Bilder, die Sie für ein Inhaltselement über die Registerkarte MEDIEN auswählen, kopiert TYPO3 automatisch vom Ursprungsort in das Verzeichnis *uploads/pics*.

Stellt TYPO3 dabei fest, dass sich bereits eine gleichnamige Datei in dem *uploads/pics*-Verzeichnis befindet, erweitert es den Dateinamen um eine zweistellige Nummerierung. Wenn Sie also z.B. ein Bild *fileadmin/images/konterfei.png* für zwei Inhaltselemente auswählen, befinden sich danach in dem *uploads/pics*-Verzeichnis zwei Dateien *konterfei.png* und *konterfei_01.png*.

TYPO3 arbeitet nur mit den Kopien im *uploads/pics*-Verzeichnis. Wenn Sie auf diese Zugriff haben, können Sie sie bei Bedarf also direkt nachbearbeiten (auch mit einem externen Grafikprogramm). Wenn Sie dagegen eine Bilddatei im *fileadmin*-Verzeichnis nachträglich verändern, müssen Sie das Bild in alle Inhaltselemente, die es verwenden, neu einbinden.

Stellt TYPO3 fest, dass ein Bild noch angepasst werden muss, beispielsweise in Bezug auf die gewünschten Abmaße, zur Reduzierung der Dateigröße oder zur Generierung von Effekten, wird auf Basis der Bilddatei im *uploads/pics*-Verzeichnis eine Kopie erstellt, nachbearbeitet und in dem Verzeichnis *typo3temp* (oder einem Unterverzeichnis) abgelegt.

10.2.2 TypoScript

Bilder, die Sie im Code eines Templates in ein IMAGE-Objekt laden, werden weder automatisch kopiert, noch automatisch nachbearbeitet.

```
page.10 = IMAGE
page.10 {
    file = fileadmin/images/landschaft.png
}
```

Das Bild wird also immer von dem Pfad geladen, den Sie im TypoScript-Code für die file-Eigenschaft angeben.

Die Abmaße können Sie über die Eigenschaft file anpassen:

```
page.10 = IMAGE
page.10 {
   file = fileadmin/images/landschaft01.JPG
   file.width = 200
   file.height = 100
}
```

Außerdem können Sie Rahmenbreite, alternativen Text und QuickInfo-Text über die Image-Eigenschaften border, altText und titleText einstellen. Weitere Attribute können Sie dem <img>-Tag über die Eigenschaft params zuweisen:

```
page.10 = IMAGE
page.10 {
   file = fileadmin/images/landschaft03.png
   params = hspace="100" vspace="100"
   altText = "Landschaftsbild"
}
```

Beachten Sie, dass Sie der Eigenschaft params nur einmal zuweisen können (weisen Sie also alle gewünschten Attribute mit einem Mal zu). Der Versuch, über params die Attribute width und height zu beeinflussen, ist fruchtlos, da dies lediglich zu einer Doppeldefinition führt, die von den Browsern in der Regel ignoriert wird. (Das IMAGE-Objekt leitet die Werte für width und height automatisch aus der Bilddatei ab.)

Bildressourcen

Bilder, die Sie als Ressourcen in ein Template aufnehmen (siehe Kapitel 5.3.4), werden von TYPO3 in das Verzeichnis *uploads/tf* kopiert. Von dort können Sie die Bilddateien durch Angabe des Dateinamens in ein IMAGE-Objekt laden:

```
page.10 = IMAGE
page.10 {
   file = landschaft03.png
   params = hspace="100" vspace="100"
   altText = "Landschaftsbild"
}
```

10.2.3 Seitenressource

Um einer Seite ein Bild als Ressource beizufügen, wählen Sie im Modul WEB/SEITE die Seite im Seitenbaum aus und klicken auf die Schaltfläche SEITENEIGENSCHAFTEN BEARBEITEN. Nach einem Wechsel zur Registerkarte RESSOURCEN können Sie dann über das Ordnersymbol eine oder mehrere Bilddateien auswählen.

Eine so zur Seitenressource erhobene Bilddatei wird von TYPO3 automatisch in das Verzeichnis *uploads/media* kopiert. Von dort kann das Bild via Import in ein IMAGE-Objekt geladen werden:

```
page.10 = IMAGE
page.10 {
    # Verzeichnis, aus dem importiert wird
    file.import = uploads/media/

    # der Dateiname wird dem pages-Feld media entnommen
    file.import.field = media

    # nimm aus dem Feld media den ersten (0) Eintrag
    file.import.listNum = 0
}
```

Beachten Sie aber, dass dieser Template-Code möglicherweise an untergeordnete Seiten weitervererbt wird, die keine Bildressourcen, sprich keine Einträge im Datenbankfeld media enthalten. Auf diesen Seiten wird dann natürlich auch kein Bild angezeigt – es sei denn, Sie legen z.B. fest, dass TYPO3 in den übergeordneten Seiten nach passenden media-Einträgen suchen soll:

```
page.10 = IMAGE
page.10 {
    # Verzeichnis, aus dem importiert wird
    file.import = uploads/media/

    # der Dateiname wird dem pages-Feld media entnommen
    # gibt es dort keinen passenden Eintrag, suche
    # in der übergeordneten Seite
    file.import.data = levelmedia: -1, slide

    # nimm aus dem Feld media den ersten (0) Eintrag
    file.import.listNum = 0
}
```

Mit dieser Technik können Sie von einer übergeordneten Seite aus ein Bild vorgeben, das grundsätzlich auf allen untergeordneten Seiten erscheint. (Der Template-Code muss in diesem Fall mit der übergeordneten Seiten verbunden sein.) Möchten Sie dann auf einer untergeordneten Seite ein anderes Bild einblenden, müssen Sie der Seite lediglich das gewünschte Bild als Seitenressource zuweisen. Achten Sie aber darauf, dass der listNum-Wert der Position der Datei im media-Feld entspricht (DATEIEN-Feld in der Registerkarte RESSOURCEN).

10.2.4 Designvorlage

Der statische Teil einer HTML-Designvorlage – soweit er vom Template übernommen wird – findet sich unverändert in den generierten Seiten wieder. Verweise auf Bilddateien, die in diesem HTML-Code enthalten sind, werden daher direkt übernommen. Sie müssen allerdings darauf achten, dass die Pfade (absolut oder relativ) nicht nur für die Original-Vorlage, sondern auch für die später erzeugten Webseiten stimmen:

```
<body>
<!-- ###DOKUMENT### start -->
   <div>
      <h1>Das Elsass</h1>
      <img src="fileadmin/images/landschaft01.png"
         width="400" height="100"
         border="1" alt="Elsass" />
   </div>
...
```

10.2.5 Übersicht

Tabelle 10.2: Einfügetechniken

Einfügen über	Code	Kopieren	automat. Bearbeitung
Inhaltselement	BILD oder BILD M/TEXT	nach *uploads/pics*	ja
TypoScript	IMAGE-Objekt mit Pfadangabe	–	über file-Eigenschaft
Bildressource	IMAGE-Objekt ohne Pfadangabe	nach *uploads/tf*	über file-Eigenschaft
Seitenressource	IMAGE-Objekt und Import	nach *uploads/media*	über file-Eigenschaft
Designvorlage	<img src="" />	–	nein

10.3 Bilder mit TypoScript generieren

Mithilfe des TypoScript-Objekts GIFBUILDER können Sie Grafiken direkt im TypoScript-Code erzeugen.

GIFBUILDER erzeugt allerdings nur die Grafik, für die Ausgabe der Grafik benötigen Sie ein IMAGE-Objekt:

```
page.10 = IMAGE
page.10.file = GIFBUILDER
page.10.file {
   XY = 300,100
   backColor = #9F2727
}
```

10 Grafikbearbeitung

Für komplexere Grafiken oder Grafiken, die mehrfach verwendet werden, empfiehlt es sich, die Grafik zunächst separat aufzubauen und dann dem (oder den) IMAGE-Objekt(en) zuzuordnen:

```
demoBild = GIFBUILDER
demoBild {
   XY = 300,100
   backColor = #9F2727
}

page.10 = IMAGE
page.10.file < demoBild
```

GIF oder JPEG Das Bild wird automatisch generiert und als GIF-Datei im *typo3temp*-Verzeichnis abgespeichert. Wenn Sie lieber eine JPEG-Datei generieren möchten, weisen Sie der format-Eigenschaft des GFIBUILDER-Objekts den Wert jpg zu und stellen Sie die Qualität ein. Für die Qualität können Sie einen Wert zwischen 10 (maximale Komprimierung, schlechteste Bildqualität) und 100 (keine Komprimierung, optimale Bildqualität) auswählen. Wenn Sie keine Angabe für quality machen, verwendet TYPO3 den Standardwert 70:

Listing 10.1: Erzeugung einer Grafik (Sonstiges/ Grafiken_01.ts)

```
demoBild = GIFBUILDER
demoBild {
   XY = 300,100
   backColor = #9F2727
   format = jpg
   quality = 90
}

page.10 = IMAGE
page.10.file < demoBild
```

Abb. 10.7: Mittels Typo- Script erzeugtes Bild (rotbraunes Rechteck)

Weitere interessante Eigenschaften des GIFBUILDER-Objekts sind reduceColors, transparentBackground, transparentColor, offset, workArea, maxHeight und maxWidth. Außerdem können dem GIFBUILDER-Objekt über die 1,2,3-Eigenschaft Unterobjekte wie z.B. Text (TEXT), Kästen (BOX), Effekte (EFFECT) oder Bilder (IMAGE) zugewiesen werden.

10.3.1 Text einblenden

Mithilfe des GIFBUILDER-Unterobjekts TEXT, das im Übrigen nichts mit dem TEXT-Objekt zu tun hat, mit dem wir Textpassagen in Webseiten ausgeben, können Sie Texte in Grafiken zeichnen.

```
demoBild = GIFBUILDER
demoBild {
  XY = 600,100
  backColor = #9F2727

  offset = 10,80
  10 = TEXT
  10.text.field = subtitle // title
  10.fontFile = fileadmin/fonts/arial.ttf
  10.fontSize = 24
  10.fontColor = white
  10.niceText = 0
}

page.10 = IMAGE
page.10.file < demoBild
```

Listing 10.2: Erzeugung einer Grafik mit Text (Sonstiges/Grafiken_02.ts)

Hier wird der Untertitel (ersatzweise der Titel) der aktuellen Seite als TEXT-Objekt in die Grafik demoBild eingezeichnet. Damit der Schriftzug überhaupt zu sehen ist, sind diverse Einstellungen nötig:

- Zunächst einmal muss der offset festgelegt werden. Der Offset (Versatz) gibt an, um wie viele Pixel die eingezeichneten Objekte vom Ursprung der Grafik (linke obere Ecke) aus gesehen verschoben sind. (Bezugspunkt für die Verschiebung ist bei TEXT-Objekten die untere linke Ecke, bei anderen Objekten die obere linke Ecke.)

  Im obigen Beispiel beträgt die Verschiebung 10 Pixel nach rechts und 80 Pixel nach unten. Würden wir keinen Offset angeben, würde der Schriftzug über dem oberen Rand der Grafik liegen und damit nicht mehr sichtbar sein.

- Weiterhin muss eine Schriftdatei (fontFile) ausgewählt werden (hier *fileadmin/fonts/arial.ttf*).

  Wenn Sie Schriftdateien kopieren (unter Windows beispielsweise aus dem Verzeichnis *<Windows>/Fonts*), denken Sie daran, dass diese womöglich lizenzrechtlich geschützt sind.

  Schließlich legen wir noch Schriftgröße (fontSize) und Schriftfarbe (fontColor) fest und schalten die Schriftenglättung (niceText) aus.[1]

---

1. Um die Schriftenglättung einzuschalten, muss niceText auf den Wert 1 gesetzt werden. In der TYPO3-Version 4.3.0 scheint es aber diesbezüglich einen Bug zu geben, der dazu führt, dass bei eingeschalteter Schriftenglättung überhaupt kein Text gerendert wird. Wir setzen daher niceText auf 0.

Abb. 10.8:
Mittels Typo-
Script erzeugtes
Bild (rotbraunes
Rechteck mit
Schriftzug)

Die Eigenschaft offset gehört zum GIFBUILDER-Objekt und gilt für **alle** eingezeichneten Unterobjekte. Die einzelnen Unterobjekte verfügen zusätzlich über eigene Eigenschaften (offset, dimensions), mit denen sie noch einmal relativ zum Offset des GIFBUILDER-Objekts verschoben werden können.

10.3.2 Schatten erzeugen

Mithilfe der TEXT-Eigenschaft shadow können Sie für einen Schriftzug einen Schatten erzeugen. Der Schatten wird einfach durch Verdoppelung des Schriftzugs erzeugt. Versatz und Farbe des Schattens können Sie festlegen:

Listing 10.3:
Text mit Schattenwurf (aus Sonstiges/Grafiken_03.ts)

```
10 = TEXT
10.text.field = subtitle // title
10.fontFile = fileadmin/fonts/arial.ttf
10.fontSize = 24
10.fontColor = white
10.niceText = 0

10.shadow.offset = 5,5
10.shadow.color = black
```

Abb. 10.9:
Mittels Typo-
Script erzeugtes
Bild mit Text
und Schatten

10.3.3 Linien und Rechtecke

Mithilfe des GIFBUILDER-Unterobjekts Box können Sie Rechtecke und Linien in ein Bild einzeichnen. Der folgende Code z.B. schließt an den Schriftzug aus Abbildung 10.9 eine weiße Linie an:

Listing 10.4:
Grafik mit
Schriftzug
und Linie
(Sonstiges/
Grafiken_04.ts)

```
page = PAGE

demoBild = GIFBUILDER
demoBild {
    XY = 600,100
    backColor = #9F2727

    offset = 10,80
    10 = TEXT
    10.text.field = subtitle // title
```

```
    10.fontFile = fileadmin/fonts/arial.ttf
    10.fontSize = 24
    10.fontColor = white
    10.niceText = 0

    10.shadow.offset = 5,5
    10.shadow.color = black

    20 = BOX
    20.dimensions = 20+[10.w],-2,600-[10.w]-40,1
    20.color = white
}

page.10 = IMAGE
page.10.file < demoBild
```

Das Interessanteste an diesem Code ist zweifelsohne der Wert für die Eigenschaft dimensions. Diese erwartet eine durch Kommata getrennte Liste von Angaben zu

- Versatz nach rechts (im Beispiel 20+[10.w])
- Versatz nach unten (im Beispiel -2)
- Breite (im Beispiel 600-[10.w]-40)
- Höhe (im Beispiel 1)

Dabei steht [10.w] für die Breite (engl. »width«) des Unterobjekts 10. Entsprechend wäre [20.h] die Höhe (engl. »height«) des Unterobjekts 20. Auf diese Weise kann man Unterobjekte relativ zu anderen Unterobjekten ausrichten oder dimensionieren, was für den dynamischen Aufbau von Grafiken sehr nützlich sein kann.

Beachten Sie, dass der Versatz vom offset des GIFBUILDER-Objekts aus gerechnet wird! Daher z.B. der negative vertikale Versatz, der dafür sorgt, dass die Linie etwas höher liegt als der Schriftzug.

Abb. 10.10:
Mittels Typo-Script erzeugtes Bild mit Text und Linie

10.3.4 Bilder einblenden

Mithilfe des GIFBUILDER-Unterobjekts IMAGE, das im Übrigen nichts mit dem IMAGE-Objekt zu tun hat, mit dem wir Bilder in Webseiten ausgeben, können Sie Bilder in Grafiken einzeichnen.

```
demoBild = GIFBUILDER
demoBild {
    XY = 600,100
    backColor = #9F2727
```

```
    offset = 10,80
    10 = IMAGE
    10.file = fileadmin/images/pic01.jpg
}
```

```
page.10 = IMAGE
page.10.file < demoBild
```

Wenn Sie möchten, können Sie über die Eigenschaft mask sogar eine zweite Bilddatei angeben, die als Maske für die Einblendung des eigentlichen Bildes dient. Oder Sie benutzen die Eigenschaft tile, um die Grafik mit dem geladenen Bild zu kacheln:

```
10 = IMAGE
10.file = fileadmin/images/pic01.jpg
10.tile = 2,4
```

10.4 Fragen und Übungen

1. Zählen Sie fünf Wege auf, wie Sie in TYPO3 eine Grafik in eine Webseite ausgeben können.
2. Wie können Sie die Bildabmaße für ein Bild, das Sie in ein IMAGE-Objekt laden, nachträglich ändern? Ändern Sie damit auch die Dateigröße?
3. Erzeugen Sie mithilfe von TypoScript die Grafik aus Abbildung 10.11.

   Recherchieren Sie dazu in der offiziellen TypoScript-Referenz oder im Internet, wie Sie mithilfe des GIFBUILDER-Unterobjekts EFFECT einen Unschärfe-Effekt erzielen können.

Abb. 10.11: Versuchen Sie, diese Grafik mit TypoScript nachzustellen.

KAPITEL 11

Tipps und hilfreiche Techniken

jetzt lerne ich

Sie haben nun die wichtigsten TYPO3-Konzepte kennengelernt. Sie wissen, wie Sie in TYPO3 eigene Ideen für Websites umsetzen können. Sie haben sich mit dem Backend vertraut gemacht und Sie haben gelernt, mit TYPO3 dynamische Inhalte wie Menüs oder Klickpfade zu erstellen.

Alles in allem sollten Sie also bestens gerüstet sein, sich auf eigene Faust weiter in die Welt von TYPO3 einzuarbeiten, und es bleibt mir nur noch, Ihnen ein paar abschließende Tipps und praktische Techniken mit auf den Weg zu geben.

11.1 Papierkorb anlegen

In TYPO3 können Sie sich ganz einfach einen Papierkorb basteln, in den Sie nicht mehr benötigte Seiten und Inhaltselemente entsorgen können, ohne dass diese gleich endgültig gelöscht werden. Sie können sogar beliebig viele solcher Papierkörbe anlegen, da ein solcher Papierkorb nichts anderes als eine virtuelle Seite vom Typ *Papierkorb* ist.

Um eine Seite in einen solchen Papierkorb zu verschieben, ziehen Sie die zu löschende Seite in der Seitenbaumansicht auf die Papierkorb-Seite und fügen Sie sie unter der Papierkorb-Seite ein. Um die Seite wiederherzustellen, verschieben Sie sie einfach wieder an die gewünschte Stelle im Seitenbaum.

Um ein Seiteninhaltselement in den Papierkorb zu verschieben, wählen Sie im Seitenbaum die Seite mit dem Inhaltselement aus, wechseln gegebenenfalls in die Spaltenansicht und klicken auf das Symbol des Inhaltselements, um das Kontextmenü aufzurufen. In dem Menü wählen Sie den Befehl WEITERE EINSTELLUNGEN/ELEMENT VERSCHIEBEN aus. In der erscheinenden Eingabemaske wählen Sie zuerst die Papierkorb-Seite und dann die Einfüge-Position auf der Papierkorb-Seite aus. Um das Seiteninhaltselement wiederherzustellen, gehen Sie analog vor.

Recycler

Ab Version 4.3 gibt es auch die Möglichkeit, gelöschte Inhaltselemente über das Recycler-Plugin wiederherzustellen. Der Recycler nutzt dabei den Umstand, dass TYPO3 einmal angelegte Datensätze (beispielsweise für Seiten oder Inhaltselemente) in der Regel nicht löscht, sondern einfach nur ignoriert. Mit dem Recycler haben Sie nun die Möglichkeit, diese Datensätze wahlweise wieder hervorzuholen (d.h. an ursprünglicher Stelle zu rekonstruieren) oder ganz aus den Datenbanktabellen zu löschen.

Um die Recycler-Erweiterung zu installieren, wechseln Sie in das Modul ADMINWERKZEUGE/ERW-MANAGER und wählen im Listenfeld oben die Option *Erweiterungen installieren* aus. Danach müssen Sie nur noch in der Tabelle BACKEND-MODULE auf das Kugelsymbol mit dem Pluszeichen vor dem Recycler-Eintrag klicken. Der Recycler ist daraufhin installiert und wird bei der nächsten Anmeldung als Modul im Bereich WEB angezeigt.

Abb. 11.1: Für die Seite_1 mit der PID 4 zeigt der Recycler zwei gelöschte Textelemente und eine gelöschte untergeordnete Seite an.

Beachten Sie, dass Sie mit dem Recycler – anders als mit Seiten vom Typ *Papierkorb* – gelöschte Elemente nur an ihrem Ursprungsort wiederherstellen können. Mit anderen Worten, Sie können nur Inhaltselemente und untergeordnete Seite rekonstruieren, deren übergeordnete Seite (identifiziert durch die PID) noch im Seitenbaum zu finden ist.

Beim Wiederherstellen gehen Sie daher auch so vor, dass Sie ins Modul WEB/RECYCLER wechseln und als Erstes im Seitenbaum die Ursprungsseite auswählen (in Abbildung 11.1 wäre dies *Seite_1*). Dann wählen Sie im Arbeitsbereich die RekursionsTIEFE (sollen nur die Elemente der ausgewählten Seite oder auch Elemente von untergeordneten Seiten angezeigt werden) und die Tabelle aus, in der sich die zu rekonstruierenden Datensätze befinden (wahlweise *Seite*, *Seiteninhalt* oder *All tables*). Anschließend markieren Sie die Kontrollkästchen der zu rekonstruierenden Datensätze und klicken in der unteren Leiste auf die Schaltfläche UNDELETE.

11.2 Caching ausschalten

Um sicherzugehen, dass die im Browser angezeigte Webseite tatsächlich dem aktuellen Bearbeitungsstand entspricht, ist es unter Umständen notwendig, die Caches zu leeren (Blitzsymbol in Titelleiste) und die Webseite danach neu aufzurufen (Aktualisierungs-Befehl des Browsers oder Lupensymbol im Backend).

Während des Aufbaus einer Site können Sie das Caching mittels TypoScript auch permanent ausschalten.

1. Wechseln Sie dazu in das Modul WEB/TEMPLATE und klicken Sie im Seitenbaum auf den Titel der Root-Seite.
2. Wählen Sie im Arbeitsbereich im Listenfeld unter der TYPO3-Titelleiste die Option *Info/Bearbeiten* aus.
3. Klicken Sie in der Übersichtstabelle auf das Bleistiftsymbol der KONFIGURATION-Zeile, um das Eingabefeld zur Bearbeitung des TypoScript-Codes zu laden.
4. Fügen Sie oben im KONFIGURATION-Feld folgende Zeile ein:

   ```
   config.no_cache = true
   ```

11.3 E-Mail-Adressen verschlüsseln

Um E-Mail-Adressen vor dem Ausspionieren durch Webroboter zu schützen, können Sie sie via TypoScript verschlüsseln lassen.

Sie müssen dazu lediglich im Template-Code folgende Zeile einfügen:

```
config.spamProtectEmailAddresses = 1
```

Beim Rendern einer Seite werden dann automatisch alle in der Seite enthaltenen E-Mail-Adressen mittels JavaScript verschlüsselt.

11.4 Shortcuts einrichten

Manche häufiger benötigten Eingabemasken sind tief in der Klickhierarchie des TYPO3-Backends vergraben. Um diese schneller zu erreichen, können Sie Verweise (*shortcuts*) auf Eingabemasken einrichten.

Abb. 11.2: Verweise auf Eingabemasken

Sie müssen dazu nur die gewünschte Eingabemaske aufrufen und rechts oben auf die Schaltfläche mit dem Pfeilsymbol klicken (siehe Abbildung 11.1).

Später können Sie die Eingabemaske dann jederzeit über das Shortcuts-Listenfeld ansteuern. Um das Listenfeld zu öffnen, klicken Sie einfach auf das Pfeilsymbol in der TYPO3-Titelleiste (neben dem Blitzsymbol). Anschließend wählen Sie die gewünschte Verknüpfung aus (oder klicken erneut auf das Pfeilsymbol, um das Listenfeld zu schließen).

Ein Shortcut ist grundsätzlich eine Kombination aus Eingabemaske und Seite. Manche Eingabemasken sind allerdings nicht direkt verknüpfbar. In solchen Fällen führt der Shortcut zu einer übergeordneten Eingabemaske, von der aus die gewünschte Maske in der Regel mit einem Klick zu erreichen ist.

11.5 Benutzer anlegen

Eine der besonderen Stärken von TYPO3, auf die wir noch so gut wie gar nicht zu sprechen gekommen sind, ist die Benutzerverwaltung.

Solange Sie allein an einer TYPO3-Site arbeiten, spielt die Benutzerverwaltung für Sie nur eine untergeordnete Rolle. Sie werden vermutlich die Backend-Sprache umstellen (siehe Kapitel 1.4), vielleicht auch die Option zum rekursiven Löschen von Verzeichnissen aktivieren (siehe Abschnitt 11.6) und ansonsten die Vorzugsrechte genießen, die Ihnen Ihr Status als Administrator einräumt.

TYPO3 unterstützt aber auch die Bearbeitung einer Site durch mehrere Benutzer mit verteilten Rollen: Administratoren, die unbeschränkten Zugriff auf die Site haben, Designer, die sich ganz auf eine Seite oder einen Teil-Seitenbaum konzentrieren, Redakteure, die die fertige Site pflegen, und so weiter. Diese »Rollen« werden in TYPO3 in Form von Benutzergruppen definiert.

Neue Benutzergruppe

Um eine neue Benutzergruppe (»Rolle«) zu definieren, klicken Sie im Seitenbaum auf das Weltkugelsymbol und wählen den Befehl NEU aus. Anschließend klicken Sie im Arbeitsbereich auf die Option BACKEND-BENUTZERGRUPPE und legen fest, wie das Backend für die Benutzer dieser Gruppe aussehen soll.

Weisen Sie der Gruppe einen Namen zu (z.B. »Redakteure«) und legen Sie auf der Registerkarte ZUGRIFFSLISTE – nach Aktivierung der Option ZUGRIFFSLISTEN MIT EINSCHLIESSEN – fest,

- welche Backend-Module für die Benutzer dieser Gruppe angezeigt werden sollen,
- welche Tabellen für sie einsehbar bzw. bearbeitbar sein sollen,
- welche Seitentypen sie anlegen/bearbeiten dürfen,

- welche Felder in den Eingabemasken angezeigt werden sollen und
- welche Feldwerte erlaubt oder verboten sind.

Anschließend wählen Sie auf der Registerkarte Freigaben und Arbeitsumgebungen aus, welche Teil-Seitenbäume und Teil-Verzeichnisbäume den Benutzern angezeigt werden sollen (Felder Datenbankfreigaben und Verzeichnisfreigaben).

Neuer Benutzer

Um einen neuen Benutzer anzulegen, klicken Sie im Seitenbaum auf das Weltkugelsymbol und wählen den Befehl Neu aus. Anschließend klicken Sie im Arbeitsbereich auf die Option Backend-Benutzer.

Auf der Registerkarte Allgemein legen Sie insbesondere Benutzername, Passwort und Benutzergruppe fest.

Um einen Benutzer zum Administrator mit uneingeschränkten Rechten zu erheben, markieren Sie das Kontrollkästchen Admin(!).

Ansonsten können Sie auf den Registerkarten Zugriffsrechte und Freigaben und Arbeitsumgebungen die Vorgaben der Benutzergruppe noch einmal anpassen.

Zugriffsrechte einräumen

Wenn ein Benutzer neue Seiten anlegt, weist TYPO3 ihm und seiner Benutzergruppe automatisch passende Zugriffsrechte auf diese Seite zu. Dies gilt selbstverständlich auch für die Seiten, die Sie als Administrator Ihrer Site angelegt haben.

Wenn Sie also weitere Benutzer anlegen, die Ihre Seiten bearbeiten sollen, müssen Sie diesen Benutzern (Benutzergruppen) nicht nur Backend-Rechte einräumen, sondern auch Zugriffsrechte auf die einzelnen Seiten.

Wechseln Sie dazu in das Modul Web/Zugriff und klicken Sie auf den Sitenamen (neben dem Weltkugelsymbol). Im Arbeitsbereich erscheint daraufhin die Eingabemaske Rechte, in der Sie für jede einzelne Seite Zugriffsrechte vergeben können.

Benutzerübersicht

Um sich eine Übersicht darüber zu verschaffen, welche Benutzer für eine Site angelegt sind, wechseln Sie in das Modul Web/Liste und klicken auf den Namen der Site (neben dem Weltkugelsymbol). Im Arbeitsbereich erscheint die Tabelle der Backend-Benutzer.

Achten Sie auf die Hemden der Benutzer. Administratoren tragen blaue Hemden, alle anderen grüne Hemden.

11.6 Seiten rekursiv löschen

Falls Sie einmal versuchen sollten, im Modul WEB/SEITE eine Seite zu löschen, zu der es untergeordnete Seiten gibt, werden Sie vermutlich eine Fehlermeldung ernten, die Sie darauf hinweist, dass Sie für den Vorgang keine Berechtigung besitzen.

Sofern Sie die Berechtigung haben, Ihre Benutzerrechte zu ändern, können Sie das rekursive Löschen von Seiten wie folgt erlauben:

1. Wechseln Sie in das Modul BENUTZERWERKZEUGE/EINSTELLUNGEN.
2. Aktivieren Sie auf der Registerkarte BEARBEITEN UND ERWEITERTE FUNKTIONEN die Option REKURSIVES LÖSCHEN.
3. Speichern Sie Ihre Einstellungen durch Klick auf die Schaltfläche KONFIGURATION SPEICHERN.

11.7 Arbeitsumgebungen

Vielleicht ist Ihnen bereits in der TYPO3-Titelleiste das Symbol ARBEITSUMGEBUNG aufgefallen. Vielleicht haben Sie das Symbol auch schon einmal angeklickt und festgestellt, dass es zwei Arbeitsumgebungen namens *LIVE-Arbeitsumgebung* und *Entwurfsarbeitsumgebung* gibt.

Die Bedeutung dieser verschiedenen Arbeitsumgebungen wird schnell klar, wenn man sich ins Gedächtnis ruft, dass mit TYPO3 in der Regel ja Websites bearbeitet werden, die auf einem Produktionsserver liegen und vom Internet aus erreichbar sind.

In der LIVE-Arbeitsumgebung werden alle Änderungen, die Sie an der Site und ihren Seiten vornehmen, direkt, »live«, im Internet sichtbar. Für kleinere Änderungen mag dies angehen, bei größeren Überarbeitungen oder Veränderungen, deren Auswirkungen Sie erst einmal in Ruhe begutachten möchten, empfiehlt es sich hingegen, diese erst einmal unter Ausschluss der Öffentlichkeit in einer Entwurfsarbeitsumgebung vorzunehmen. So können Sie in Ruhe arbeiten und testen, um anschließend, wenn die Arbeiten abgeschlossen sind, die Änderungen in die Live-Website zu übertragen.

Die grundlegende Arbeit mit Entwurfsarbeitsumgebungen sieht so aus, dass Sie über das Listenfeld in der TYPO3-Titelleiste in die Entwurfsarbeitsumgebung wechseln. Wenn Sie danach im Seitenbaum des Moduls WEB/SEITE eine Seite auswählen, sehen Sie in der SEITENINHALT-Eingabemaske oben eine Schaltfläche NEW VERSION OF PAGE. Durch Klick auf diese Schaltfläche erstellen Sie eine Kopie der Seite. (Die Originalseiten können Sie in der Entwurfsarbeitsumgebung nicht verändern.) Diese Kopie können Sie beliebig bearbeiten und anschließend durch Klick auf die Schaltfläche PUBLISH PAGE veröffentlichen.

11.8 Backend konfigurieren

Gegen Ende dieses Buches kommen wir noch einmal auf das Tool zurück, mit dem alles begonnen hat: das Installations-Tool. Mit seiner Hilfe werden nämlich nicht nur neue Sites eingerichtet. Es dient auch der Konfiguration und Verwaltung bestehender Sites.

Ans Herz legen möchte ich Ihnen insbesondere die Rubrik ALL CONFIGURATION, hinter der sich eine Vielzahl von Parametern und Einstellmöglichkeiten versteckt. Ein kleiner Streifzug durch die verschiedenen Optionen soll dies belegen:

Rufen Sie das Installations-Tool auf (Modul ADMINWERKZEUGE/INSTALLATION). Melden Sie sich an[1] und klicken Sie mit der Maus auf die Option 5: ALL CONFIGURATION.

Scrollen Sie nach unten. Den Anfang bilden die Grafikeinstellungen (Bereich [GFX]).

- Über [THUMBNAILS] können Sie z.B. die Generierung von Thumbnails (Vorschauen auf Bilder) für die Backend-Eingabemasken ein- und ausschalten.
- Und unter [JPG_QUALITY] stellen Sie die Standardqualität für die von TYPO3 erzeugten JPEG-Grafiken ein (Wert zwischen 10 und 100).

Die meisten Grafikfunktionen sind auf ImageMagick bzw. GraphicsMagick angewiesen (siehe Anhang C.3). In den Erläuterungen zu den Grafikoptionen werden ImageMagick/GraphicsMagick meist durch das Akronym IM abgekürzt.

Unter den Grafikeinstellungen folgen die Systemparameter.

- Über [SITENAME] können Sie den Site-Namen ändern.
- Über [DDMMYY] und [HHMM] können Sie die Formate für Datums- und Uhrzeitangaben ändern.

Auf die Systemparameter folgen Einstellungen zu den Erweiterungen [EXT], dem Backend [BE] und dem Frontend [FE]. Interessant sind hier z.B.:

- [SESSIONTIMEOUT] – die Zeit in Sekunden bis zur Neuanmeldung
- [ADMINONLY] – die Option zum »Herunterfahren« der Site im Falle größerer Wartungsarbeiten
- [MAXFILESIZE] – die maximale Dateigröße für Dateioperationen im Backend
- [TIDY] [TIDY_PATH] – automatische Überprüfung des ausgegebenen HTML-Codes mit dem Tool *tidy*

---

1. Falls Sie noch kein eigenes Passwort eingerichtet haben, melden Sie sich mit dem Passwort *joh316* an.

Anhang A

Lösungen

Kapitel 1

1. **Falls Sie es noch nicht getan haben, installieren Sie jetzt TYPO3 (und gegebenenfalls auch die nötige Unterstützungsumgebung).**

   Hierzu gibt es keine Lösung. Folgen Sie den Anleitungen in Kapitel 1 bzw. Anhang C.

2. **Prüfen Sie, ob GraphicsMagick installiert ist und von Ihrer TYPO3-Site verwendet wird.**

   Ob GraphicsMagick auf Ihrem System installiert ist, prüfen Sie am besten mit den Mitteln Ihres Betriebssystems. Schlagen Sie beispielsweise in der Liste der installierten Programme nach, suchen Sie auf der Festplatte nach einem Installationsverzeichnis GraphicsMagick oder öffnen Sie ein Konsolenfenster (unter Windows wäre dies die Eingabeaufforderung aus START/PROGRAMME/ZU-BEHÖR) und schicken Sie den Befehl gm ab (Befehl eintippen und ⏎ drücken). Erscheint daraufhin ein Hilfetext mit der Erklärung des korrekten gm-Aufrufs, ist das Programm installiert.

   Um zu prüfen, ob GraphicsMagick von einer TYPO3-Site genutzt werden kann, melden Sie sich beim Backend der Site an, rufen das Modul ADMIN-WERKZEUGE/INSTALLATION auf und melden sich mit Ihrem Passwort an. (Wenn Sie das Passwort für das Installations-Tool nicht geändert haben, lautet es joh316. Eventuell müssen Sie zuvor im Modul BENUTZERWERKZEUGE/EINSTELLUNGEN, Registerkarte ADMINFUNKTIONEN die Datei *ENABLE_INSTALL_TOOL* anlegen lassen.) Klicken Sie im Menü des Installations-Tools auf 1: BASIC CONFIGURATION und scrollen Sie nach unten bis zum Abschnitt CHECK IMAGE MAGIC, unter dem ein grünes Häkchen und eine Pfadangabe anzeigen sollte, dass Graphics-Magick verwendet wird.

Sollte GraphicsMagick nicht verwendet werden, folgen Sie den Anweisungen aus Anhang C.3, um die TYPO3-Site für die Verwendung von Graphics-Magick zu konfigurieren (und falls notwendig GraphicsMagick zuerst zu installieren).

Kapitel 2

1. **Welches Modul dient dem Erzeugen und Bearbeiten von Webseiten?**

   Das Modul WEB/SEITE.

2. **Was bewirkt ein Klick auf den Titel bzw. das Symbol einer Seite im Seitenbaum?**

   Ein Klick auf den Titel wählt die Seite aus und lädt die Eingabemaske, ein Klick auf das Symbol öffnet das Kontextmenü.

3. **In welchem Verzeichnis liegen die HTML-Dateien für die in TYPO3 erzeugten Seiten?**

   Dies war eine Fangfrage. Es gibt kein solches Verzeichnis, weil TYPO3 gar keine HTML-Dateien aufbaut.

4. **Was sollten Sie tun, wenn TYPO3 Ihre Änderungen anscheinend nicht übernimmt?**

   Löschen Sie die Caches und fordern Sie die betreffende Seite neu an.

5. **Sie ärgern die Warnhinweise auf der Hilfeseite unter HILFE/ÜBER MODULE? Dann folgen Sie den Anweisungen und Links, um die dahinterstehenden Mängel zu beseitigen.**

   Um z.B. ein anderes Passwort für das Installations-Tool einzurichten, rufen Sie das Modul ADMINWERKZEUGE/INSTALLATION auf. Scrollen Sie gegebenenfalls ein wenig nach unten bis zu den Eingabefeldern, tippen Sie dort das neue Passwort zweimal ein und klicken Sie dann auf SET NEW PASSWORD.

   Um z.B. ein anderes Passwort für das Backend einzurichten, rufen Sie das Modul ADMINWERKZEUGE/VEWALTUNG auf. Scrollen Sie nach unten zur Auflistung BENUTZERNAMEN und klicken Sie in der Symbolleiste neben dem Benutzernamen (ADMIN) auf das Bleistiftsymbol. In dem erscheinenden Dialog können Sie ein neues Passwort eintippen. Danach klicken Sie oben auf das Diskettensymbol zum Speichern und Schließen.

Kapitel 3

1. **In welchem Modul legen Sie die Inhaltselemente einer Seite fest?**

   Im Modul WEB/SEITE.

2. **In welchem Modul passen Sie das vom Template erzeugte Layout an?**

   Im Modul WEB/TEMPLATE.

3. **Wie erzeugen Sie ein eigenständiges Überschrift-Inhaltselement?**

   Indem Sie als Inhaltselement NORMALER TEXT auswählen und dann in der Eingabemaske SEITENINHALT NEU den Typ von *Text* in *Überschrift* ändern.

4. **Warum besitzt jedes Inhaltselement eine Überschrift?**

   Alle Inhaltselemente werden in derselben Datenbanktabelle gespeichert (*tt_content*) und verfügen daher über alle nötigen Felder, darunter auch ein Feld für eine Überschrift. Diese sollte man aber zunächst einfach als »Titel« zur Beschreibung des Datensatzes betrachten. Ob diese Elementüberschrift auch als Überschrift in die HTML-Seite ausgegeben wird, können Sie selbst in der Eingabemaske festlegen.

5. **Sehen Sie sich die Liste aller Änderungen an, die Sie in Abschnitt 3.6 vorgenommen haben.**

   Wählen Sie dazu das Modul WEB/TEMPLATE aus und wählen Sie in dem Listenfeld unter der Symbolleiste die Option *Info/Bearbeiten* aus. Anschließend klicken Sie in der erscheinenden Tabelle auf das Bleistiftsymbol zum KONSTANTEN-Eintrag.

6. **Laden Sie den Text der Aufzählung aus der NORMAL-Spalte in die zugehörige Eingabemaske. Löschen Sie dann den abschließenden Nebensatz »und damit wir Sie bald ...«, speichern Sie und legen Sie ein neues Text-Inhaltselement an, welches einen gleichlautenden Text »Damit wir Sie bald ...« als Abschlusssatz am Ende der NORMAL-Spalte einfügt.**

   Gehen Sie z.B. so vor, dass Sie in das Modul WEB/SEITE wechseln und in der Seiteninhaltsansicht auf den Text des Aufzählung-Elements klicken. Nachdem die Bearbeitungsmaske für das Element geladen wurde, können Sie in der Registerkarte AUFZÄHLUNG den abschließenden Nebensatz »und damit wir Sie bald ...« löschen. Speichern Sie und wechseln Sie zurück zur Seiteninhaltsansicht, wo Sie in der Symbolleiste des Aufzählung-Elements auf das Datensatzsymbol klicken, um ein neues Text-Inhaltselement für den Abschlusssatz anzulegen.

7. **Kreieren Sie eine eigene Webseite.**

   Hierzu gibt es keine vorgegebene Lösung.

Kapitel 4

1. **In welcher Datenbanktabelle werden die Daten für die Inhaltselemente gespeichert?**

   In der Tabelle *tt_content*.

2. **Wie wird der Bezug von einem Inhaltselement zu seiner Seite hergestellt?**

   Über das Datensatzfeld `pid`, in welchem die ID der Seite gespeichert ist, in der das Inhaltselement eingefügt wurde.

3. **Kann die Position eines Inhaltselements auf einer Seite nachträglich verändert werden?**

   Ja. In der Seiteninhaltsansicht werden in der Symbolleiste zu dem Inhaltselement zwei Pfeilschaltflächen eingeblendet, mit deren Hilfe Sie das Element in seiner Spalte weiter nach oben oder weiter nach unten verschieben können.

   Sie können ein Inhaltselement auch in eine andere Spalte oder eine andere Seite kopieren. Dazu klicken Sie auf das Symbol des Elements (über der Symbolleiste) und wählen im Kontextmenü den Befehl KOPIEREN aus. Anschließend klicken Sie auf das Symbol des Elements unter dem Sie das Element wieder einfügen möchten, und wählen im Kontextmenü den Befehl EINFÜGEN NACH aus.

4. **Legen Sie eine neue Seite an und fügen Sie in diese von jedem der in diesem Kapitel vorgestellten Inhaltselemente eines ein. Experimentieren Sie ein wenig mit den Einstellungsmöglichkeiten für die einzelnen Inhaltselemente (soweit angeboten). Wenn Sie sich mit den Inhaltselementen vertraut gemacht haben, löschen Sie die Seite.**

   Zu dieser Übung gibt es keine Lösung.

Kapitel 5

1. **Welches Objekt repräsentiert im TypoScript-Code die aktuelle Seite?**

   Das `PAGE`-Objekt.

2. **Testen Sie, was passiert, wenn für eine Seite kein PAGE-Objekt existiert?**

   Legen Sie eine neue Seite an und weisen Sie der Seite ein neues Template zu. Wechseln Sie in die *Info/Bearbeiten*-Ansicht, lassen Sie sich den vordefinierten TypoScript-Code des Templates anzeigen und kommentieren Sie ihn aus (oder löschen Sie ihn). Speichern Sie und lassen Sie die Webseite im Browser anzeigen.

   Es erscheint eine Webseite mit der Fehlermeldung `The page is not configured! [type=0][]`.

   Löschen Sie danach die Testseite.

3. **Nennen Sie zwei Vorzüge, die mit der Verwendung externer CSS-Dateien einhergehen.**

   – Saubere, flexible Trennung von Inhalt und Design

   – Änderungen am CSS-Design können vorgenommen werden, ohne dass dazu TypoScript-Code bearbeitet werden muss.

4. **Kann man mehrere CSS-Dateien mit einer Seite verknüpfen?**

   Selbstverständlich:

   ```
   page.includeCSS {
       cssdatei1 = hotelsite.css
       cssdatei2 = fileadmin/css/ergaenzung.css
   }
   ```

5. **Nehmen Sie im Modul WEB/SEITE Änderungen an den Inhaltselementen der *Hotelsite_2*-Site vor. Erweitern Sie zum Beispiel einen Textblock, löschen Sie einen Aufzählungspunkt, streichen Sie eine Überschrift oder tauschen Sie ein Bild aus und beobachten Sie, wie sich die gerenderte Webseite verhält.**

   Zu dieser Übung gibt es keine vorgegebene Lösung. Sie sollten allerdings feststellen, dass TYPO3 und Ihre Webseite stabil auf ihre Überarbeitungen reagieren.

6. **Bisher ist das Template für die *Hotelsite_2*-Site so aufgebaut, dass der Inhalt jeder Spalte in jeweils ein CONTENT-Objekt eingelesen wird. Schreiben Sie den Code für die linke Spalte (div-Element mit der ID spalteLinks) so um, dass die Elemente einzeln eingelesen und in eigene div-Elemente eingefasst werden. (Hinweis: Informieren Sie sich im Modul WEB/LISTE, ERWEITERTE ANSICHT, über die IDs der Elemente (Maus über Elementsymbol am Anfang der Tabellenzeile bewegen) und filtern Sie den Inhalt für die CONTENT-Objekte nach der ID (uid).**

   Der geänderte Code für die linke Spalte könnte wie folgt aussehen:

   ```
   10 = COA
   10 {
   wrap = <div id="spalteLinks"> | </div>

   10 = IMAGE
   10.file = Windsor_Logo.png
   10.wrap = <div style="padding-bottom: 25px"> | </div>

   20 = CONTENT
   20.table = tt_content
   20.select.where = uid = 8
   20.wrap = <div id="Kontakt"> | </div>

   30 = CONTENT
   30.table = tt_content
   30.select.where = uid = 7
   30.wrap = <div id="anfahrt"> | </div>
   }
   ```

   Speichern Sie die Änderungen und leeren Sie zur Sicherheit den Cache, bevor Sie die Seite neu rendern lassen.

Kapitel 6

1. **Welchen Seiten-Typ benutzen Sie für Seiten, die normale Webseiten repräsentieren?**

   Den Seitentyp *Standard*, der freundlicherweise für neue Seiten voreingestellt ist.

2. **Wozu dient das Modul WEB/FUNKTIONEN?**

   Hier können Sie auf einen Schlag (durch Ausfüllen einer einzigen Eingabemaske) bis zu neun Seiten einer Ebene anlegen.

3. **Wie können Sie am effizientesten eine bestimmte Eigenschaft für mehrere Webseiten bearbeiten? Welche Voraussetzungen müssen dafür erfüllt sein?**

   Indem Sie in das Modul WEB/LISTE wechseln, die Feldliste für die Datenbanktabelle einblenden, das Feld für die zu bearbeitende Eigenschaft auswählen und anschließend auf das Bleistiftsymbol der Feldspalte klicken, um die Eigenschaft in einer eigenen Eingabemaske zu bearbeiten.

   Auf diese Weise können allerdings immer nur die Seiten einer gemeinsamen übergeordneten Seite bearbeitet werden.

4. **Wie könnte der Seitenbaum der Website aus Abbildung 6.17 aussehen? Berücksichtigen nur Seiten, auf deren Existenz Sie aus der Abbildung schließen können.**

```
Demo-Site
|--- root
      |--- nav_oben
            |--- About
            |--- Community
            |--- Teams
            |--- Development
            |--- Extensions
            |--- Documentation
            |--- Download
            |--- Donate
            |--- Contact
      |--- nav_links
            |--- Home
            |--- New to TYPO3?
            |--- Podcasts
            |--- Mailinglists
            |--- Merchandise Shop
            |--- Donate
            |--- Sponsored Projects
```

5. **Fügen Sie als Vorbereitung für die nächsten Kapitel auf jeder Seite der *Schottland*-Site ein Text-Inhaltselement mit beliebigem Text und dem Seitennamen als Überschrift ein.**

   Statt die Seiten selbst mit Inhaltselementen zu füllen, können Sie auch den Seitenbaum aus dem Unterverzeichnis *Beispiele/Schottland/Schottland_kap7_beginn.t3d* der Buch-DVD importieren. Das Anlegen eigener Inhaltselemente ist allerdings lehrreicher und weniger fehleranfällig.

Kapitel 7

1. **Wie können Sie in einer Designvorlage eine Stelle markieren, in der mittels TypoScript ein dynamisches Element eingefügt werden soll?**

   Mithilfe eines Platzhalters:

   ```
   <div> ###PLATZHALTERNAME### </div>
   ```

2. **Wie können Sie in einer Designvorlage eine Stelle markieren, die mittels TypoScript durch ein dynamisches Element ersetzt werden soll?**

   Mithilfe eines Teilbereichs:

   ```
   <div>
   <!--- ###TEILBEREICHNAME### start -->
   <p>Dieser Bereich wird ersetzt, samt der umliegenden
   Marker</p>
   <!--- ###TEILBEREICHNAME### ende -->
   </div>
   ```

3. **Ist es möglich, Designvorlagen zu erstellen, die komplett in ein Template eingelesen werden können?**

   Es ist möglich, aber Sie müssen darauf achten, dass die Vorlage kein HTML-Gerüst enthält, da dieses ja bereits standardmäßig vom PAGE-Objekt erzeugt wird.

4. **Erstellen Sie für die Seite *Kontakt* ein Erweiterungs-Template.**

   Wechseln Sie zum Modul WEB/TEMPLATE, wählen Sie im Seitenbaum der *Schottland*-Site die Seite *Kontakt* aus und klicken Sie auf die Schaltfläche KLICKEN SIE HIER, UM EIN ERWEITERUNGS-TEMPLATE ZU ERSTELLEN.

   In der neu aufgebauten Eingabemaske kennzeichnet die Angabe +ext das Template als Erweiterungs-Template.

5. **Nutzen Sie dieses Erweiterungs-Template, um für die Seite *Kontakt* die Ausgabe des Seiteninhalts zu unterdrücken. (Weisen Sie z.B. dem Platzhalter INHALT ein TEXT-Objekt zu, welches das ursprünglich zugewiesene CONTENT-Objekt verdrängt.)**

   Klicken Sie auf das Bleistiftsymbol in der Zeile KONFIGURATION und geben Sie folgenden Code ein:

   ```
   page.10.marks.INHALT = TEXT
   page.10.marks.INHALT.value = Kein Inhalt
   ```

Zur Erinnerung: Das für root definierte Template erzeugte page.10 als TEMP-LATE-Objekt und wies dem Platzhalter .marks.INHALT ein CONTENT-Objekt zu, das den Seiteninhalt aus der Datenbank einlas.

Der obige Code weist nun diesem INHALT-Objekt ein TEXT-Objekt zu und verdrängt damit das ursprünglich CONTENT-Objekt.

Beachten Sie, dass wir kein neues PAGE-Objekt erzeugen, sondern einfach page wiederverwenden. (Ansonsten gäbe es im Code für die Seite *Kontakt* zwei PAGE-Objekte, was nicht sein darf.)

6. **Löschen Sie das Erweiterungs-Template wieder und kontrollieren Sie, ob die *Kontakt*-Seite wieder wie zuvor angezeigt wird.**

Wechseln Sie in das Modul WEB/LISTE, klicken Sie im Seitenbaum auf Kontakt und schalten Sie gegebenenfalls die Ansicht im Arbeitsbereich in die ERWEITERTE ANSICHT.

Anschließend brauchen Sie nur noch in der Template-Tabelle auf das Papierkorbsymbol in der Zeile für das Erweiterungs-Template zu klicken und alles ist, als hätten Sie niemals ein Erweiterungs-Template für *Kontakt* definiert.

Kapitel 8

1. **Welche Beziehung besteht zwischen HMENU, TMENU und NO?**

Das HMENU-Objekt repräsentiert das ganze Menü, ein TMENU-Objekt kann eine Ebene des Menüs repräsentieren und NO definiert das Aussehen eines Menüeintrags im Normalzustand.

2. **Was müssen Sie tun, damit im linken Menü der Eintrag *Skye* vor dem Eintrag *Stonehaven* aufgeführt wird?**

Sie müssen lediglich die Seite *Skye* im Seitenbaum mit der Maus um eine Position nach oben, über die Seite Stonehaven, verschieben.

3. **Wie aufwändig wäre es, das *Edinburgh*-Untermenü um einen weiteren Eintrag *Zoo* zu erweitern? Probieren Sie es aus!**

Der Aufwand hält sich sehr in Grenzen. Tatsächlich müssen Sie lediglich im Modul WEB/SEITE unter der Seite *Edinburgh* eine neue Seite *Zoo* anlegen und mit ein wenig Inhalt füllen.

Kapitel 9

1. **Wie könnten Sie im Feld KONFIGURATION der Registerkarte FORMULAR ein HTML-Feld zur Eingabe von Kommentaren definieren?**

   Kommentar: | text=textarea,40,10 | Hier ist Platz für Lob, Anregungen und Kritik

2. **Wie könnte man im Suchformular das Listenfeld zur Auswahl der zu durchsuchenden Bereiche ausblenden?**

   tt_content.search.30.dataArray.20.type = scols = hidden

Kapitel 10

1. **Zählen Sie fünf Wege auf, wie Sie in TYPO3 eine Grafik in eine Webseite ausgeben können.**

   - Mithilfe der Inhaltselemente BILD und TEXT M/BILD
   - Mithilfe von TypoScript-Code und dem Objekt IMAGE
   - Mithilfe von TypoScript-Code und dem Import einer Seitenressource
   - Mittels einer Designvorlage
   - Durch direkte Erzeugung mithilfe des TypoScript-Objekts GIFBUILDER

2. **Wie können Sie die Bildabmaße für ein Bild, das Sie in ein IMAGE-Objekt laden, nachträglich ändern? Ändern Sie damit auch die Dateigröße?**

   Sie können die Abmaße nachträglich über die Eigenschaften file.width und file.height des IMAGE-Objekts einstellen.

   Wenn Sie die Abmaße ändern, verändert sich auch die Dateigröße. Dies liegt daran, dass TYPO3 für die gewünschten Abmaße eine ganz neue, temporäre Bilddatei erzeugt (statt lediglich die gewünschte Größe über die img-Attribute width und height im erzeugten HTML-Quelltext anzugeben).

3. **Erzeugen Sie mithilfe von TypoScript die Grafik aus Abbildung 10.11.**

   Eine mögliche Lösung wäre:

   ```
   page = PAGE

   demoBild = GIFBUILDER
   demoBild {
      XY = 100,100
      backColor = #000000
      offset = 10,10

      10 = BOX
      10.dimensions = 0,0,80,80
      10.color = #FFFFFF
   ```

```
        20 = BOX
        20.dimensions = 10,10,60,60
        20.color = #000000

        30 = BOX
        30.dimensions = 20,20,40,40
        30.color = #FFFFFF

        40 = EFFECT
        40.value = blur=50
}


page.10 = IMAGE
page.10.file < demoBild
```

ANHANG B

Inhalt der Buch-DVD

Auf der Buch-DVD finden Sie neben diversen anderen Inhalten

- die Software zur Einrichtung von TYPO3 auf Ihrem System (Unterverzeichnis *Software*)
- diverse TYPO3-Dokumentationen (Unterverzeichnis *Dokumentationen*)
- die Beispiele zu diesem Buch (Unterverzeichnis *Beispiele*)

B.1 Die Software

Im DVD-Verzeichnis *Software* finden Sie – aufgeteilt in Unterverzeichnisse für die Betriebssysteme Windows, Linux und Mac OS:

- die TYPO3-Pakete für die Version 4.3.0 (zur Installation in eine bestehende Server-Umgebung wie z.B. XAMPP, siehe Installationsanweisungen in Kapitel 1.2.)
- Installer-Software für die vereinfachte Installation lokaler Testsysteme (Vor allem der Winstaller für Windows ist leicht und problemlos zu installieren und erzeugt eine komplette Umgebung samt Webserver, MySQL und GraphicsMagick – weswegen er in Anhang C.1 detaillierter beschrieben wird.)
- XAMPP in der Version 1.7.2 zur Installation einer Webserver-MySQL-PHP-Umgebung (siehe Anhang C.2), in die dann die TYPO3-Pakete installiert werden können
- GraphicsMagick – ein externes Tool, das TYPO3 zur Grafikbearbeitung verwendet (siehe Anhang C.3)
- OpenOffice – zum Lesen der TYPO3-Dokumentationen (nur für Windows und Mac OS, da unter Linux meist schon vorhanden)

B.2 Die Dokumentationen

Die Dokumentationen zu TYPO3 (inklusive TYPO3-Referenz) finden Sie im DVD-Verzeichnis *Dokumentationen*.

- *Einfuehrung_deutsch.pdf* – Schon etwas ältere Einführung in TYPO3 von TYPO3-Erfinder Kaspar Skårhøj in der dt. Übersetzung von Robert *Lemke*.
- *Einfuehrung_englisch.pdf* – Schon etwas ältere Einführung in TYPO3 von TYPO3-Erfinder Kaspar Skårhøj.
- *TypoScript_3.3.8_Referenz.pdf* in deutscher Sprache.
- *TypoScript_4.3_Referenz.sxw* in englischer Sprache.

Zum Öffnen der *.sxw*-Datei benötigen Sie OpenOffice. Linux-Anwender werden OpenOffice vermutlich bereits installiert haben oder aber auf ihrer Installations-DVD finden. Windows- und Mac OS-Anwender finden die zugehörigen Setup-Programme unter dem *Software*-Verzeichnis der Buch-DVD.

B.3 Die Beispiele

Das Material zum Nachvollziehen der Beispiele aus dem Buch finden Sie im DVD-Verzeichnis *Beispiele*.

Zu den drei größeren Beispiel-Sites (*Hotelsite*, *Hotelsite_2* und *Schottland*) finden Sie exportierte Seitenbäume (Dateierweiterung *.t3d*). Um auf der Grundlage dieser Seitenbäume die komplette Beispielsite zu erstellen, müssen Sie

- eine neue TYPO3-Site anlegen (siehe Kapitel 1.5),
- den Seitenbaum in die neu angelegte TYPO3-Site importieren, siehe Anhang C.4.

  Die Exportdateien zu den Buchbeispielen enthalten immer nur den reinen Seitenbaum, also ohne Benutzerdaten etc. Achten Sie darauf, dass die Zielsite noch keine Seiten enthält, und importieren Sie mit erzwungenen IDs unter den »Aufhänger« des Seitenbaums.

Zu dem Schottland-Beispiel gibt es mehrere Exportdateien, sodass Sie zu verschiedenen Zeitpunkten in das Beispiel einsteigen oder seinen Stand begutachten können. Wenn Sie diese Exportdateien nach und nach in dieselbe TYPO3-Site importieren möchten, löschen Sie vor jedem Import den aktuellen Seitenbaum (siehe auch Kapitel 11.6 zum rekursiven Löschen), die selbst angelegten *fileadmin*-Unterverzeichnisse (*css*, *images*, *fonts*, *html*) und den Inhalt des *uploads/tf*-Verzeichnisses. Im Falle des Schottland-Beispiels müssen Sie anschließend noch das *images*-Verzeichnis von der Buch-DVD in das *fileadmin*-Verzeichnis der Site kopieren. Dies ist notwendig, weil die im Beispiel verwendete HTML-Designvorlage auf Grafikdateien im *fileadmin/images*-Verzeichnis zugreift.

Lehrreicher als das Importieren der fertigen Seitenbäume ist es allerdings, die Beispielsites mithilfe der Schritt-für-Schritt-Anweisungen in den Kapiteln und dem auf der Buch-DVD befindlichen Begleitmaterial (Unterverzeichnisse *Hotelsite*, *Hotelsite_2* und *Schottland*) nachzustellen – auch wenn dies zweifelsohne etwas mühsamer ist.

Die TypoScript-Beispiele zu dem TypoScript-Kurs aus Kapitel 5.3 finden Sie im Unterverzeichnis *Beispiele/TypoScript_Grundkurs*.

Als typische Open-Source-Software unterliegt TYPO3 ständigen Überarbeitungen, wodurch sich Oberfläche und Funktionsumfang recht schnell verändern. Um bei der Einarbeitung in TYPO3 nicht immer wieder durch kleinere oder größere Abweichungen von den im Buch dargestellten Befehlen und Eingabemasken abgelenkt zu werden, empfiehlt es sich, mit der TYPO3-Version 4.3.0 zu arbeiten, die dem vorliegenden Buch zugrunde liegt und die Sie auf der Buch-DVD finden. Haben Sie sich dann erst einmal mit TYPO3 vertraut gemacht, wird Ihnen der Umstieg auf eine andere TYPO3-Version vermutlich keine großen Schwierigkeiten bereiten.

ANHANG C

Installation

Wie Sie TYPO3 in eine bestehende Apache-MySQL-Umgebung installieren, wurde bereits in Kapitel 1.2 beschrieben und soll hier nicht wiederholt werden. Stattdessen wird dieser Anhang diverse verwandte Themen behandeln, wie z.B. die Einrichtung einer Apache-MySQL-Umgebung mithilfe von XAMPP oder die alternative TYPO3-Installation mithilfe des Winstallers für Windows.

C.1 Der Winstaller für Windows

Der Winstaller für Windows richtet in wenigen Minuten ein komplettes TYPO3-System samt Unterstützungsumgebung (Apache, MySQL, PHP, GraphicsMagick, GDLib, FreeType) ein. Da alle Komponenten unter einem eigenen Verzeichnis installiert und die Server für atypische Ports (MySQL unter Portnummer 8501, Apache unter Port 8502) angemeldet werden, kann Winstaller auf nahezu jedem Windows-System ohne Probleme und ohne Konflikte mit bestehenden Servern installiert werden.

C.1.1 Bezug

Sie finden den Winstaller in der Version 4.3.0 auf der Buch-DVD unter *Software/Windows/Winstaller*. Wenn Sie eine aktuellere Version suchen, folgen Sie auf der TYPO3-Website *http://typo3.org/download/installers* dem Link *TYPO3 Winstaller* zu der Adresse *http://typo3winstaller.sourceforge.net/* und laden Sie die EXE-Version des *TYPO3 Winstaller* herunter.

C.1.2 Installation

Abb. C.1:
Mit dem Winstaller fällt die Installation – zumindest unter Windows – besonders leicht.

1. Führen Sie die EXE-Datei des Winstallers aus.
2. Folgen Sie den üblichen Installationsschritten von der Annahme des Lizenzabkommens, über die Einrichtung der Desktopsymbole und das Festlegen des Installationsverzeichnisses bis zum Starten der Installation.
3. Rufen Sie das Winstaller-Bedienpult auf – wahlweise über das Desktopsymbol oder den Eintrag im START/PROGRAMME-Menü, damit die Server konfiguriert werden.

Abb. C.2:
Der Apache-Server wird geblockt.

4. Wenn die Windows-Firewall aktiviert ist, blockt diese die Server. Heben Sie in diesem Fall die Blockierung durch Drücken der Schaltfläche ZUGRIFF ZULASSEN[1] auf, siehe Abbildung C.2. Alternativ können Sie die Blockade auch über den Konfigurationsdialog der Firewall aufheben, siehe Kasten weiter unten in Abschnitt C.2.3. (Der Apache läuft unter dem Port 8502, MySQL unter dem Port 8501.)

Nach Abschluss der Konfiguration sehen Sie das Bedienpult des Winstallers (siehe Abbildung C.3), über das Sie die Server herunter- und hochfahren können, und auf dem Desktop erscheint die Winstaller-Homepage, von der aus Sie sich bei drei TYPO3-Sites anmelden können:

- Quickstart – eine Beispielsite
- Testsite – zum Testen
- Dummy – ein leeres Site-Gerüst und der Ausgangspunkt für Ihre Arbeit

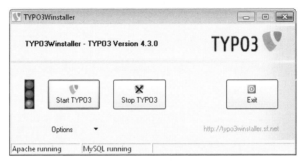

Abb. C.3:
Das Winstaller-Bedienfeld

C.1.3 Verwendung

Um die Server zu starten,

- rufen Sie das Winstaller-Bedienpult auf – wahlweise über das Desktopsymbol oder den Eintrag im START/PROGRAMME-Menü.

Um die Winstaller-Webseite mit den Links zu den vordefinierten Sites anzuzeigen,

- klicken Sie im Winstaller-Bedienpult auf die STOP-Schaltfläche und dann auf die START-Schaltfläche
- oder rufen Sie Ihren Browser auf und geben die Adresse *http://localhost:8502/?localsites* ein.

---

1. NICHT MEHR BLOCKEN unter Windows Vista

C   Installation

Um sich beim *Dummy*-Backend anzumelden,

- rufen Sie die Seite *http://localhost:8502/?localsites* auf und klicken im DUMMY-Abschnitt des Menüs auf den Link BACKEND LOGIN
  - oder rufen Sie Ihren Browser auf und geben die Adresse *http://localhost:8505/typo3/* ein.

Um die Server herunterzufahren,

- klicken Sie im Winstaller-Bedienpult auf die STOP-Schaltfläche.

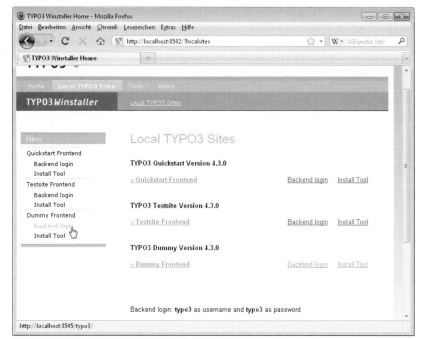

Abb. C.4: Die vordefinierten Winstaller-Sites

Die Anmeldung erfolgt mit dem Benutzernamen *admin* und dem Passwort *password*. Oder Sie verwenden, wie am unteren Rand der Webseite *http://localhost:8502/?localsites* angezeigt, für Benutzername und Passwort *typo3*. (Der Benutzer *typo3* hat ebenfalls Administratorrechte.)

C.1.4   Port-Belegung

Winstaller hat den Vorteil, dass es ein in sich abgeschlossenes System bildet und daher in der Regel problemlos parallel zu bestehenden Web- und Datenbank-Servern installiert werden kann. (Achten Sie aber darauf, diese Server vor der Verwendung von Winstaller herunterzufahren).

Dies wird aber nur dadurch möglich, dass die Winstaller-Server für atypische Ports registriert werden. Mehr noch: Winstaller weist auch den drei vordefinierten Sites eigene Portnummern zu.

Portnummer	verbindet mit
localhost:8501	MySQL
localhost:8502	Der Apache-Server, bei Eingabe in das Adressfeld des Browsers erscheint die Winstaller-Homepage
localhost:8503	Das Frontend der *Quickstart*-Site
localhost:8503/typo3	Anmeldung beim Backend der *Quickstart*-Site
localhost:8504	Das Frontend der *Testsite*
localhost:8504/typo3	Anmeldung beim Backend der *Testsite*
localhost:8505	Das Frontend der *Dummy*-Site
localhost:8505/typo3	Anmeldung beim Backend der *Dummy*-Site

*Tabelle C.1:
Die Winstaller-Portbelegung*

Um sich also beispielsweise beim Backend der *Dummy*-Site anzumelden, könnten Sie Ihren Browser starten und *http://localhost:8505/typo3/* in das Adressfeld eingeben.

C.1.5 Weitere TYPO3-Sites einrichten

Winstaller legt bei der Installation automatisch eine erste TYPO3-Site an, die Sie ausbauen können: die *Dummy*-Site unter *localhost:8505*.

Daneben können Sie aber auch auf verschiedene Weisen weitere Site-Grundgerüste anlegen.

Weitere Site unter localhost:8502

1. Legen Sie unter dem Dokumentenverzeichnis des Winstaller-Webservers (beispielsweise: *C:\TYPO3_4.3.0\htdocs*) ein Verzeichnis für die neue Website an.

2. Entpacken Sie in das Verzeichnis der Website das *TYPO3 Source*- und das *Dummy*-Paket. (Die Reihenfolge ist nicht wichtig. Das Überschreiben der gleichlautenden Dateien ist unbedenklich. Siehe Kapitel 1.2.2)

3. Führen Sie das TYPO3-Installations-Tool aus, um für die Website eine Datenbank anzulegen (siehe Kapitel 1.2.3).

   Um das Installations-Tool für die Website aufzurufen, geben Sie als Adresse im Browser *localhost:8502/<Verzeichnisname>* ein.

   Die Anmeldung bei der Datenbank erfolgt mit dem Username *root*, ohne Passwort und bei der Hostadresse *localhost:8501*, siehe Abbildung C.5.

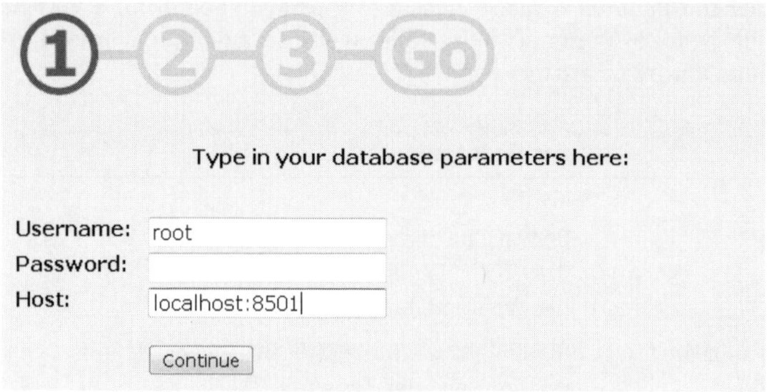

Abb. C.5:
Anmeldung bei
der Datenbank

Type in your database parameters here:

Username: root
Password:
Host: localhost:8501

[Continue]

4. Schalten Sie das Installations-Tool nach dem Anlegen der Datenbank in den ausführlichen Modus und passen Sie den Site-Namen an den von Ihnen gewählten Verzeichnisnamen an (siehe Kapitel 1.2.3).

5. Starten Sie das Backend, stellen Sie die Sprache auf Deutsch um und beginnen Sie die Arbeit an der neuen Website (siehe Kapitel 1.4).

Der Aufruf des Backends erfolgt über den Port des Apache und das Verzeichnis der Website, also beispielsweise *http://localhost:8502/Beispielsite/typo3/*.

Die Anmeldung erfolgt wie üblich mit *admin* und leerem Passwort oder mit *typo3* als Benutzername und Passwort.

Weitere Site unter eigener Portnummer

1. Laden Sie die *typo3winstaller.conf*-Konfigurationsdatei für den Apache-Server der Winstaller-Installation in einen Editor.

   Sie finden die Datei im Verzeichnis *Apache/conf* unter Ihrem Winstaller-Verzeichnis.

2. Kopieren Sie den Abschnitt zur *Dummy*-Site in die Zwischenablage und fügen Sie ihn direkt darunter wieder ein.

3. Passen Sie in der Kopie den Namen der Site, des Verzeichnisses und der Portnummer an.

   Der folgende Auszug zeigt den ursprünglichen Dummy-Abschnitt und die Kopie für eine Site namens Beispielsite unter dem Port 8506:

```
# Dummy - TYPO3 Dummy Version 4.3.0
Listen 8505
NameVirtualHost *:8505
<VirtualHost *:8505>
DocumentRoot "C:/TYPO3_4.3.0/htdocs/Dummy"
</VirtualHost>

# WeitereBeispielsite
Listen 8506
NameVirtualHost *:8506
<VirtualHost *:8506>
```

```
DocumentRoot "C:/TYPO3_4.3.0/htdocs/WeitereBeispielsite"
</VirtualHost>
```

4. Speichern Sie Ihre Änderungen.

   Eventuell müssen Sie zuvor die Schreibrechte für die Datei aktivieren.

5. Starten Sie den Apache-Server neu.

6. Legen Sie nun wie in Abschnitt »Weitere Site unter localhost:8502« beschrieben, die neue TYPO3-Site an – wobei Sie den in der Konfigurationsdatei festgelegten Verzeichnisnamen und bei Aufruf des Installations-Tools über den Browser die festgelegte Portnummer statt des Verzeichnisnamens verwenden (in unserem Beispiel also *localhost:8506*).

Der Aufruf des Backends erfolgt danach über den Port der Website, also *http://localhost:8506/typo3/*.

Die Anmeldung erfolgt wie üblich mit *admin* und *password* oder mit *typo3* als Benutzername und Passwort.

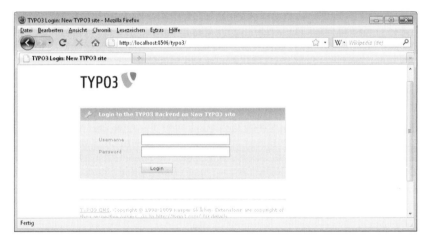

Abb. C.6:
Anmeldung bei der neu eingerichteten TYPO3-Site

C.2 XAMPP

XAMPP ist ein Installationspaket, das eine vollständige Server-Umgebung zur Entwicklung oder Veröffentlichung von Webseiten einrichtet.

Zur Version 1.7.2, die Sie auf der Buch-DVD finden, gehören unter anderem:

- Apache 2.2.12
- MySQL 5.1.37
- PHP 5.3.0

Kombinieren Sie ältere TYPO3-Versionen (früher als 4.3.0) nicht mit XAMPP-Versionen höher als 1.7.1.

C Installation

XAMPP verträgt sich nicht problemlos mit bestehenden Apache- oder MySQL-Installationen. Leser, die entsprechende Server auf ihrem System laufen haben, sollten diese daher entweder vorab deinstallieren (was natürlich voraussetzt, dass die Server verzichtbar sind oder durch die XAMPP-Server ersetzt werden können) oder ganz von einer Installation absehen. Auf jeden Fall sollten Sie aber zuvor ein Backup Ihrer Websites und/oder Datenbanken vornehmen.

C.2.1 Bezug

Achtung! Verwenden Sie nicht XAMPP > 1.7.1 zusammen mit TYPO3 < 4.3.

Sie finden XAMPP in der Version 1.7.2 auf der Buch-DVD unter *Software/<Ihr-Betriebssystem>/XAMPP*. Die jeweils aktuelle Version können Sie zudem von der Website *http://www.apachefriends.org/de/xampp.html* herunterladen.

C.2.2 Installation

Windows

Sie können XAMPP wahlweise mithilfe des Setup-Programms oder durch Entpacken des ZIP-Archivs installieren. Beides ist nicht weiter schwierig. Sie sollten nur beachten, dass Sie XAMPP in einen Verzeichnispfad installieren, der keine Leer- oder Sonderzeichen enthält. Unter Windows Vista und Windows 7 ist zudem auf die Zugriffsrechte zu achten; installieren Sie daher nicht im *Programme*-Verzeichnis (*Program Files*).

EXE Das Setup-Programm rufen Sie einfach auf, folgen den Anweisungen und übernehmen die Vorgaben. Am Ende der Installation erscheint ein Konsolenfenster, in dem verschiedene Einstellungen abgefragt werden. Auch hier können Sie, durch Drücken der ⏎-Taste, die Vorgaben übernehmen. Am Ende verlassen Sie das Konsolenfenster durch Drücken von x und ⏎.

Falls es nach der Installation zu Beschwerden des Windows-Programmkompatibilitätsassistenten kommt, sollten Sie XAMPP zuerst deinstallieren und dann eine Neuinstallation versuchen. Bleibt die Meldung bestehen, versuchen Sie es ruhig erst einmal mit der Installation (oft regt sich der Programmkompatibilitätsassistent ganz umsonst auf) oder weichen Sie auf die Installation mit dem ZIP-Archiv aus.

ZIP Das ZIP-Archiv entpacken Sie in ein passendes Verzeichnis (vorzugsweise *C:*). Achten Sie darauf, beim Entpacken die Verzeichnisstruktur zu übernehmen (Entpacken mit Pfadangaben). Anschließend führen Sie die Batch-Datei *setup_xampp.bat* aus dem *xampp*-Verzeichnis aus (beispielsweise durch Doppelklick im Windows Explorer).

Die Deinstallationsroute für die EXE-Installation rufen Sie über den XAMPP-Eintrag im START/PROGRAMME-Menü auf. Für das ZIP-Archiv gibt es keine Deinstallationsroutine. Achten Sie einfach darauf, dass die Server heruntergefahren sind, und löschen Sie dann das *xampp*-Verzeichnis.

Linux

Unter Linux müssen Sie sich als *root* anmelden und das XAMPP-Archiv in das Verzeichnis */opt* installieren.

Rufen Sie ein Konsolenfenster auf und melden Sie sich mit

```
su root
```

als *root* an. (Voraussetzung ist natürlich, dass Sie das *root*-Passwort kennen. Ansonsten müssen Sie sich an Ihren Administrator wenden.)

Wechseln Sie in das Verzeichnis mit dem XAMPP-Archiv und extrahieren Sie es mit folgendem Befehl:

```
tar xvfz xampp-linux-1.7.2.tar.gz -C /opt
```

Zum Deinstallieren verwenden Sie den Befehl

```
rm -rf /opt/lampp
```

PHP-Konfiguration überprüfen

TYPO3 ist darauf angewiesen, dass für PHP mehr als 32 MByte Speicher zur Verfügung stehen. XAMPP 1.7.2 ist standardmäßig so eingestellt, dass für PHP 128 MByte zur Verfügung stehen, so dass Sie nicht mit Speicherproblemen konfrontiert werden sollten. Falls Sie jedoch mit einer älteren XAMPP-Umgebung arbeiten, kann es durchaus passieren, dass Sie Hinweise oder Fehlermeldungen wegen zu wenig Speicher erhalten. Gehen Sie in solchen Fällen wie folgt vor:

1. Laden Sie die Datei *php.ini* in einen Texteditor.

   Bei einer Installation unter Windows finden Sie die Datei im Verzeichnis *xampp/php*, bei einer Installation unter Linux steht die Datei im Verzeichnis */opt/lampp/etc*.

2. Suchen Sie in der Datei nach dem Parameter `memory_limit` und weisen Sie ihm den Wert 64M oder besser noch 128M zu:

   ```
   memory_limit = 128M
   ```

3. Speichern und schließen Sie die Datei.

C.2.3 Verwendung

Windows

Wenn Sie XAMPP mithilfe des Setup-Programms installiert haben, finden Sie auf Ihrem Desktop oder im Start-Menü eine Verknüpfung, über die Sie das XAMPP-Bedienpult starten können.

Wenn Sie zur Installation einfach das ZIP-Archiv entpackt haben, starten Sie das Bedienpult durch Doppelklick auf die Datei *xampp/xampp-control.exe*.

Da Sie das XAMPP-Bedienpult öfters zum Hoch- oder Herunterfahren der Server benötigen werden, empfiehlt es sich für Benutzer der ZIP-Installation auf dem Desktop eine Verknüpfung zu der Datei *xampp/xampp-control.exe* anzulegen. Ziehen Sie dazu die Datei mit der Maus aus dem Windows Explorer auf den Desktop, halten Sie die Tasten [Strg]+[⇧] gedrückt und lassen Sie die Maustaste los.

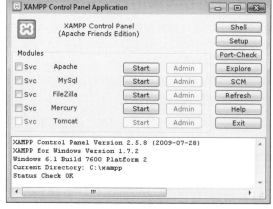

Abb. C.7: Das XAMPP-Bedienpult (Drücken Sie hier auf die Start-Schaltflächen neben Apache und MySQL, um die Server zu starten.)

Über das Bedienpult starten oder stoppen Sie den Apache-Server und MySQL.

Wenn Sie das ZIP-Archiv manuell entpackt haben, können Sie alternativ im XAMPP-Installationsverzeichnis das Programm *xampp_start.exe* zum Hochfahren der Server und *xampp_stop.exe* zum Herunterfahren der Server aufrufen.

 Wenn der Apache- und der MySQL-Server das erste Mal gestartet werden, kann es sein, dass die Server von der Windows-Firewall geblockt werden. Heben Sie dann im aufspringenden Meldungfenster die Blockierung auf, siehe Abbildung C.8.

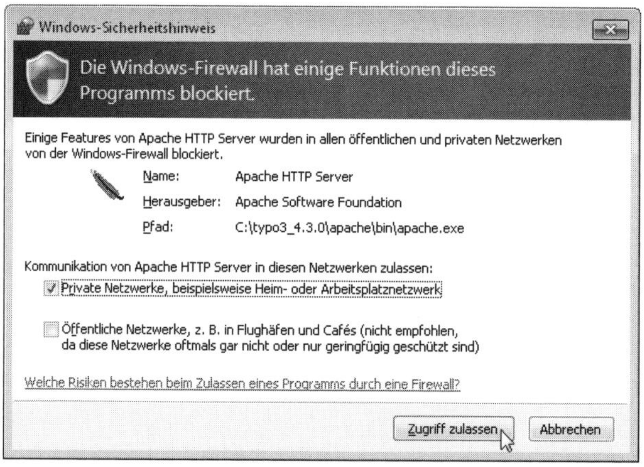

Abb. C.8: Meldungsfenster der Windows 7-Firewall für den Apache-Server

Firewall-Blockade aufheben

Sollten Sie es beim ersten Start der Server versäumen, deren Blockade durch die Windows-Firewall aufzuheben, holen Sie dies im Konfigurationsdialog der Firewall nach.

1. Öffnen Sie die SYSTEMSTEUERUNG, schalten Sie in die klassische Ansicht (unter Windows 7 die Option ANZEIGE: KLEINE SYMBOLE) um und doppelklicken Sie auf das Symbol der WINDOWS-FIREWALL.
2. Klicken Sie auf den Link EINSTELLUNGEN ÄNDERN und wechseln Sie in dem erscheinenden Dialog zur Registerkarte AUSNAHMEN.

Unter Windows Vista klicken Sie auf die Schaltfläche PROGRAMM HINZUFÜGEN oder PORT HINZUFÜGEN, um in dem nachgeschalteten Dialog wahlweise das Programm (*httpd.exe* für den Apache und *mysqld.exe* für MySQL) oder den Port, auf dem der Server lauscht (*80* für den Apache, *3306* für MySQL), freizugeben.

Unter Windows 7 klicken Sie auf den Link EIN PROGRAMM ODER FEATURE DURCH DIE WINDOWS-FIREWALL ZULASSEN und setzen in den nachgeschalteten Dialog das Kontrollkästchen vor dem Programmnamen (*Apache HTTP Server* bzw. *mysqld*).

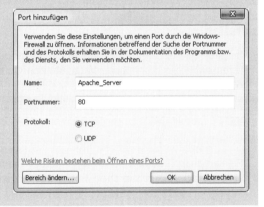

Abb. C.9: Freigabe des Ports 80, auf dem standardmäßig der Apache-Server lauscht (unter Windows Vista)

Linux

Zum Starten der Server melden Sie sich als *root* an und rufen

/opt/lampp/lampp start

auf.

Zum Herunterfahren der Server melden Sie sich als *root* an und rufen

/opt/lampp/lampp stop

auf.

Wenn der Apache-Server hochgefahren ist, können Sie in Ihrem Browser durch Eingabe der Adresse *http://localhost* die im Apache-*htdocs*-Verzeichnis abgelegte XAMPP-Startseite aufrufen.

Technische Daten

Die Anmeldung beim MySQL-DBMS erfolgt mit dem Benutzernamen root, ohne Passwort.

Der Apache läuft unter Port 80.

Das MySQL-DBMS läuft unter Port 3306.

C.3 ImageMagick/GraphicsMagick

In früheren Versionen hat TYPO3 für bestimmte fortgeschrittene Bildbearbeitungsschritte auf ImageMagick zurückgegriffen. Seit TYPO3 3.8.0 kann alternativ auch GraphicsMagick verwendet werden, das auf ImageMagick basiert, jedoch schlanker, leistungsfähiger und effizienter ist. Die folgenden Ausführungen gehen daher nur auf das Programm GraphicsMagick ein.

Bezug

Wenn Sie die Wahl haben, verwenden Sie lieber GraphicsMagick statt ImageMagick.

Sie finden GraphicsMagick in der Version 1.3.5 auf der Buch-DVD unter *Software/<IhrBetriebssystem>/GraphicsMagick*. Die jeweils aktuelle Version können Sie zudem von der Website *http://www.graphicsmagick.org* herunterladen.

Installation

1. Installieren Sie GraphicsMagick in ein gleichnamiges Verzeichnis unterhalb Ihres XAMPP- oder Apache-Verzeichnisses (also beispielsweise *C:\xampp\GraphicsMagick*)

   Achten Sie bei der Installation darauf, dass im Dialog SELECT ADDITIONAL TASKS die Option UPDATE EXECUTABLE SEARCH PATH gesetzt ist.

2. Rufen Sie das TYPO3-Installations-Tool auf.

   Sofern Sie sich nicht gerade mitten in der TYPO3-Installation befinden und sich gerade im ausführlichen Modus des Installations-Tools befinden (siehe Kapitel 1.5, Schritt 8), melden Sie sich dazu am TYPO3-Backend Ihrer Website an und wechseln zu dem Modul ADMIN-WERKZEUGE/INSTALLATION. Anschließend melden Sie sich beim Installations-Tool an. Wenn Sie das Passwort nicht geändert haben, lautet es joh316.

   Eventuell müssen Sie zuvor auch noch die *ENABLE_INSTALL_TOOL*-Datei erzeugen. Wählen Sie dazu das Modul BENUTZERWERKZEUGE/EINSTELLUNGEN aus und wechseln Sie zur Registerkarte ADMIN-FUNKTIONEN. Dort finden Sie eine Schaltfläche zum Anlegen der Datei.

3. Klicken Sie im Menü des Installations-Tools auf 1: BASIC CONFIGURATION.

4. Scrollen Sie nun auf der Seite nach unten bis zum IMAGEMAGICK-Abschnitt.

5. Tippen Sie im Eingabefeld den Pfad zum GraphicsMagic-Verzeichnis ein, beispielsweise C:\XAMPP\GRAPHICSMAGICK\.

6. Klicken Sie auf SEND.

   Nachdem die Anzeige neu aufgebaut wurde, scrollen Sie noch einmal herunter zum IMAGEMAGICK-Abschnitt. Dort sollte jetzt ein grünes Häkchen anzeigen, dass GraphicsMagick gefunden wurde. (Falls nicht, prüfen Sie Ihre Pfadangabe!)

7. Klicken Sie auf UPDATE LOCALCONF.PHP, um Ihre Einstellungen zu speichern.

Wenn Sie GraphicsMagick erst installieren, nachdem Sie bereits Seiten für die TYPO3-Webseite erzeugt und bearbeitet haben, müssen Sie das Verzeichnis *<Ihr_Siteverzeichnis>/typo3temp* und die Caches (Symbol in Backend-Titelleiste) leeren.

Testen

Wenn Sie testen möchten, ob die Installation von GraphicsMagick erfolgreich war, führen Sie die Tests unter der Seite 4: IMAGE PROCESSING des Installations-Tools aus oder gehen Sie wie folgt vor:

1. Legen Sie eine neue Webseite mit dem Seitentitel »GraphicsMagick-Test« an (siehe Kapitel 3.3).
2. Wählen Sie für die Webseite das Template *CANDIDATE* aus. (siehe Kapitel 3.4.1)
3. Lassen Sie sich eine Vorschau auf die Webseite anzeigen (Modul WEB/ANZEIGEN).
4. In dem blauen Top-Banner sollte jetzt der Text »GraphicsMagick-Test« zu lesen sein.

C.4 Seitenbaum exportieren

Seit der Version 4.0 verfügt TYPO3 über eine integrierte Erweiterung zum Exportieren und Importieren des Seitenbaums (einschließlich der zugehörigen Datenbanktabellen).

Um einen kompletten Seitenbaum zu exportieren – beispielsweise als Sicherheitskopie oder um mithilfe des Seitenbaums in einer anderen TYPO3-Installation ein Kopie der aktuellen Site zu erstellen (siehe Anhang D.1) –, können Sie wie folgt vorgehen:

Vorbereitende Maßnahmen

1. Leeren Sie auf der Festplatte das *typo3temp*-Verzeichnis der TYPO3-Site.

   Achtung! Löschen Sie nicht das ganze Verzeichnis, sondern nur seinen Inhalt.

2. Melden Sie sich im Backend der Site an.
3. Klicken Sie oben in der TYPO3-Titelleiste auf das Blitzsymbol und wählen Sie den Befehl ALLE CACHES LÖSCHEN.

Seitenbaum exportieren

4. Wählen Sie das Modul WEB/SEITE aus.

5. Klicken Sie im Seitenbaum mit der rechten Maustaste auf die oberste Seite (Root), der alle anderen Seiten untergeordnet sind.

   Wenn Sie keine übergeordnete Root-Seite angelegt haben, sondern die Seiten direkt unter dem Site-Namen (»Aufhänger«) angelegt haben, klicken Sie auf den Aufhänger, um den gesamten Seitenbaum für den Export auszuwählen.

   Wenn Sie nur einen Teil des Seitenbaums exportieren möchten, klicken Sie auf den Titel der Seite, die den Teil-Seitenbaum anführt.

6. Wählen Sie im Kontextmenü den Befehl EXPORTIEREN IN .T3D aus. (Wenn Sie einen Teilbaum exportieren, finden Sie den Befehl im Untermenü WEITERE EINSTELLUNGEN des Kontextmenüs.)

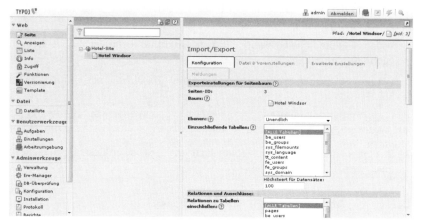

Abb. C.10: Konfiguration des Export-Werkzeugs

7. Klappen Sie auf der Registerkarte KONFIGURATION das EBENEN-Listenfeld auf und wählen Sie den Eintrag UNENDLICH.

   Der Eintrag bewirkt, dass die im Seitenbaum ausgewählte und alle untergeordneten Seiten exportiert werden.

8. Wählen Sie in den drei darunter liegenden aufgeklappten Listenfeldern jeweils den Eintrag [ALLE TABELLEN].

9. Klicken Sie anschließend am Fuße der Seite auf die Schaltfläche AKTUALISIEREN, um sich unter der Schaltfläche die zu exportierende Struktur zur Kontrolle anzeigen zu lassen – und eventuell einzelne Elemente vom Export auszuschließen.

   Wenn Sie zum Exportieren den Seitenbaum-Aufhänger ausgewählt haben, werden neben dem eigentlichen Seitenbaum auch die Einstellungen zu den Benutzern exportiert. Sollte dies nicht gewünscht sein, schließen Sie die Benutzer vom Export aus.

Seitenbaum exportieren

ZU EXPORTIERENDE STRUKTUR:			
Innerhalb des Seitenbaumes:			
Steuerung:	Titel:	Größe:	Meldungen:
☐ Ausschließen	Hotel Windsor	1.6 K	
☐ Ausschließen	Auskunft und Reservierung	2.5 K	
▼	⇨ *bodytext*, *"email"* : kontakt@hotelwindsor.de Wert: **kontakt@hotelwindsor.de**		
☐ Ausschließen	Anfahrtsskizze	2.6 K	
	Windsor_Karte.png	261 K	
☐ Ausschließen	Willkommen in Leberweiher!	2.3 K	
☐ Ausschließen	Willkommen im Hotel Windsor!	2.3 K	
☐ Ausschließen	Text zu Leberweiher	3.1 K	
	Windsor_Foyer.png	196 K	
☐ Ausschließen	Text zu Hotel	3.0 K	
	Windsor_Zimmer.png	116 K	
	Windsor_Suite.png	191 K	
☐ Ausschließen	Ansprüche, die wir erfüllen:	2.7 K	
☐ Ausschließen	Abschlusssatz	2.4 K	
☐ Ausschließen	NEUE SEITE, basierend auf Standard	2.0 K	
	clear.gif	46	
	Windsor_Logo.png	5.6 K	
	Windsor_banner.png	119 K	
▼	⇨ *config*, *"TStemplate"* : fileadmin/css/addstyles.css Dateiname: **fileadmin/css/addstyles.css**		
	addstyles.css	194	

Abb. C.11:
Am Fuße der Registerkarten können Sie sich eine Übersicht der zu exportierenden Elemente anzeigen lassen. (Klicken Sie zuvor auf die AKTUALISIEREN-*Schaltfläche.)*

Abhängig von der Konfiguration der Server-Umgebung kann der Export/Import zu umfangreicher Seitenbäume aufgrund von Speicherbeschränkungen scheitern. Versuchen Sie in einem solchen Fall die Größe der Exportdatei durch Ausschließen besonders großer Elemente zu verkleinern oder exportieren Sie mehrere Teil-Seitenbäume.

10. Falls Ihre Site Erweiterungen verwendet, gehen Sie als Nächstes zur Registerkarte ERWEITERTE EINSTELLUNGEN und wählen Sie die betreffende(n) Erweiterung(en) im zugehörigen Listenfeld aus.

11. Wechseln Sie abschließend zur Registerkarte DATEI & VOREINSTELLUNGEN und nutzen Sie die Felder TITEL, BESCHREIBUNG und ANMERKUNGEN, um den Export zu beschreiben und auf etwaige Import-Voraussetzungen hinzuweisen.

    Diese Angaben können später beim Import eingesehen werden (siehe unten, Schritt 5).

12. Tippen Sie weiter unten im DATEINAME-Eingabefeld einen Dateinamen für die Exportdatei ein und exportieren Sie den Seitenbaum per Klick auf die Schaltfläche SPEICHERN UNTER. Die fertige Exportdatei finden Sie danach unter dem angegebenen Namen im *fileadmin*-Verzeichnis.

    Wenn Sie lieber ein anderes Verzeichnis auswählen möchten, klicken Sie auf EXPORTDATEI HERUNTERLADEN.

Abb. C.12:
Der Export wird angestoßen.

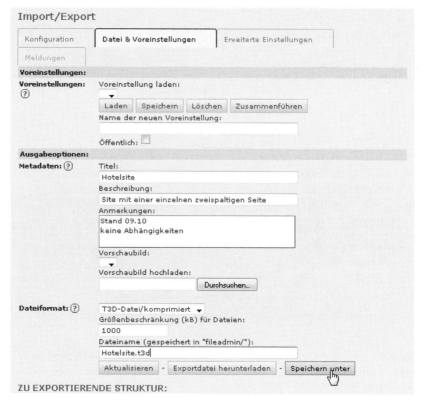

Seitenbaum importieren

1. Wählen Sie das Modul WEB/SEITE aus.

2. Klicken Sie im Seitenbaum auf den Site-Namen (Aufhänger), um die Site auszuwählen.

   Grundsätzlich können Sie jede Seite im Seitenbaum auswählen. Der exportierte Seitenbaum wird jeweils unterhalb der ausgewählten Seite eingefügt.

3. Klicken Sie noch einmal mit der rechten Maustaste auf den Site-Namen (respektive die ausgewählte Seite) und wählen Sie im Kontextmenü den Befehl IMPORTIEREN AUS .T3D aus. (Wenn Sie den Baum unter eine bestehende Seite importieren, finden Sie den Befehl im Untermenü WEITERE EINSTELLUNGEN des Kontextmenüs.)

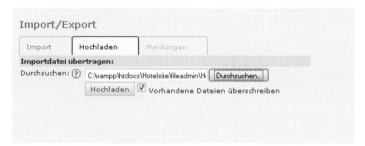

Abb. C.13:
Exportierte Datei mit Seitenbaum in Site-Verzeichnis kopieren

4. Wechseln Sie zur Registerkarte HOCHLADEN, wo Sie auf die Schaltfläche DURCHSUCHEN klicken, um die zu importierende .t3d-Datei zu lokalisieren.

5. Klicken Sie auf HOCHLADEN, um die ausgewählte Datei in das *fileadmin*-Verzeichnis der aktuellen Site zu kopieren.

   Nach dem Hochladen wird im unteren Teil der Registerkarte der zu importierende Seitenbaum angezeigt.

   Auf der Seite METADATEN können Sie Titel, Beschreibung und Anmerkungen, die in der Exportdatei gespeichert wurden (siehe oben Schritt 11), einsehen.

6. Wechseln Sie zur Registerkarte IMPORT, in deren DATEI-Listenfeld die soeben hochgeladene Datei ausgewählt sein sollte.

   Wenn Sie in eine neu angelegte TYPO3-Site importieren, aktivieren Sie die Option ALLE UID-WERTE ERZWINGEN. Gibt es bereits bestehende Seiten, lassen Sie diese Option deaktiviert, damit es nicht zu zweideutigen UIDs kommt.

7. Klicken Sie auf die Schaltfläche IMPORT.

ANHANG D

TYPO3-Site auf anderen Server transferieren

Im Folgenden möchte ich Ihnen drei Varianten vorstellen, wie Sie eine TYPO3-Site kopieren können.

Je komplexer eine TYPO3-Site ist, je mehr Erweiterungen (Extensions) Sie verwenden, je mehr Abhängigkeiten es gibt, und je unterschiedlicher die Versionen der Unterstützungstechnologien auf Quell- und Zielserver, umso eher kann bei einem Umzug etwas schief gehen. Lokal erstellte Sites sollten Sie daher möglichst frühzeitig auf den Produktionsserver kopieren.

D.1 Erstellung einer neuen Site mit identischem Seitenbaum

Dieser Weg ist am aufwändigsten, hat aber den Vorzug, dass Sie keine weiteren Programme benötigen.

1. Exportieren Sie den kompletten Seitenbaum der Original-Site, wie in Anhang C.4 beschrieben.

2. Legen Sie eine neue TYPO3-Site an (siehe Kapitel 1.5 bzw. Anhang C.1.5 für Winstaller-Sites).

   Achten Sie dabei darauf, dass GraphicsMagick und etwaige verwendete Erweiterungen installiert werden.

3. Importieren Sie den Seitenbaum der Original-Site in die neue Site (siehe Abschnitt C.4).

Wenn Sie einen Seitenbaum in eine **leere** TYPO3-Site importieren, nutzen Sie die Möglichkeit, die Beibehaltung der UID-Werte zu erzwingen (Option ALLE UID-WERTE ERZWINGEN auf der Registerkarte IMPORT).

D.2 Synchronisierung zweier TYPO3-Installationen

Statt alles in Handarbeit zu machen, können Sie auch auf verschiedene TYPO3-Erweiterungen zurückgreifen, die Ihnen bei der Erstellung eines Backups oder einer Kopie helfen – beispielsweise *w4x_backup* oder *wwsc_t3sync*. Mithilfe der letztgenannten Erweiterung können Sie die Daten zweier TYPO3-Installation abgleichen.

D.3 Backup-Dump einer Site

Die relevanten Daten einer TYPO3-Site sind die Verzeichnisse

- *fileadmin*
- *typo3conf*
- *uploads*

Diese Verzeichnisse (samt Unterverzeichnissen) brauchen Sie für ein Sicherungsbackup im Grunde nur zu kopieren. Sie können sie aber natürlich auch mit einem speziellen Backup-Programm sichern.

Zusätzlich zu den TYPO3-Verzeichnissen müssen Sie aber noch die Datenbank sichern. Dies geschieht am besten mithilfe eines passendes Programms, beispielsweise *phpMyAdmin* (*http://www.phpmyadmin.net/home_page/index.php*)[1]. Die Verwendung von *phpMyAdmin* hat überdies den Vorzug, dass Sie den Datenbank-Backup später auch als SQL-Dump für die Erstellung neuer TYPO3-Sites nutzen können (siehe Ausführungen zum Installations-Tool in Kapitel 1.2.3, Abbildung 1.7, Option PLEASE SELECT A DATABSE DUMP).

D.4 Wenn es Probleme gibt

Das Kopieren einer TYPO3-Site kann relativ problemlos vonstatten gehen, es können sich wegen der Vielzahl von Parametern und Abhängigkeiten aber schnell auch Schwierigkeiten einstellen, die dazu führen, dass Sie sich nicht mehr am Backend einloggen können oder das Frontend nicht mehr korrekt gerendert wird. Leider ist die Analyse der möglichen Ursachen meist recht schwierig, sodass die beste Empfehlung wohl ist, in solchen Fällen auf ein anderes Transfer-Verfahren umzuschwenken.

---

1. In vielen Server-Umgebungen, beispielsweise XAMPP (siehe ADMIN-Schaltfläche in Bedienpult), ist *phpMyAdmin* mittlerweile standardmäßig installiert.

Nichtsdestoweniger hier eine kleine Liste von Punkten, die Ihnen vielleicht bei der Rettung eines missglückten Site-Umzugs helfen können:

- Sie können den Seitenbaum aufgrund von Speicherbeschränkungen nicht vollständig kopieren.

  Versuchen Sie die Größe der Export-Datei durch Ausschließen besonders großer Elemente zu verkleinern (die Sie dann manuell zum Server übertragen und in die Site einfügen) oder exportieren Sie mehrere Teil-Seitenbäume.

- TYPO3 kann sich nicht mehr an der Datenbank anmelden.

  Laden Sie die Datei *typo3conf/localconf.php* in einen Texteditor und überprüfen Sie die dort festgehaltenen Anmeldedaten für die Datenbank:

  ```
  $typo_db_username = '???';    // Anmeldename
  $typo_db_host = '???';        // Host
  $typo_db = '???';             // Datenbankname
  ```

- Statt der Grafiken sehen Sie im Backend vor allem Platzhalter.

  Überprüfen Sie, ob GraphicsMagick korrekt installiert ist (siehe Anhang C.3).

- Irgendetwas stimmt nicht und dennoch erhalten Sie keine Fehlermeldungen.

  Laden Sie die Datei *typo3conf/localconf.php* in einen Texteditor und überprüfen Sie, ob die Fehlerausgabe unterdrückt wurde:

  ```
  $TYPO3_CONF_VARS['SYS']['displayErrors'] = '0';
  ```

  Wenn ja, kommentieren Sie die Zeile mit // aus.

- Im Backend scheint alles okay, nur das Frontend ist veraltet.

  Möglicherweise sehen Sie aufgrund des Cachings veraltete Dateien. Löschen Sie den Inhalt des Verzeichnisses *typo3temp* und leeren Sie vom Backend aus alle Caches (Blitzsymbol in Titelleiste). Lassen Sie dann das Frontend neu anzeigen.

  Oder schalten Sie das Caching mittels TypoScript aus. Wechseln Sie dazu in das Modul W$_{EB}$/T$_{EMPLATE}$ und fügen Sie oben im K$_{ONFIGURATION}$-Feld folgende Anweisung ein:

  ```
  config.no_cache = true
  ```

ANHANG E

TypoScript-Referenz

Die folgende Referenz fasst noch einmal die TypoScript-Syntaxformen zusammen und gibt Ihnen einen Überblick über die wichtigsten TypoScript-Variablen, -Funktionen, -Objekte und deren Eigenschaften.

Eine vollständige Referenz finden Sie unter *http://typo3.org/documentation/document-library/core-documentation/doc_core_tsref/current/* (in englischer Sprache). Die zum Zeitpunkt der Drucklegung dieses Buches aktuelle Referenzdokumentation sowie eine – schon etwas ältere – deutsche Übersetzung finden Sie auf der Buch-DVD.

E.1 Grundlagen

Auch wenn der Name darauf hindeutet, TypoScript ist keine echte Programmiersprache und auch keine Skriptsprache vergleichbar JavaScript oder ActionScript. TypoScript ist eine Konfigurationssprache, die vor allem aus Zuweisungen an Objekte und Objekteigenschaften besteht. Die TypoScript-Objekte und ihre zugewiesenen Werte werden intern in mehrdimensionalen PHP-Arrays gespeichert und beim Rendern der Webseiten vom TYPO3-Kern ausgewertet.

TypoScript

- wird zur Definition von Templates verwendet
- unterscheidet zwischen Groß- und Kleinschreibung
- geht grundsätzlich davon aus, dass jede Anweisung in genau einer Zeile steht (keine Zeilenumbrüche in Anweisungen, siehe hierzu auch Abschnitt E.2.2)
- erlaubt Mehrfachdeklarationen von Variablen (wobei nachfolgende Deklarationen die vorangehende Deklarationen überschreiben)

E.1.1 Objekte, Eigenschaften und Datentypen

TypoScript besteht im Wesentlichen aus einem Satz vordefinierter Objekte, die im TypoScript-Code die verschiedenen Elemente repräsentieren, mit denen man es bei der Erstellung von Webseiten zu tun hat:

- PAGE (zur Repräsentation der Seite)
- META (zur Repräsentation von Meta-Informationen)
- HTML, TEXT, IMAGE, FORM etc. (zur Repräsentation der verschiedenen Seiteninhaltselemente)
- GMENU, TMENU etc. (zur Repräsentation von Menüs)
- und andere mehr

Jedes dieser Objekte besitzt einen Satz individueller Eigenschaften. Erzeugt der »Programmierer« von einem dieser Objekte eine Instanz, wird diese Instanz mit dem kompletten Eigenschaften-Satz ihrer Objektvorlage ausgestattet.

```
textblock1 = TEXT   /* hier werden zwei TEXT-Instanzen namens
textblock2 = TEXT      textblock1 und textblock2 erzeugt */
```

In TypoScript werden sowohl die Vorlagen (TEXT, PAGE etc.) als auch die aus den Vorlagen erzeugten Instanzen (hier textblock1, textblock2) als »Objekte« bezeichnet. Manchmal werden die Vorlagen auch als Objektnamen oder Objekttypen tituliert. Programmierer mit Kenntnissen in objektorientierter Programmierung würden wohl von Klassen statt von Objekten sprechen. Wir werden im Folgenden die Objektvorlagen in Anlehnung an die TypoScript-Terminologie als Objekte und die »eigentlichen Objekte« als Instanzen oder Objektinstanzen bezeichnen.

Grundlagen

Den Eigenschaften der Instanzen kann der »Programmierer« via TypoScript Werte zuweisen. Auf diese Weise konfiguriert er das Element, welches durch die Instanz repräsentiert wird, für die Ausgabe im Frontend.

```
# zwei Text-Elemente erzeugen ...
textblock1 = TEXT
textblock1.value = Dies ist der erste Text.
textblock2 = TEXT
textblock2.value = Dies ist der zweite Text.

# ... und in die aktuelle Seite einfügen:
page = PAGE
page.10 < textblock1
page.20 < textblock2
```

Über welche Eigenschaften eine Instanz verfügt, hängt davon ab, aus welchem Objekt sie erzeugt wurde. (In Abschnitt E.3 folgt eine Übersicht über die Eigenschaften der wichtigsten Objekte.)

Datentypen

Welche Art von Werten Sie einer bestimmten Eigenschaft zuweisen können und wie diese Werte interpretiert werden, bestimmt der Typ dieser Eigenschaft. Nehmen Sie z.B. den Wert

#FFFF00

Wenn Sie diesen Wert der value-Eigenschaft einer TEXT-Instanz zuweisen, wird er als ganz normaler Text ausgegeben. (Die value-Eigenschaft des TEXT-Objekts ist vom Typ value/string.)

```
page.10 = TEXT
page.10.value = #FFFF00        // gibt den Text "#FFFF00" aus
```

Wenn Sie den gleichen Wert an die backColor-Eigenschaft einer GIFBUILDER-Instanz zuweisen, wird er als RGB-Definition der Farbe Gelb ausgegeben. (Die backColor-Eigenschaft des GIFBUILDER-Objekts ist vom Typ GraphicColor.)

```
page.20 = IMAGE
page.20.file = GIFBUILDER
page.20.file.XY = 600, 50
page.20.file.backColor = #FFFF00 // gibt einen gelben Block aus
```

Häufig lässt sich aus dem Namen einer Eigenschaft auf ihre Verwendung und auf die Art von möglichen Werten schließen (ohne dass man den genauen Datentyp kennen müsste). Sollten Sie jedoch einmal im Zweifel sein oder feststellen, dass Ihr TypoScript-Code ignoriert wird, weil Sie anscheinend die Werte nicht auf die korrekte Weise angeben, können Sie sich in der TypoScript-Referenz auf der Buch-DVD darüber informieren, welchem Datentyp die Werte einer bestimmten Eigenschaften angehören und wie die Werte zu schreiben sind. Eine Auswahl der gängigsten Datentypen finden Sie in Tabelle E.1.

317

Tabelle E.1:
Auswahl gängiger Datentypen

Datentyp	Beschreibung
align	Ausrichtung. Erlaubt sind nur die vordefinierten Werte: right, left und center.
resourcen	Name einer Template-Ressource oder Verweis auf eine Datei: logo*.png fileadmin/images/meinKonterfeit.png
int	Ganze Zahl, z.B.: 100
boolean	Boolescher Wahrheitswert (Schalter): 0 (= falsch), 1 oder anderer Wert (= wahr)
GraphicsColor	Farbdefinition. Sie können Farben durch die HTML-Standardfarbnamen angeben oder als hexadezimale bzw. durch Kommata getrennte RGB-Werte: red, blue, black, white ... #000000 (gleich Schwarz) 0,0,0 (gleich Schwarz)
page_id	ID einer Seite. Neben dem Zahlenwert der ID (z.B. 8) können Sie auch this (steht für die aktuelle Seite) angeben.
wrap	Zum Einhüllen des Elements in HTML-Tags. Werte bestehen aus dem Start-Tag, dem Zeichen |, welches als Platzhalter für das Element fungiert, und dem End-Tag: <div id="fusszeile"> | </div>
case	Umwandlung in Groß- oder Kleinbuchstaben. Erlaubt sind nur die vordefinierten Werte: upper und lower.
space	Angabe von Leeraum vor und hinter einem Element: 20 | 5

Tabelle E.2:
Auswahl gängiger Datentypen (Forts.)

Datentyp	Beschreibung
date-conf	Datumsangabe
	Datumsangaben werden im Wesentlichen wie für die PHP-Funktion date() durch eine Folge von Platzhaltern angegeben. Beispielsweise könnte folgender Code

```
page.10 = TEXT
page.10.data = date: D d.m.Y
```

die nachstehende Ausgabe erzeugen:

Thu 22.10.2009

Wert	Beschreibung
a	Ausgabe von am (vormittags) oder pm (nachmittags)
A	Ausgabe von AM (vormittags) oder PM (nachmittags)
d	Tag des Monats (zwei Ziffern, ggf. mit führender Null)
D	Engl. Abkürzung des Wochentags (drei Buchstaben)
F	Voller Monatsname
g	12-Stunden-Zeit (ohne führende Null)
G	24-Stunden-Zeit (ohne führende Null)
h	12-Stunden-Zeit (mit führender Null)
H	24-Stunden-Zeit (mit führender Null)
i	Minuten mit führender Null
j	Tag des Monats ohne führende Null
l	(Kleines L) Voller Wochentagname
L	(Großes L) Boolescher Wert für Schaltjahre (1 für Schaltjahr)
m	Numerische Monatsangabe mit führender Null
M	Abkürzung des Monatsnamen
s	Sekunden
S	Ordinalzahl-Anhang bei englischer numerischer Datumsangabe (zum Beispiel 1st oder 4th)
t	Anzahl der Tage im Monat (28–31)
T	Zeitzonenname
U	UNIX-Sekunden
w	Numerische Angabe des Wochentages
y	Zweistellige Jahresangabe
Y	Vierstellige Jahresangabe
z	Tag des Jahres (0 bis 365)

E.1.2 Bearbeitung im Backend

Die in einem Template definierten Konstanten können Sie in folgenden Ansichten bearbeiten:

- Modul WEB/TEMPLATE, Listenfeldoption *Konstanten-Editor* – sofern das Template editierbare Konstanten definiert
- Modul WEB/TEMPLATE, Listenfeldoption *Info/Bearbeiten*, Klick auf das Bleistiftsymbol in der KONSTANTEN-Zeile
- Modul WEB/TEMPLATE, Listenfeldoption *TypoScript-Objekt-Browser*, Auswahl der Option *Konstanten* im DURCHSUCHEN-Listenfeld

Den in einem Template definierten TypoScript-Code können Sie in folgenden Ansichten bearbeiten:

- Modul WEB/TEMPLATE, Listenfeldoption *Info/Bearbeiten*, Klick auf das Bleistiftsymbol in der KONFIGURATION-Zeile
- Modul WEB/TEMPLATE, Listenfeldoption *TypoScript-Objekt-Browser*, Auswahl der Option *Konfiguration* im DURCHSUCHEN-Listenfeld

Konstanten und Code können Sie zusammen bearbeiten im

- Modul WEB/TEMPLATE, Listenfeldoption *Info/Bearbeiten*, Klick auf die Option VOLLSTÄNDIGEN TEMPLATE-DATENSATZ BEARBEITEN.
- Modul WEB/LISTE, ERWEITERTE ANSICHT, Klick auf das Bleistiftsymbol in der Zeile des Templates in der TEMPLATE-Tabelle.

E.1.3 Auslagerung in externe Dateien

Grundsätzlich wird der TypoScript-Code eines Templates direkt im Template-Datensatz in der Site-Datenbank gespeichert. Sie können ihn aber auch in eine externe Datei auslagern, wenn

- der Code zu umfangreich wird, um ihn noch bequem in den Eingabefeldern des Backends bearbeiten zu können,
- Sie den Code in einem anderen Editor bearbeiten möchten (PlugIns sind derzeit z.B. für PSPad und jEdit verfügbar),[1]
- Sie den Code für weitere Webprojekte wiederverwerten möchten.

---

1. Zum Zeitpunkt der Drucklegung des Buches bot das Backend für die Bearbeitung des TypoScript-Code lediglich ganz normale Eingabefelder an. Ein integrierter TypoScript-Editor mit Syntaxhervorhebung und automatisch Einrückung etc. war allerdings bereits in der Planung.

Auslagerung in Textdatei

1. Legen Sie im *fileadmin*-Verzeichnis Ihrer Site ein Unterverzeichnis *templates/ts* an. Kopieren Sie den auszulagernden TypoScript-Code aus dem Backend in die Zwischenablage des Betriebssystems.

2. Legen Sie im Editor Ihrer Wahl eine neue Textdatei an und kopieren Sie den Inhalt der Zwischenablage in die Datei. Speichern Sie die Datei im *fileadmin/templates/ts*-Verzeichnis.

3. Wenn Sie möchten, können Sie die Dateierweiterung *.ts* verwenden; es stellt aber auch kein Problem dar, wenn die Datei auf *.txt* auslautet.

   Ersetzen Sie im Backend den ausgelagerten TypoScript-Code durch eine Anweisung zum Importieren des Codes:

   `<INCLUDE_TYPOSCRIPT: source="fileadmin/templates/ts/dateiname.ts">`

Achten Sie darauf, dass die Datei mit dem ausgelagerten Code als reine Textdatei, ohne Formatbefehle, abgespeichert wird.

E.2 Syntax

Da TypoScript keine echte Programmiersprache ist, ist die Syntax der Sprache recht überschaubar.

E.2.1 Kommentare

Einzeilige Kommentare können wahlweise mit / oder # gekennzeichnet werden. Der Kommentar reicht vom Anfang der Zeile bis zu ihrem Ende:

```
# Dies ist ein einzeiliger Kommentar
seite.10.value = Hallo xxx
```

Mehrzeilige Kommentare werden mit der Zeichenfolge /* eingeleitet und mit */ beendet.

```
/* Dies ist ein mehrzeiliger
   Kommentar */
```

Mehrzeilige Kommentare können auch dazu verwendet werden, TypoScript-Code »auszukommentieren«, sodass sie zwar gespeichert bleiben, aber nicht mehr ausgeführt werden.

```
/*
# Default PAGE object:
page = PAGE
page.10 = TEXT
page.10.value = HELLO WORLD!
*/
```

E.2.2 Zuweisungen

Mithilfe des Gleichheitszeichens können Sie

- einem von Ihnen eingeführten Bezeichner (auch Variable genannt) ein Objekt zuweisen

    page = PAGE

    oder auch

    page.20 = HTML

- den Eigenschaften von TypoScript-Instanzen Werte zuweisen:

    page.20.value = <h1>Willkommen im Hotel Windsor!</h1>

Zuweisungen über mehrere Zeilen

Werte, die sich über mehrere Zeilen erstrecken, werden von TYPO3 nicht korrekt verarbeitet. So erzeugt z.B.:

```
page.10 = TEXT
page.10.value = Sehr geehrte Damen
 und Herren
```

lediglich die Ausgabe:

```
Sehr geehrte Damen
```

Um einen Wert zuzuweisen, den Sie über mehrere Zeilen aufteilen möchten, müssen Sie den Wert in runde Klammern einfassen und auf das Zuweisungszeichen (=) verzichten:

```
page.10 = TEXT
page.10.value (
 Sehr geehrte Damen
 und Herren
)
```

Ausgabe:

```
Sehr geehrte Damen und Herren
```

Die runden Klammern dürfen nicht in einer Zeile mit dem Wert stehen! Leerzeichen, die am Ende einer Wert-Zeile folgen, werden ignoriert, führende Leerzeichen bleiben erhalten!

Zuweisungen bündeln

Aufeinanderfolgende Zuweisungen an eine Objektinstanz können Sie mithilfe der geschweiften Klammern bündeln:

```
page.10 = TEXT
page.10 {
   value = Sehr geehrte Damen und Herren
   wrap = <p> | </p>
}
```

Die geschweiften Klammern bewirken, dass sich die in den Klammern aufgeführten Eigenschaften automatisch auf die voranstehende Instanz (im Beispiel page.10) beziehen.

Die geschweiften Klammern dürfen nicht in einer Zeile mit einer der enthaltenen Anweisungen stehen!

Rücken Sie die Zeilen in den geschweiften Klammern ein, um die Lesbarkeit des Codes zu erhöhen.

Alternativen

Wenn Sie einer Eigenschaft mithilfe der field-Funktion den Inhalt eines Datenbankfeldes zuweisen möchten, können Sie – für den Fall, dass das Datenbankfeld leer sein sollte – ein alternatives Feld angeben. Hängen Sie das Ersatzfeld einfach mit dem //-Operator an:

```
page.10 = TEXT
page.10.field = subtitle // title
```

Mehrere Alternativen sind ebenfalls möglich:

```
page.10 = TEXT
page.10.field = subtitle // title // uid
```

Sie können in der Liste der Alternativen nur Feldwerte angeben, da die field-Funktion jeden angegebenen Parameter als Feldnamen interpretiert. (Der Abschluss der Liste mit einem statischen Text/Wert ist also nicht möglich.)

E.2.3 Objektinstanzen kopieren, referenzieren und löschen

Mit dem Operator < können Sie eine komplette Objektinstanz (ggf. samt Unterobjekten) kopieren:

Kopieren

```
begruessung = TEXT
begruessung.value = "Sehr geehrte Damen und Herren"

// erzeugt neue Objektinstanz als Kopie von begruessung
page.11 < begruessung
page.11.wrap = <p> | </p>

// kopiert Werte aus begruessung nach 12
page.12 = TEXT
page.12 < begruessung
page.12.wrap = <p> | </p>
```

Kopiert werden nur die Werte, die vor dem Kopieren bereits definiert waren. Besitzt die Zielinstanz Eigenschaften, die in der kopierten Instanz nicht definiert sind, bleiben deren Werte erhalten.

Löschen Mit dem umgekehrten Operator > löschen Sie eine Eigenschaft oder eine Instanz.

```
page.12.wrap >
page.11 >
```

Die Löschung betrifft alle vorausgehenden Zuweisungen und wird rückwirkend ausgeführt, d.h., es ist, als wären diese Zuweisungen niemals vorgenommen worden.

Referenzieren Schließlich gibt es die Möglichkeit, eine Instanz als eine Referenz auf eine andere Instanz zu erzeugen:

```
// page.10 ist das Original
page.10 = TEXT
page.10.value = Nichts ist

// page.20 ist die Referenz auf page.10
page.20 =< page.10

page.20.wrap = <p> | </p>        // betrifft nur Referenz
page.10.value = wie es scheint   // betrifft Original und Referenz
```

Ausgabe:

```
wie es scheint
wie es scheint
```

Während das Kopieren sofort ausgeführt wird, verarbeitet TYPO3 Referenzdefinitionen immer erst ganz am Schluss, sodass alle Änderungen am Original – gleichgültig, ob Sie im Code vor oder nach der Referenzdefinition kommen – auf die Referenz übertragen werden.

Auf das Original können Sie immer nur mit vollem Namen verweisen (d.h. abgekürzte Namen wie .10 in einem page {}-Block sind für Referenzen nicht erlaubt.

E.2.4 Konstanten

TypoScript-Konstanten sind Variablen, die Sie im Eingabefeld KONSTANTEN der Template-Eingabemaske definieren:

```
begruessung = Hallo Webbesucher
bildbreite = 300
```

Im TypoScript-Code können Sie Konstanten als Werte an Eigenschaften zuweisen, sofern der Wert der Konstante zum Typ der Eigenschaft passt und Sie den Namen der Konstante mit vorangestelltem $-Zeichen und in geschweiften Klammern schreiben:

```
10 = TEXT
10.value = {$begruessung}
```

E.2.5 Bedingte Codeausführung

Mithilfe eckigen Klammern können Sie Konstrukte erzeugen, deren Code nur dann ausgeführt wird, wenn eine eingangs spezifizierte Bedingung erfüllt (wahr) ist:

```
[Bedingung]
    // TypoScript-Code
[end]
```

TypoScript-Code, der zwischen einer Bedingung und dem abschließenden [end] steht (alternativ können Sie auch [global] schreiben), wird nur dann ausgeführt, wenn die Bedingung erfüllt ist. Den folgenden Code

```
[hour = 20]
    page.120 = TEXT
    page.120.value = So spät schon!
[end]
```

kann man daher lesen als: »Wenn der Wert der globalen Variablen hour gleich 20 ist, erzeuge das TEXT-Objekt 120. Wenn nicht, fahre direkt mit den Anweisungen hinter [end] fort.

Bedingungen sehen immer so aus, dass der Wert einer globalen Variablen (siehe Tabelle E.2) mit einem in der Bedingung vorgegebenen Wert verglichen wird. Der Operator = steht in einer Bedingung also nicht für eine Zuweisung, sondern einen Vergleich.

Bedingungen funktionieren nicht in geschweiften Klammern, da sonst die globale Variablen in der Bedingung als Unterobjekte interpretiert würden.

Für manche globale Variablen sind auch andere Vergleiche als die Feststellung der Gleichheit möglich. Bei Abfrage der aktuellen Zeit (hour) können Sie z.B. auch prüfen, ob die aktuelle Stunde vor (<) oder nach (>) einer vorgegebenen Tagesstunde liegt. Beachten Sie aber, dass Sie unabhängig von dem Vergleichssymbol immer auch den Vergleichsoperator = setzen müssen:

Es muss nicht immer Gleichheit sein.

```
[hour = >20]
    page.10 = TEXT
    page.10.value = So spät schon!
[end]
```

Alternativen

Statt die Bedingung nur über die Ausführung oder Nichtausführung eines nachfolgenden Codeblocks entscheiden zu lassen, können Sie mit einer Bedingung auch festlegen, welcher von zwei alternativen Codeblöcken auszuführen ist:

```
page.10 = TEXT

[hour = <20]
    page.10.value = Noch so früh!
```

```
[else]
    page.10.value = So spät schon!
[end]
```

Dieser Code bedeutet: Wenn es vor 20 Uhr ist, gebe über die page.10-Instanz den Text »Noch so früh!« aus, ansonsten gebe über die Instanz den Text »Schon so spät!« aus!

Mehrere Vergleichswerte

Wenn die Bedingung für mehrere Vergleichswerte erfüllt sein soll, listen Sie diese in der Bedingung durch Kommata getrennt auf:

```
[browser = msie, opera]
    // TypoScript-Code
[end]
```

Mehrere Bedingungen

Wenn Sie mehrere Bedingungen prüfen möchten, müssen Sie dazu die Bedingungen verschachteln oder mit den Operatoren && (logisches UND) bzw. || (logisches ODER) kombinieren:

```
[dayofweek = 0] && [hour = >20]
    // Es ist Sonntag und nach 20 Uhr
[end]

[browser = opera] || [browser = netscape]
    // Der Besucher benutzt einen Opera- oder einen Netscape-Browser
[end]
```

Globale Variablen für Bedingungen

Tabelle E.3: Vordefinierte globale Variablen, die in Bedingungen verwendet werden können.

Variable	Beschreibung
browser	Browser des Besuchers, mit oder ohne Angabe der Versionsnummer:
	[browser = msie]
	[browser = netscape7]
	Mögliche Werte sind: msie, netscape, lynx, opera, php, avantgo, acrobat, ibrowse, teleport und unkown.

Tabelle E.3: Vordefinierte globale Variablen, die in Bedingungen verwendet werden können. (Forts.)

Variable	Beschreibung
version	Version des vom Besucher verwendeten Browsers: [version = 7.1] [version = >4] && [browser= netscape] Der Vergleich kann durch die Operatoren =, > und < angepasst werden: **Ergänzender Operator** (fehlt) Die Bedingung ist erfüllt, wenn der Wert rechts vom =-Operator sich am Anfang des Vergleichswerts wiederfindet: version = 1, wäre demnach auch dann erfüllt, wenn version gleich 10 ist = Die Bedingung ist nur bei vollständiger Gleichheit erfüllt: version = =1 > Die Bedingung ist erfüllt, wenn der Wert rechts vom =-Operator größer als der Vergleichswert ist: version = >1 < Die Bedingung ist erfüllt, wenn der Wert rechts vom =-Operator kleiner als der Vergleichswert ist: version = <1
system	Betriebssystem: [system = win] Mögliche Werte sind: linux, unix_sgi, unix_sun, unix_hp, mac, win311, winNT, win95, win98 und amiga.
device	Gerät: [device = pda] Mögliche Werte sind: pda, wap, grabber und robot.
user_agent	Browser-Engine (Wert des HTTP-Headers HTTP_USER_AGENT). Erlaubt Platzhalter *: [user_agent = *Mozilla*]
language	Sprache (Wert des HTTP-Headers HTTP_ACCEPT_LANGUAGE). Erlaubt Platzhalter *: [language = *de*]
IP	IP-Adresse des Rechners. Erlaubt Platzhalter *: [IP = 123.*.*.*] /* entspricht [IP = 123] */
hostname	Host-Name des Rechners: [hostname = host.domain.de]

Tabelle E.3: Vordefinierte globale Variablen, die in Bedingungen verwendet werden können. (Forts.)

Variable	Beschreibung
hour	Stunde:
	[hour = 20]
	[hour = >20]
	Der Vergleich kann durch die Operatoren > und < angepasst werden:
	Ergänzender Operator
	(fehlt) Die Bedingung ist nur bei vollständiger Gleichheit erfüllt:
	hour =1
	> Die Bedingung ist erfüllt, wenn der Wert rechts vom =-Operator größer als der Vergleichswert ist:
	hour = >1
	< Die Bedingung ist erfüllt, wenn der Wert rechts vom =-Operator kleiner als der Vergleichswert ist:
	hour = <1
minute	Minute (0 bis 59)
dayofweek	Tag in der Woche (Sonntag = 0, Montag = 1 etc.)
dayofmonth	Tag im Monat (1 bis 31)
month	Monat (Januar = 1)
dayofyear	Tag im Jahr (0 bis 364 bzw. 365)
year	Jahr (z.B. 1900)
	Vergleiche wie für hour
usergroup	UID der Frontend-Benutzergruppe:
	[usergroup = 1, 5]
loginUser	UID eines eingeloggten Frontend-Benutzers:
	[loginUser = 1, 5]
treeLevel	Aktuelle Ebene im Seitenbaum:
	[treeLevel = 0, 2]
PIDinRootline	Aktuelle oder übergeordnete Seite:
	[PIDinRootline = 0, 2]
PIDupinRootline	Wie PIDinRootline, aber ohne die aktuelle Seite.
compatVersion	Kompatible Versionsnummer (letztere kann im Installations-Tool festgelegt werden):
	[compatVersion = x.y.z]

Variable	Beschreibung

globalVar	Wert einer globalen Variable:
	
	[globalVar = TSFE:id > 1]
	
	Der Vergleich kann durch die Operatoren > und < angepasst werden:
	
	Ergänzender Operator
	
	(fehlt) Die Bedingung ist nur bei vollständiger Gleichheit erfüllt:
	    TSFE:id = 1
	
	> Die Bedingung ist erfüllt, wenn der Wert rechts vom =-Operator größer als der Vergleichswert ist:
	    TSFE:id = >1
	
	< Die Bedingung ist erfüllt, wenn der Wert rechts vom =-Operator kleiner als der Vergleichswert ist:
	    TSFE:id = <1

globalString	Wert eines globalen Strings. Erlaubt Platzhalter *: [globalString = HTTP_HOST = *.domain.de]
userFunc	Vergleich mit dem booleschen Rückgabewert einer selbstdefinierten PHP-Funktion: [userFunc = meineFunktion(parameter)]

Tabelle E.3: Vordefinierte globale Variablen, die in Bedingungen verwendet werden können. (Forts.)

E.3 Objekt-Referenz

Die vorliegende Objektreferenz ist nicht vollständig. Es werden nur die zentralen Objekte, vorzugsweise mit Bezug zum Buchtext, aufgelistet. (Beispielsweise wurden die Objekte zur Definition von Frameseiten gänzlich unterschlagen.)

Nutzen Sie die Referenz, um sich schnell einen Überblick darüber zu verschaffen, welche Objekte es gibt und welche Eigenschaften Ihnen für die Arbeit mit den Objekten zur Verfügung stehen. Für weitere Details oder falls Sie nach speziellen Eigenschaften/Objekten für weiterführende Aufgaben suchen, konsultieren Sie die TypoScript-Referenz auf der Buch-DVD (eine aktuelle Version können Sie von der TYPO3-Site herunterladen).

Und falls Sie Eigenschaften wie wrap oder field vermissen ... hinter diesen stehen eigentlich TypoScript-Funktionen, die in Abschnitt E.4 vorgestellt werden.

E.3.1 PAGE

Das PAGE-Objekt dient dazu, Webseiten zu repräsentieren.

```
page = PAGE

page.meta.AUTHOR = Louis
page.meta.KEYWORDS = Hotel, Leberweiher
page.includeCSS.cssdatei = hotelsite.css
```

```
page.bodyTag = <body bgcolor = "#FFFFEE">

page.10 = HTML
page.10.value = <p>Erster Absatz</p>
page.20 = HTML
page.20.value = <p>Zweiter Absatz</p>
```

Tabelle E.4:
Ausgewählte Eigenschaften des PAGE-Objekts

PAGE-Eigenschaften	Beschreibung
1,2,3	Inhaltselemente
bodyTag	Das <body>-Tag der Webseite
headTag	Das <header>-Tag der Webseite
meta	Array für Meta-Informationen
headerData	Zum Einfügen von Elementen in den Header
includeJS	Zum Einfügen von JavaScript in <script>-Tags
includeLibs	Zum Einbinden von PHP-Bibliotheken
includeCSS	Zum Einbinden von CSS-Dateien
CSS_inlineStyle	Zum Einbinden von CSS-Stilen

E.3.2 TEXT

Das TEXT-Objekt dient dazu, reinen Text einzufügen.

```
page.10 = TEXT
page.10.value = Willkommen

# Oder unter Zuhilfenahme diverser Funktionen
page.20 = TEXT
page.20.field = title
page.20.wrap = <h1> | </h1>
```

Tabelle E.5:
Eigenschaft des TEXT-Objekts

TEXT-Eigenschaften	Beschreibung
value	Einfacher Text

E.3.3 HTML

Das HTML-Objekt dient dazu, HTML-Code einzufügen.

```
page.10 = HTML
page.10.value = <h1>Willkommen</h1>
```

Tabelle E.6:
Eigenschaft des HTML-Objekts

HTML-Eigenschaften	Beschreibung
value	HTML-Code

E.3.4 COA

Das COA-Objekt ist ein Container, in den – wie in das PAGE-Objekt – andere Inhaltselemente eingefügt werden können.

```
page = PAGE

page.10 = COA
page.10.wrap = <div id="seite"> | </div>

page.10 {
10 = COA
10.wrap = <div id="spalteLinks"> | </div>

20 = COA
20.wrap = <div id="spalteRechts"> | </div>
}
```

COA-Eigenschaften	Beschreibung
1,2,3	Inhaltselemente
if	Wenn if = false, wird das Rendern des COA unterbunden.

Tabelle E.7: Ausgewählte Eigenschaften des COA-Objekts

E.3.5 FILE

Das FILE-Objekt dient dazu, den Inhalt einer Datei zu importieren.

```
page.10 = FILE
page.10.file = fileadmin/eineDatei.txt
```

FILE-Eigenschaften	Beschreibung
file	Pfad und Name der einzubindenden Datei

Tabelle E.8: Ausgewählte Eigenschaften des FILE-Objekts

E.3.6 IMAGE

Das IMAGE-Objekt dient dazu, Bilddateien einzubinden.

```
page.10 = IMAGE
page.10 {
   file = fileadmin/images/landschaft03.png
   file.width = 200
   file.height = 100
   params = hspace="100" vspace="100"
   altText = "Landschaftsbild"
}
```

IMAGE-Eigenschaften	Beschreibung
file	Pfad und Name der einzubindenden Datei
altText	alt-Attribut für das img-Tag
params	Weitere Attribute für das img-Tag

Tabelle E.9: Ausgewählte Eigenschaften des IMAGE-Objekts

Die Eigenschaft `altText` wurde früher `alttext` geschrieben. Die alte Schreibweise wird immer noch unterstützt, sodass wir hier den seltenen Fall vorliegen haben, dass die Groß-/Kleinschreibung (scheinbar) keine Rolle spielt. Beachten Sie aber, dass in Fällen, wo Sie beide Eigenschaften verwenden, nur die Eigenschaft `altText` ausgewertet wird.

E.3.7 GIFBUILDER

Das GIFBUILDER-Objekt dient dazu, GIF- oder JPEG-Bilder dynamisch (ad hoc) mittels TypoScript zu erzeugen.

```
demoBild = GIFBUILDER
demoBild {
   XY = 300,100
   backColor = #9F2727
   format = jpg
   quality = 90
}

page.10 = IMAGE
page.10.file < demoBild
```

Tabelle E.10: Ausgewählte Eigenschaften des GIFBUILDER-Objekts

GIFBUILDER-Eigenschaften	Beschreibung
XY	Größe des Bildes
format	Ausgabeformat der Datei: gif oder jpg
reduceColors	Reduziert die Farben.
quality	JPG-Qualität
transparentBackground	Transparenter Hintergrund
transparentColor	Definiert die Farbe, die transparent sein soll.
backColor	Hintergrundfarbe
maxWidth	Maximale Breite in Pixel
maxHeight	Maximale Höhe in Pixel

E.3.8 CONTENT

Das CONTENT-Objekt dient dazu, Inhalte aus der Datenbank einzufügen.

```
page.10 = CONTENT
page.10.table = tt_content
page.10.select.where = ColPos = 3
page.10.select.orderBy = sorting
```

Tabelle E.11: Ausgewählte Eigenschaften des CONTENT-Objekts

CONTENT-Eigenschaften	Beschreibung
table	Gibt die Datenbanktabelle an, aus der gelesen wird (Voreinstellung ist die Tabelle *pages*).
select	Zur Festlegung der Abfragekriterien

E.3.9 HMENU

Das HMENU-Objekt dient dazu, eine hierarchische Menüstruktur zu definieren.

```
page.10.subparts.MENU_OBEN = HMENU    # das Menü
page.10.subparts.MENU_OBEN {
    1 = TMENU                # erzeuge die erste Ebene als
                             # TMENU-Objekt (Text-Menü)
    2 = TMENU                # erzeuge die zweite Ebene als
                             # TMENU-Objekt (Text-Menü)
    3 = GMENU                # erzeuge die dritte Ebene als
                             # GMENU-Objekt (grafisches Menü)
}
```

HMENU-Eigenschaften	Beschreibung
1,2,3	Die Unterobjekte 1, 2, 3 etc. repräsentieren die einzelnen Menüebenen.
special	Art des Menüs (siehe nachfolgender Abschnitt)
minItems	Mindestanzahl der Menüeinträge
maxItems	Maximale Anzahl der Menüeinträge
excludeUidList	Liste der Seiten-IDs, die nicht im Menü erscheinen
begin	Erstes Element im Menü

Tabelle E.12: Ausgewählte Eigenschaften des HMENU-Objekts

Die HMENU-Eigenschaft special

Über die Eigenschaft `special` des HMENU-Objekts legen Sie fest, wie die Seiten für das Menü ausgewählt werden.

Wert für special	Beschreibung
directory	Untergeordnete Seiten
	Die ID der Seite, deren untergeordnete Seiten für das Menü herangezogen werden sollen, weisen Sie der Eigenschaft `special.value` zu:
	`MENU_OBEN.special = directory` `MENU_OBEN.special.value = 14`
	Sie können auch mehrere übergeordnete Seiten angeben:
	`MENU_OBEN.special.value = 14, 20`
	Diese Art der Festlegung der Menüeinträge ist sehr gebräuchlich.
list	Auflistung einzelner Seiten
	`MENU_OBEN.special = list` `MENU_OBEN.special.value = 7,8,9,10`

Tabelle E.13: Werte für die HMENU-Eigenschaft special

Tabelle E.13:
Werte für die
HMENU-
Eigenschaft
special (Forts.)

Wert für special	Beschreibung
rootline	Klickpfad, ausgehend von dem Seitenbaum-»Aufhänger«
	`MENU_OBEN.special = rootline`
	Über die Eigenschaft range können Sie den Klickpfadbereich einschränken, siehe Kapitel 8.5.
updated	Zuletzt bearbeitete Seiten
| | ```
MENU_OBEN.special = updated
MENU_OBEN.special.mode = tstamp
MENU_OBEN.special.maxAGE = 5*24*3600 #5 Tage alt
MENU_OBEN.special.limit = 7 #max 7 Seiten
``` |
| browse | Zurück und vor zu besuchten Seiten |
| | ```
MENU_OBEN.special = browse
MENU_OBEN.special.items = prev|next
MENU_OBEN.special.prev.fields.title = zurück
MENU_OBEN.special.next.fields.title = vor
``` |
| keywords | Seiten mit gleichen Schlüsselwörtern |
| | ```
MENU_OBEN.special = keywords
MENU_OBEN.special.value = 5 # Seite, die die
                            # Schlüsselwörter
                            # vorgibt
``` |
| language | Menü zur Auswahl der Sprache |
| | ```
MENU_OBEN.special = language
MENU_OBEN.special.value = 0,1,2    # Ids der
                                   # Sprachen
``` |
| userdefined | Die Liste der Seiten wird von einem externen PHP-Skript erzeugt und als ein Array namens $menuItemsArray zurückgeliefert werden. |
| | ```
MENU_OBEN.special = userdefined
MENU_OBEN.special.file = fileadmin/php/menu.php
``` |
| | Das Skript trägt in das Array Datensätze aus der *pages*-Tabelle ein oder simuliert diese durch Arrays, die zumindest über die Felder title und uid verfügen: |
| | ```
<?php
$menuItemsArray[] = array('title' => 'Home',
                         'uid' => 1);
$menuItemsArray[] = array('title' => 'Kontakt',
                         'uid' => 2);
?>
``` |
| userfunction | Wie userdefined, nur dass das Array als unbenanntes Ergebnis einer PHP-Funktion zurückgeliefert wird. |
| | ```
MENU_OBEN.special = userfunction
MENU_OBEN.special.file = user_menu
``` |
| | Der Name der benutzerdefinierten Funktion muss mit »user_« beginnen. |
```

E.3.10 TMENU

Das TMENU-Objekt dient dazu, Textmenüs zu erstellen.

```
# Ebene 1 des Menüs
1 = TMENU
1.wrap = <ul>|</ul>
1.target = page
```

TMENU-Eigenschaften	Beschreibung
collapse	Öffnet und schließt die Unterpunkte eines Menüelements beim Anklicken.
target	Ziel der Menülinks (page, _self, _top etc.)
expAll	Zeigt alle Untermenüebenen an.

Tabelle E.14: Ausgewählte Eigenschaften des TMENU-Objekts

E.3.11 NO, ACT, CUR ... (TMENUITEM)

Für die Konfiguration der Menüeinträge unter den verschiedenen Menüzuständen stehen die sogenannten TMENUITEM-Eigenschaften zur Verfügung.

```
# Ebene 1
1 = TMENU
1.wrap = <ul>|</ul>
1 {
   # Normalzustand
   NO = 1
   NO.linkWrap = <li>| &#124; </li> |*| <li>| &#124; </li> |*| <li>|</li>
   NO.ATagParams = class = "nav_oben_normal"

   # Rollover
   RO < .NO
   RO.ATagParams = class = "nav_oben_rollover"

   # Aktuell
   CUR < .NO
   CUR.ATagParams = class = "nav_oben_aktuell"
}
```

TMENUITEM-Eigenschaften	Beschreibung
allWrap	HTML-Code um den Menüeintrag
linkWrap	HTML-Code um den <a>-Link des Menüeintrags
before	Text vor jedem Menüeintrag
beforeImg	Grafik vor jedem Menüeintrag
beforeImgTagParams	Attribute der Grafik vor dem Menüeintrag
beforeROImg	Rollover-Zustand der Grafik vor dem Menüeintrag
after	Text hinter jedem Menüeintrag
afterImg	Grafik hinter jedem Menüeintrag

Tabelle E.15: Ausgewählte TMENUITEM-Eigenschaften

TMENUITEM-Eigenschaften	Beschreibung
afterImgTagParams	Attribute der Grafik hinter dem Menüeintrag
afterROImg	Rollover-Zustand der Grafik hinter dem Menüeintrag
ATagParams	Attribute für das <a>-Tag des Menüeintrags

Tabelle E.15: Ausgewählte TMENUITEM-Eigenschaften (Forts.)

E.3.12 GMENU

Das GMENU-Objekt als Unterobjekt von HMENU dient dazu, ein grafisches Menü mit GIF-Dateien als Links zu erzeugen.

```
# Ebene 1
1 = GMENU
1 {
   # Normalzustand
   NO = 1
   NO.XY = 160,25
   NO.backColor = #111177

   NO.10 = TEXT
   NO.10.text.field = nav_title // title
   NO.10.fontColor = #FFFFFF
   NO.10.fontFile = fileadmin/fonts/arial.ttf
   NO.10.fontSize = 14
   NO.10.niceText = 1
   NO.10.offset = 20,18

   # Rollover
   RO < .NO
   RO.backColor = #F9F9F9
   RO.10.fontColor = #000000
}
```

GMENU-Eigenschaften	Beschreibung
expAll	Zeigt alle Untermenüebenen an.
collapse	Öffnet und schließt die Unterpunkte eines Menüelements beim Anklicken.
target	Ziel der Menülinks
min	Minimale Abmaße des Menüs
max	Maximale Abmaße des Menüs
useLargestItemX	Übernimmt die Breite des breitesten Menüelements für alle Menüelemente.
useLargestItemY	Übernimmt die Höhe des höchsten Menüelements für alle Menüelemente.
disableAltText	Deaktiviert die alt-Parameter der Bilder.

Tabelle E.16: Ausgewählte Eigenschaften des GMENU-Objekts

E.3.13 CASE

Das CASE-Objekt übernimmt in etwa die Funktion eines »switch«-Konstrukts in PHP.

```
page.10 = CASE
page.10.key.field = layout

page.10.1 = TEXT
page.10.1 {
  ...
}
page.10.2 = HTML
page.10.2 {
  ...
}
page.10.default = TEXT
page.10.default {
  ...
}
```

CASE-Eigenschaften	Beschreibung
1,2,3	Unterobjekte, von denen eines ausgewählt wird
key	Schlüssel, der mit den Unterobjekten abgeglichen wird; bei Übereinstimmung wird das betreffende Unterobjekt ausgewählt und sein Code ausgeführt, andernfalls das Default-Objekt (sofern definiert).
default	Das Default-Objekt

Tabelle E.17: Ausgewählte Eigenschaften des CASE-Objekts

E.3.14 FORM

Das FORM-Objekt dient dazu, Formulare zu erzeugen.

```
page.10 = FORM
page.10 {
  layout = <tr><td>###LABEL###</td><td>###FIELD###</td></tr>
  stdWrap.wrap = <table> | </table>

  dataArray {
    10.label = Name:
    10.type = input
    10.value = Ihr Name
    10.specialEval = NAME

    20.label = E-Mail:
    20.type = input
    20.value = ihre@email.com
    20.specialEval = EMAIL

    30.value = Senden
    30.type = submit
  }
}
```

Tabelle E.18: Ausgewählte Eigenschaften des FORM-Objekts

FORM-Eigenschaften	Beschreibung
layout	Ausrichtung der Felder und ihrer Beschriftungen
hiddenFields	Versteckte Felder
target	Ziel des Formulars
badMess	Nachricht im Falle eines unvollständig ausgefüllten Formulars
goodMess	Nachricht im Falle eines korrekt ausgefüllten Formulars
redirect	URL, an die weitergeleitet wird
recipient	E-Mail, an die der Formularinhalt geschickt wird
data	Einzelne Formularfelder
dataArray	Formularfelder, die aus mehreren Elementen bestehen (z.B. Listenfelder)
image	Bild für die »Abschicken«-Schaltfläche.

E.3.15 TEMPLATE

Das TEMPLATE-Objekt dient dazu, in einer HTML-Designvorlage die Marker durch Inhalte zu ersetzen.

```
page = PAGE

vorlage = FILE
vorlage.file = fileadmin/html/vorlage.html

page {
    # Vorlage laden
    10 = TEMPLATE
    10.template < vorlage
    10.workOnSubpart = DOKUMENT
}
```

Tabelle E.19: Ausgewählte Eigenschaften des TEMPLATE-Objekts

TEMPLATE-Eigenschaften	Beschreibung
template	Obligatorisch. Dieser Eigenschaft wird der Vorlagen-Code zugewiesen (üblicherweise in Form eines FILE-Elements).
marks	Array der in der Designvorlage vorhandenen Marker
subparts	Array der in der Designvorlage vorhandenen Teilbereiche
workOnSubpart	Teilbereich, der aus der Designvorlage extrahiert wird und der die Basis für das ganze Template-Objekt bildet

E.4 Funktionen-Referenz

Die nachfolgende Funktionen-Referenz ist nicht vollständig. Es werden nur die wichtigsten Funktionen, vorzugsweise mit Bezug zum Buchtext, vorgestellt. Für weitere Details konsultieren Sie bitte die TypoScript-Referenz auf der Buch-DVD (eine aktuelle Version können Sie von der TYPO3-Site herunterladen).

stdWrap:case

Diese Funktion setzt einen Text in komplette Groß- (upper) oder Kleinschreibung (lower).

```
page.10 = TEXT
page.10.value = HELLO WORLD!
page.10.case = lower
```

Ausgabe:

```
hello world!
```

stdWrap:crop

Diese Funktion reduziert einen Text auf die gewünschte Anzahl Zeichen und hängt – soweit angegeben – den Text hinter dem vertikalen Strich an.

```
page.10 = TEXT
page.10.value = Willkommen in Leberweiher
page.10.crop = 14 | Gallensee
```

Ausgabe:

```
Willkommen in Gallensee
```

stdWrap:data

Mit dieser Funktion können Sie Werte aus verschiedenen PHP-Arrays auslesen.

Der folgende Code liest z.B. den Wert des Feldes name aus, das via GET oder POST von einem Formular übermittelt wurde:

```
page.10 = TEXT
page.10.data = GPvar : name
```

Sie können aber auch den Wert eines beliebigen Feldes aus der Datenbank auslesen. Die Syntax dazu ist

```
DB:<Tabellenname>:<Seiten-ID>:<Feldname>
```

Der folgende Code liest dementsprechend den Inhalt des Feldes *title* aus dem Datensatz mit der *uid* 15 aus der Datenbanktabelle *pages*:

```
page.10 = TEXT
page.10.data = DB:pages:15:title
page.10.wrap = <h1> | </h1>
```

Weiterhin können Sie die Werte von Umgebungsvariablen auslesen, beispielsweise den Inhalt von HTTP_REFERER:

```
page.10 = TEXT
page.10.data = getenv : HTTP_REFERER
```

Oder Sie beeinflussen die Art und Weise, wie TYPO3 nach Alternativwerten suchen soll:

```
page.10 = IMAGE
page.10 {
    # Verzeichnis, aus dem importiert wird
    file.import = uploads/media/

    # der Dateiname wird dem pages-Feld media entnommen
    # gibt es dort keinen passenden Eintrag, suche
    # in der übergeordneten Seite
    file.import.data = levelmedia: -1, slide

    # nimm aus dem Feld media den ersten (0) Eintrag
    file.import.listNum = 0
}
```

stdWrap:date

Diese Funktion formatiert einen Zahlenwert als Datumswert.

```
page.10 = TEXT
page.10.field = tstamp
page.10.date = l
```

Mögliche Ausgabe:

Monday

Die Platzhalter für die Angabe des Datumsformats finden Sie in Tabelle E.1 unter dem Eintrag *date-conf*.

stdWrap:field

Diese Funktion liest den Wert eines Datenbankfeldes aus. Werden mehrere Datenbankfelder mit // angehängt, wird dem Objekt der Wert des ersten nicht leeren Datenbankfeldes zugewiesen.

```
page.10 = TEXT
page.10.field = subtitle // title
```

Ausgabe:

Untertitel der aktuellen Seite oder – falls das Feld subtitle leer ist – der Titel der Seite.

In welcher Datenbanktabelle field nach den angegebenen Feldern sucht, hängt von dem Objekt ab. Standard ist die *pages*-Tabelle.

stdWrap:ifBlank/ifEmpty

Die Funktion ifBlank weist dem aktuellen Objekt den zugewiesenen Wert nur dann zu, wenn kein aktueller Wert vorhanden ist. Die Funktion ifEmpty weist auch dann zu, wenn der aktuelle Wert gleich 0 ist.

```
page.10 = TEXT
page.10.value =
page.10.ifBlank.field = title
```

Ausgabe:

Titel der aktuellen Seite.

stdWrap:import

Diese Funktion importiert eine Datei.

```
page.10 = IMAGE
page.10.file.import = uploads/media/
page.10.file.import.field = media
page.10.file.import.listNum = 0
```

Dieser Code lädt aus dem Verzeichnis *uploads/media* die Bilddatei, deren Namen als Erstes (listNum gleich 0) im Feld media steht.

stdWrap:listNum

Diese Funktion sucht in einem Wert nach einem Trennzeichen (standardmäßig das Komma) und nutzt dieses Trennzeichen um den Inhalt in Teilwerte aufzuteilen. Durch Angabe einer Position wird dann einer dieser Teilwerte herausgegriffen und zugewiesen. (0 steht für den ersten Teilwert.)

```
page.10 = TEXT
page.10.field = media
page.10.listNum = 0
```

Ausgabe:

Erster Eintrag in media-Feld.

Um ein anderes Trennzeichen festzulegen, weisen Sie den ASCII-Code des Zeichens an splitChar zu:

```
page.10 = TEXT
page.10.field = media
page.10.splitChar = 46
page.10.listNum = 0
```

stdWrap:override

Diese Funktion ersetzt den Wert des aktuellen Objekts durch den zugewiesenen Wert. Erkennt die Funktion allerdings, dass der zugewiesene Wert eine leere Zeichenfolge ergibt (Zuweisung eines leeres Felds) oder gleich 0 ist, wird der alte Wert beibehalten.

```
page.10 = TEXT
page.10.value = Hallo
page.10.override.field = subtitle
```

Ausgabe:

Untertitel der aktuellen Seite oder – falls das Feld `subtitle` leer ist – die Zeichenfolge »Hallo«.

select

Diese Funktion wird dazu verwendet, die Inhalte zu filtern, die aus einer Datenbanktabelle in ein `CONTENT`-Objekt eingelesen werden. Der nachfolgende Code lädt z.B. nur die Inhaltselemente, die für die NORMAL-Spalte erzeugt wurden und gibt sie in der Reihenfolge aus, in der sie in der Spalte stehen (nicht der Reihenfolge der Erzeugung).

```
page.50 = COA
page.50 {
   10 = CONTENT
   10.table = tt_content
   10.select.where = ColPos = 3
   10.select.orderBy = sorting
}
```

Die `select`-Funktion kennt eine ganze Reihe von Auswahlkriterien:

Tabelle E.20: Häufig benötigte Kriterien für die `select`-Funktion

Parameter	Bedeutung
uidInList	Liste der durch Kommata getrennten Seiten-IDs
pidInList	Liste der durch Kommata getrennten IDs der übergeordneten Seiten
orderBy	Sortierung, z.B.: `.orderBy = sorting, title`
groupBy	Gruppierung, z.B.: `.groupBy = CType`
max	Maximale Anzahl Datensätze `.max = 5`
begin	Nummer des ersten zu berücksichtigenden Datensatzes `.begin = 2`
where	where-Klausel für eigene Bedingungen (wie in SQL) `.where = ColPos = 3 AND CTYPE = 'IMAGE'`

stdWrap:stripHtml

Diese Funktion entfernt die HTML-Tags aus einem Text.

```
page.10 = TEXT
page.10.value = <h1>Hallo</h1>
page.10.stripHtml = 1
```

Ausgabe:

```
Hallo
```

stdWrap:trim

Diese Funktion entfernt Leerzeichen um einen Text.

```
page.10 = TEXT
page.10.value =   Hallo
page.10.trim = 1
```

Ausgabe:

```
Hallo
```

stdWrap:wrap

Diese Funktion fasst einen Inhalt in HTML-Code ein. Als Wert geben Sie den HTML-Code vor und nach dem Inhalt an. Den Inhalt selbst repräsentieren Sie durch den vertikalen Strich.

```
page.10 = TEXT
page.10.field = subtitle // title
page.10.wrap = <h1> | </h1>
```

Ausgabe:

```
<h1>DIES IST DER SEITENTITEL</h1>
```

E.5 Feldnamen der Seiteneigenschaften

Tabelle E.21:
Wichtige
Seiteneigen-
schaften

Titel in der Eingabemaske für die Seiteneigenschaften	Name des zugehörigen pages-Felds
ID der Seite	uid
ID der übergeordneten Seite	pid
ALLGEMEIN/TYP	doktype
ALLGEMEIN/SEITE VERBERGEN	hidden
ALLGEMEIN/IM MENÜ VERBERGEN	nav_hide
ALLGEMEIN/SEITENTITEL	title
ALLGEMEIN/UNTERTITEL	subtitle
ALLGEMEIN/NAVIGATIONSTITEL	nav_title
ALLGEMEIN/LAYOUT	layout
ALLGEMEIN/ALIAS	alias
ALLGEMEIN/ZIEL	target
ALLGEMEIN/NICHT CACHEN	no_cache
ALLGEMEIN/CACHE VERFÄLLT	cache_timeout
METADATEN/AUTOR	author
METADATEN/E-MAIL	author_email
METADATEN/INHALTSANGABE	abstract
METADATEN/STICHWORTE	keywords
METADATEN/BESCHREIBUNG	description
RESSOURCEN/DATEIEN	media
ZUGRIFF/START	starttime
ZUGRIFF/STOPP	endtime
ZUGRIFF/ANMELDEMODUS	fe_login_mode
ZUGRIFF/ZUGRIFF	fe_group
URL/URL	url
URL/TYP	urltype
VERWEIS/VERWEIS AUF SEITE	shortcut
VERWEIS/VERWEISMODUS	shortcut_mode
EINBINDUNG/EINSTIEGSPUNKT (ERWEITERT)	mount_pid
EINBINDUNG/EINSTIEGSPUNKT (DIESE SEITE)	mount_pid_ol

E.6 Feldnamen der Inhaltselemente

Tabelle E.22: Eigenschaften der Inhaltselemente

Titel in der Eingabemaske SEITENINHALT	Name des zugehörigen tt_content-Felds
ALLGEMEIN/TYP	CType
ALLGEMEIN/SPRACHE	sys_language_uid
ALLGEMEIN/SPALTEN	colPos
ALLGEMEIN/VOR	spaceBefore
ALLGEMEIN/NACH	spaceAfter
ALLGEMEIN/RAHMEN	sectionFrame
ALLGEMEIN/INDEX	sectionIndex
ALLGEMEIN/VERBERGEN	hidden
ALLGEMEIN/ÜBERSCHRIFT	header
ALLGEMEIN/AUSRICHTUNG	header_position
ALLGEMEIN/TYP	header_layout
ALLGEMEIN/VERWEIS	header_link
ALLGEMEIN/DATUM	date
ALLGEMEIN/NACH OBEN	linkToTop
TEXT/TEXT	bodytext
TEXT/RICH-TEXT-EDITOR ABSCHALTEN	rte_enabled
MEDIEN/BILDER	image
MEDIEN/POSITION	imageorient
MEDIEN/SPALTEN	imagecols
MEDIEN/KEINE REIHEN	image_noRows
MEDIEN/RAHMEN	imageborder
MEDIEN/BREITE	imagewidth
MEDIEN/HÖHE	imageheight
MEDIEN/VERWEIS	image_link
MEDIEN/KLICK-VERGRÖSSERN	image_zoom
MEDIEN/BILDUNTERSCHRIFT	imagecaption
MEDIEN/ALTERNATIVER TEXT	altText
MEDIEN/TITELTEXT	titleText
MEDIEN/LANGBESCHREIBUNG URL	longdescURL
MEDIEN/BILDQUALITÄT	image_compression
MEDIEN/EFFEKTE	image_effects
ZUGRIFF/START	starttime
ZUGRIFF/STOPP	endtime

Tabelle E.22: Eigenschaften der Inhaltselemente (Forts.)

Titel in der Eingabemaske SEITENINHALT	Name des zugehörigen tt_content-Felds
ZUGRIFF/OBJEKTE	records
TABELLE/LAYOUT	layout
TABELLE/TABELLENSPALTEN	cols
TABELLE/ERWEITERUNGSOPTIONEN	pi_flexform
MENÜ/SITEMAP/MENÜTYP	menu_type
MENÜ/SITEMAP/AUSGANGSPUNKT	pages
MULTIMEDIA/DATEI	multimedia

Stichwortverzeichnis

$ (Konstanten) 324
&& (Bedingungen) 326
() (Zuweisungen) 322
* (Platzhalter in Dateinamen) 156
= (Bedingungen) 325
[] (Bedingungen) 325
{} (Konstanten) 324
{} (Zuweisungen) 322
|| (Bedingungen) 326
1 92, 109, 161, 276
1,2,3 (PAGE) 140

A

Aktualisieren, Seitenbaum 47, 67
altText (IMAGE) 141
Anlegen
– Datenbank 30
– Designvorlagen 197
– Erweiterungs-Templates 285
– Inhaltselemente 109
– Seiten 66, 170
– Templates 135
Arbeitsumgebungen 276
ATagParams (Menüs) 224
Aufzählungen 88
Aufzählungen (Inhaltselement) 120
Ausrichtung (TypoScript) 318

B

Backend 41
– Aufbau 42
– Erweiterungen 247
– konfigurieren 277
– Kontextmenüs 47
– Listenansicht 111
– Schnelleingabe 110
– Seitenbaum 44, 47
– Seiteninhaltsansicht 108
– Spaltenanzeige anpassen 78, 110
– Sprache einstellen 34
– Vorschauansicht 92
Backend-Benutzerbereich
   (Seitentyp) 190
Backup-Dump 312
Baumansicht 48
Bearbeiten
– Inhaltselemente 109
– Seiten 77, 252
– Template-Code 320
Bedingungen (TypoScript) 325
– && (UND) 326
– =-Operator 325
– [else]-Alternative 325
– || (ODER) 326
– Bedingungen kombinieren 326

347

– globale Variablen 325, 326, 327, 328, 329
– mehrere Vergleichswerte 326
– Vergleiche 325
Benutzer 274
– Benutzergruppen 274
– Passwort 275
– Sprache einstellen 36
– Übersicht 275
– Zugriffsrechte 275
Bilder 84
– Abmaße anpassen 263
– alternativer Text 87
– automatisch generieren 265
– Bildqualität 120
– Effekte 120
– einblenden 269
– einfügen aus Seitenressource 263
– einfügen mit Designvorlage 265
– einfügen mit Inhaltselementen 262
– einfügen mit TypoScript 262
– Export 133
– Größe anpassen 161
– hochladen 65, 258, 260
– Hyperlinks 120
– images-Verzeichnis anlegen 64, 257
– importieren 264
– JPG-Standardqualität 277
– Linien erzeugen 268
– Position 87
– Ressourcen 263
– seitenspezifische 264
– Text einblenden 267
– Textschatten erzeugen 268
Bilder (Inhaltselement) 117
bodyTag (PAGE) 139

C

Caching 51, 273
– ausschalten (Backend) 51
– ausschalten (TypoScript) 273, 313
– Cache löschen 51
– Seiten 174
case (TypoScript-Funktion) 339
CASE-Objekt 337
COA-Objekt 146, 331
Codevervollständigung 149

CONTENT-Objekt 158, 332
– select 158
– table 158
crop (TypoScript-Funktion) 339
CSS
– als Ressource 153
– CSS_inlineStyle 151
– eigene Templates 150
– externe CSS-Datei 151
– Formulare 237
– in externem Editor 155
– includeCSS 103, 154
– Inline-Stile 150
– Selektoren des CSS Styled Content-Templates 163
– Standard-Templates 101
– style-Attribut 150
– Suchformular 242
CSS Styled Content-Template 160, 243
CSS_inlineStyle (PAGE) 151
CUR (Menüs) 218

D

data (TypoScript-Funktion) 339
date (TypoScript-Funktion) 340
Dateiliste 64, 257
– Dateien hochladen 258
– Dateien löschen 260
– Dateien neu anlegen 259
– Verzeichnisse anlegen 65, 257
– Verzeichnisse löschen 260
Dateiverweise (Inhaltselement) 126
Datenbanken
– anlegen 30
– Anmeldedaten 313
– Anmeldung 28, 313
– pages-Tabelle 56, 175
– phpMyAdmin 312
– SQL-Abfragen generieren 175
– tt_content-Tabelle 57, 78
Datentypen (TypoScript) 317
Datumsangaben (TypoScript) 319
Design siehe Layout
Designvorlagen 195
– Bilder 206, 265
– CSS-Dateien 207
– einbinden 204
– erstellen 197

- Header-Informationen 207
- HTML-Gerüst 200
- Meta-Informationen 207
- Platzhalter (Marks) 201, 209
- relative Pfade 206
- Teilbereiche (Subparts) 201, 209
div-Gerüst 145
Dynamische Bereiche 196

E

Einstellungen, für Benutzer 36
Einstiegspunkt (Seitentyp) 192
Element-Browser 260
E-Mail-Adressen
- Links 125
- Spam-Schutz 273
Erweitert (Seitentyp) 193
Erweiterungen 247
- herunterladen 249
- installieren 251
- Übersicht 247
- verwenden 251
- w4x_backup 312
- wwsc_t3sync 312
Erweiterungs-Templates 212, 237, 242, 285
- anlegen 285
- löschen 286
Export
- Seitenbaum 305
- TypoScript 320
- Verweise auf externe Dateien 133
Extension Repository 247, 251
Extensions siehe Erweiterungen

F

Farbdefinitionen (TypoScript) 318
Fehlermeldungen, unterdrücken 313
field (TypoScript-Funktion) 175, 340
file (IMAGE) 141
fileadmin-Verzeichnis 64, 255, 256, 257
FILE-Objekt 331
Firewall (Blockade aufheben) 302, 303
FORM-Objekt 337
Formulare 235
- anlegen 235
- anpassen 238

- Assistent 237
- Bestätigungsseite 240
- Empfänger 240
- Erweiterungs-Template 237, 242
- Formatierung mit CSS 237
- Formularfelder 238
Frameseiten 139
FreeType 18
Frontend 41
Frontend-Editing 92, 252
- installieren 252
- verwenden 254

G

GDLib 18
getenv 340
GIFBUILDER-Objekt 332
GMENU-Objekt 226, 336
Grafiken
- Bilder 255
- Menüs 226
Grafische Menüs 226
GraphicsMagick 18, 304
Groß- und Kleinschreibung
- Text umwandeln 318
- TypoScript 139

H

HMENU-Objekt 215, 333
- special 216, 333
- value 220
HTML
- Designvorlagen 195
- Seitenquelltext 101, 148, 158
- Wrapper (TypoScript) 318
HTML (Inhaltselement) 129
HTML-Objekt 144, 330
HTML-Vorlagen siehe Designvorlagen
Hyperlinks 123
- Bilder 120
- Mail 125
- Spam-Schutz 273
- Text 123
- Überschriften 123

I

ID, Seite 220
ifBlank (TypoScript-Funktion) 341

ImageMagick 304
IMAGE-Objekt 141, 262, 331
– altText 141
– file 141
– params 141
import (TypoScript-Funktion) 341
includeCSS (PAGE) 103, 154
index.php 68
Info/Bearbeiten 136
Inhaltselemente 107
– Aufzählungen 88, 120
– Austauschbarkeit 113
– bearbeiten 109
– Bilder 84, 117, 262
– Dateiverweise 126
– Datenbankfelder 345, 346
– filtern 158, 283
– Formulare 235
– HTML 129
– Hyperlinks 123
– ID ermitteln 283
– kopieren 50, 282
– Layouts wählen 82
– löschen 109
– Medien 127
– neu anlegen 109
– pid 57
– rendern 114
– Schnelleingabe 110
– Sitemaps 128
– Suche 241
– Tabellen 121
– Text 84, 116
– Trenner 130
– tt_content-Tabelle 57, 78, 107
– Überschriften
  (Elementeigenschaft) 85
– Überschriften (Elementtyp) 81, 114
– verbergen 109
– verschieben 109
– Zugriff 113
Installation
– 1-2-3-Modus 27
– Backendsprache einstellen 34
– Datenbank anlegen 30
– ENABLE_INSTALL_TOOL 27
– Grafiktools testen 32
– GraphicsMagick 304
– Installations-Tool 26

– Installer 20
– komplett mit Umgebung 19
– nur TYPO3 20, 22
– Parallel-Installation 19
– Site-Name ändern 32
– Site-Verzeichnis 22
– Software-Anforderungen 18
– Sperrung des Installations-Tools 27
– TYPO3-Archive 22
– Vorüberlegungen 17
– Winstaller 293
– XAMPP 299
Installations-Tool 26
– 1-2-3-Modus 27
– Aufruf für bestehende Site 52
– Aufruf für neue Site 28
– ausführlicher Modus 31
– Installation kontrollieren 31
– Passwort 52
– Passwort ändern 280
– Site-Name ändern 32
– Sperrung 27
Instanzen 316

K
Klammern (TypoScript)
– eckige 325
– geschweifte 322, 324
– runde 322
Klickpfade 231
Kommentare (TypoScript) 321
Konfiguration-Feld (TypoScript) 138
Konfiguration-Feld (TypoScript-Editor) 148, 149
Konstanten
– bearbeiten 320
– definieren 163, 324
– im Konstanteneditor 93, 165
– Liste bearbeiteter Konstanten 96
Konstanteneditor 93, 165
Kontextmenüs 47
Kopieren, Inhaltselemente 50, 109, 282

L
Layout
– alternatives für Inhaltselemente 82
– anpassen im Konstanteneditor 93

Stichwortverzeichnis

- CSS (für eigene Templates) 150
- CSS (für Standard-Templates) 101
- Designvorlagen 195
- div-Gerüst 145
- dynamische Bereiche 196
- eigenes Template 131, 135
- Erweiterungs-Templates 184
- festlegen 68
- HTML-Vorlagen 195
- Standard-Templates 71
- statische Bereiche 196
- Template 68

Leerraum (TypoScript) 318
levelmedia 340
Link zu URL (Seitentyp) 193
linkWrap (Menüs) 221, 222
Listenansicht 111
listNum (TypoScript-Funktion) 341
localconf.php 53, 313
Löschen
- Cache 51
- Erweiterungs-Templates 286
- Inhaltselemente 109
- Objekte 324
- Seiten 59, 276
- Templates 134

M

Medien (Inhaltselement) 127
Menüs 215
- ATagParams 224
- CUR 218
- Ebenen 217, 228
- Formatierung 219
- GMENU 218, 226
- grafische Menüs 226
- im Seitenbaum nachbilden 184
- IMGMENU 218
- JSMENU 218
- linkWrap 221, 222
- Menüpunkte auswählen 215
- NO 218
- RO 218
- Seiten verbergen 173
- Textmenüs 219
- TMENU 218, 219
- Untermenüs 217, 228
- Zustände 218, 224
Module

- Adminwerkzeuge/DB-Überprüfung 175
- Adminwerkzeuge/Erw-Manager 34
- Benutzerwerkzeuge/Einstellungen 36
- Datei/Dateiliste 64, 151, 207, 257
- Web/Anzeigen 211
- Web/Funktionen 179
- Web/Liste 112, 180, 283
- Web/Recycler 272
- Web/Seite 170
- Web/Template 69, 93, 135
- Web/Zugriff 275
MySQL 18

N

niceText 227, 267
NO (Menüs) 218

O

Objekte 316
- Eigenschaften 317
- kopieren 323
- löschen 324
- referenzieren 323
- Typ 316
OptionSplit 222
Ordner siehe Verzeichnisse
override (TypoScript-Funktion) 342

P

PAGE-Objekt 139, 329
- 1,2,3 140
- bodyTag 139
- CSS_inlineStyle 151
- includeCSS 154
pages-Tabelle 56, 175
Papierkorb 271
Papierkorb (Seitentyp) 193
params (IMAGE) 141
Passwort 275
PHP 18
phpMyAdmin 312
PID 158
Ports
- Apache 304
- MySQL 304
- Winstaller 296

R

Recycler 272
Redakteure 16
Referenzen (TypoScript) 324
Rendern
– Inhaltselemente 114
– Seiten 147
Ressourcen 141
– Bilder 263
– externe 255
– fileadmin-Verzeichnis 255, 256
– interne 255
– temporäre 256
– typo3temp-Verzeichnis 256
– TypoScript 318
– uploads-Verzeichnis 255
RO (Menüs) 218

S

Schnelleingabe 110
Schriftenglättung 227, 267
Seiten
– anlegen 66, 170
– anzeigen (Vorschau) 70
– bearbeiten 77, 252
– Bearbeitung im Frontend 92, 252
– Bildressourcen 263
– Caching 174
– Erweiterungs-Templates 184
– Erweiterungs-Templates anlegen 285
– Erweiterungs-Templates löschen 286
– erzeugter HTML-Quelltext 101, 148
– gleichzeitig anlegen 179
– gleichzeitig konfigurieren 180
– ID 220
– im Menü verbergen 173
– in TYPO3 56
– Inhalte einfügen 80
– Inhaltselemente 107
– Klickpfade 231
– löschen 59, 276
– Menüs 215
– Meta-Informationen 177
– pages-Tabelle 56, 175
– positionieren 171
– Schnelleingabe 110
– Seitenbaum organisieren 182
– Seiteneigenschaften 173, 344
– Template zuweisen 69
– Titel 67, 173
– tt_content-Tabelle 78, 107
– Typ umstellen 188
– Typen 187
– uid 56, 220
– verbergen 67
– verschieben 186
– Verweistyp 185
– Zugriffsrechte 275
Seitenbaum 44, 47
– aktualisieren 47, 48, 67
– Aufhänger 170
– exportieren 305
– filtern 48
– importieren 308
– Kontextmenüs 47
– Menü-Erzeugung unterstützen 184
– organisieren 182
– root-Knoten 170
– Template-Vererbung unterstützen 183
– Verweisseiten 185
Seiteneigenschaften
– Datenbankfelder 344
– mit TypoScript ausgeben 175
Seiten-ID (TypoScript) 318
Seiteninhaltsansicht 108
– Schnelleingabe 110
– Spaltenanzeige anpassen 110
– Symbole 109
select (TypoScript-Funktion) 158, 342
Shortcuts 273
Sitemaps (Inhaltselement) 128
Spam-Schutz 273
special (HMENU) 216, 333
Standard (Seitentyp) 190
Standard-Templates 71
Statische Bereiche 196
stripHtml (TypoScript-Funktion) 343
Suche 241
– einrichten 241
– Ergebnistabelle anpassen 246
– Formatierung mit CSS 242
– Formular anpassen 243
Synchronisation zweier TYPO3-Sites 312

Syntaxhervorhebung 149
SysOrdner (Seitentyp) 193

T
Tabellen (Inhaltselement) 121
– Aufbau im Assistenten 122
– Aufbau im Eingabefeld 122
– Formatierung 123
table (CONTENT) 158
TEMPLATE-Objekt 338
Templates 57, 68
– anlegen 135
– CSS Styled Content 160, 243
– CSS-Code einbinden 150
– Designvorlagen 195
– dynamische Bereiche 196
– Erweiterungs-Templates 184, 212, 285
– für Seite auswählen 69
– HTML-Vorlagen 195
– Info/Bearbeiten-Ansicht 136
– Klickpfade 231
– Konfiguration-Feld 138, 148, 149
– Konstanteneditor 93, 165
– Liste bearbeiteter Konstanten 96
– löschen 134
– Menüs 215
– Objektbrowser 95, 161, 244
– Platzhalter (Marks) 201, 209
– Ressourcen 141
– Standard-Templates 71
– statische 160
– statische Bereiche 196
– Teilbereiche (Subparts) 201, 209
– testen 147
– Titel 138
– Vererbung 183
– Website-Titel 138
– zuweisen 69
Text 84
Text (Inhaltselement) 116
Textmenüs 219
TEXT-Objekt 139, 330
– value 140
TMENUITEM-Objekt 335
TMENU-Objekt 219, 335
Trenner (Inhaltselement) 130
trim (TypoScript-Funktion) 343
TSconfig 110

tt_content-Tabelle 57, 78, 107
TYPO3
– Backend 41
– Benutzer 274
– Benutzergruppen 274
– Caching 51, 273
– Designvorlagen 195
– Erweiterungen 247
– Formulare 235
– Frontend 41
– Frontend-Editing 92, 252
– Grafiken 255
– Grundlegende Vorgehensweisen 54
– HTML-Vorlagen 195
– Inhaltselemente 107
– Installation 22
– Layouts (Designs) 68, 131
– Menüs 215
– Papierkorb 271
– Seitentypen 187
– Seitenverwaltung 169
– Shortcuts 273
– Sitemaps 128
– Suche 241
– Templates 57
– TypoScript 136, 315
– Uploadmechanismus 155
– Zugriffsrechte 275
TYPO3-Archive 22
– Dummy 22
– TYPO3 Source 22
typo3conf-Verzeichnis 53
TYPO3-Element-Browser 118
TYPO3-Site
– abmelden 52
– anmelden 42
– Backend aufrufen 32
– Backendsprache einstellen 34
– Backup-Dump 312
– Caching 51
– dynamische Bereiche 196
– Element-Browser 260
– Fehlermeldungen unterdrücken 313
– fileadmin-Verzeichnis 64, 257
– index.php 68
– installieren 22, 37
– kopieren 311

- localconf.php 53, 313
- Name ändern 63
- Seiten anlegen 66
- Seitenbaum exportieren 305, 311
- Sitzungsdauer anpassen 52
- statische Bereiche 196
- synchronisieren 312
- typo3conf-Verzeichnis 53
- typo3temp-Verzeichnis 59
- umziehen 311
- uploads/tf-Verzeichnis 134
- Verzeichnisname ändern 63

typo3temp-Verzeichnis 59, 256

TYPO3-Verweise 100
- Admin-Bedienfeld 100
- Logo 100
- URL 100

TypoScript 58, 136
- Aufrufmöglichkeiten 320
- Auskommentieren von Code 321
- Auslagerung 320
- Ausrichtung 318
- Bedingungen 144, 325
- Bildabmaße anpassen 263
- Bilder ausgeben 156, 262
- Bilder generieren 265
- Bilder in Bilder einblenden 269
- Bilder mit Linien 268
- Bilder mit Textschatten 268
- body-Element vorgeben 139
- case 339
- CASE-Objekt 337
- COA-Objekt 146, 331
- CONTENT-Objekt 158, 332
- crop 339
- CSS-Datei einbinden 151
- CSS-Stile anwenden 150
- data 339
- date 340
- Datentypen 317
- Datumsangaben 319
- dynamische Inhalte 196
- eckige Klammern 325
- Editor (Konfguration) 136
- Editor (Konfiguration-Feld) 148, 149
- Eigenschaften 139, 317
- Farbdefinitionen 318
- field 175, 340
- FILE-Objekt 331
- FORM-Objekt 337
- geschweifte Klammern 144, 322, 324
- getenv 340
- GIFBUILDER-Objekt 332
- GMENU-Objekt 226, 336
- Groß- und Kleinschreibung 139, 318
- Grundkurs 136
- HMENU-Objekt 215, 333
- HTML-Objekt 144, 330
- HTML-Tags ausgeben 141
- HTML-Textdatei einbinden 158
- HTML-Wrapper 318
- ifBlank 341
- IMAGE-Objekt 141, 262, 331
- import 341
- Instanzen 316
- Klickpfade 231
- Kommentare 321
- Konfiguration-Feld 138, 148, 149
- Konstanten 163, 324
- Konstanteneditor unterstützen 165
- Leerraum 318
- levelmedia 340
- listNum 341
- Menüs 215
- Meta-Informationen ausgeben 178
- Objekte 316
- Objekte kopieren 323
- Objekte löschen 324
- Objekte referenzieren 324
- override 342
- PAGE-Objekt 139, 329
- Platzhalter (Marks) ansprechen 209
- Referenz 315
- Ressourcen 141, 318
- runde Klammern 322
- Seiteneigenschaften ausgeben 175
- Seiten-ID 318
- Seiteninhaltselemente 140
- Seiteninhaltselemente ausgeben 158
- Seiteninhaltselemente filtern 158, 283
- Seiteninhaltselemente ordnen 159

- seitenspezifische Bilder anzeigen 264
- select 342
- stripHtml 343
- Teilbereiche (Subparts) ansprechen 210
- TEMPLATE-Objekt 338
- Text ausgeben 140
- Text in Bilder einblenden 267
- TEXT-Objekt 139, 330
- TMENUITEM-Objekt 335
- TMENU-Objekt 219, 335
- trim 343
- Wahrheitswerte (Schalter) 318
- wrap 343
- Zuweisungen 144, 322
TypoScript-Editor 148, 149
- Codevervollständigung 149
- Syntaxhervorhebung 149
TypoScript-Objektbrowser 95, 244
- Konstanten bearbeiten 95

U
Überschriften (Elementeigenschaft) 85
Überschriften (Inhaltselement) 81, 114
uid 56, 220
Untermenüs 228
Uploadmechanismus 155
uploads/pics-Verzeichnis 262
uploads/tf-Verzeichnis 134
uploads-Verzeichnis 255

V
value (HMENU) 220
value (TEXT) 140
Verbergen
- Inhaltselemente 109
- Seiten 67
Verschieben
- Inhaltselemente 109
- Seiten 186
Verweis (Seitentyp) 191
Verzeichnisse
- anlegen 64, 257
- fileadmin 255, 256
- typo3temp 256
- uploads 255

- uploads/pics 262
Visuelles Trennzeichen (Seitentyp) 193
Vorschau 70
Vorschauansicht 92

W
w4x_backup 312
Wahrheitswerte (TypoScript) 318
Warnhinweise entfernen 280
Webserver 18
Windows-Firewall (Blockade aufheben) 302, 303
Winstaller 293
- Anmeldung beim Dummy-Backend 296
- Bezug 293
- Installation 294
- Port-Belegung 296
- Server starten 295
- Server stoppen 296
- zusätzliche Sites einrichten 297
wrap (TypoScript-Funktion) 146, 343
wwsc_t3sync 312

X
XAMPP 299
- Bedienpult 302
- Bezug 300
- Installation 300
- Ports 304
- Server starten 302, 303
- Server stoppen 302, 303

Z
Zuweisungen (TypoScript) 322
- Alternativen 323
- für eine Objektinstanz bündeln 322
- über mehrere Zeilen 322

informit.de, Partner von Markt+Technik, bietet aktuelles Fachwissen rund um die Uhr.

www.informit.de

In Zusammenarbeit mit den Top-Autoren von Markt+Technik, absoluten Spezialisten ihres Fachgebiets, bieten wir Ihnen ständig hochinteressante, brandaktuelle deutsch- und englischsprachige Bücher, Softwareprodukte, Video-Trainings sowie eBooks.

wenn Sie mehr wissen wollen ...

www.informit.de

Grundlagenwissen für eigene Websites

Webseiten bauen beginnt nicht erst mit HTML & CSS. Sondern mit dem Wissen um den richtigen Einsatz von Text und Bild. Mit dem Wissen um den richtigen Aufbau Ihrer Website, damit Besucher und Suchmaschinen gern vorbeischauen. Mit der passenden Auswahl von Technologie, Webhoster und Werkzeugen. Und mit einem guten Plan für die Umsetzung Ihres Vorhabens. Kurz: Webseiten bauen beginnt mit den Grundlagen. Bei Null. Wie dieses Buch.

Peter Müller
ISBN 978-3-8272-4428-4
17.95 EUR [D]

Für jeden etwas! Zum günstigen Preis!
Mehr auf www.mut.de

Das CSS Kult-Buch!

Sie möchten Webseiten erstellen? Standardkonform, barrierefrei und ohne Tabellen? Dann ist „Little Boxes" genau richtig für Sie. Als Praxisleitfaden durch das Labyrinth von (X)HTML und CSS führt es Sie von den ersten Schritten bis zur professionell gestalteten Website. Mit der beiliegenden CD können Sie außerdem sofort loslegen: sie enthält neben allen Beispielen aus dem Buch viele nützliche Tools sowie Ausschnitte aus den Video-Trainings „Little Boxes, Teil 1" und „Little Boxes, Teil 2".

Peter Müller
ISBN 978-3-8272-4474-1
24.95 EUR [D]

Für jeden etwas! Zum günstigen Preis!
Mehr auf www.mut.de

Der Kult geht weiter!

Sie haben die Grundlagen von (X)HTML und CSS verstanden? Und jetzt wollen Sie mehr - Inhalte gestalten, anspruchsvolle Navigationen bauen, Ihrer Website mit runden Ecken den letzten Schliff geben?
In Teil 2 seines CSS-Kultbuches „Little Boxes" nimmt Peter Müller Sie mit auf den nächsten CSS-Level. Er zeigt Ihnen, wie Sie Ihr CSS optimieren, horizontale oder vertikale Navigationen erstellen, Texte, Listen, Tabellen und Formulare attraktiv gestalten oder mit dem CSS-Framework YAML mehrspaltige Layouts umsetzen u.v.m.

Peter Müller
ISBN 978-3-8272-4307-2
24.95 EUR [D]

Für jeden etwas! Zum günstigen Preis!
Mehr auf www.mut.de

Da ist einfach alles drin!

Das beliebte vierfarbige Website-Handbuch, aktuell mit Flash CS4, Dreamweaver CS4, PHP 5.3 und ASP.net 3.5 und Internet Explorer 8.
In diesem Buch ist einfach alles drin, das komplette Wissen rund um die Erstellung einer Website, die allen Ansprüchen genügt: Programmierung, Webdesign, Domain/Hoster, Datenbankanbindung, Suchmaschinen-Optimierung, E-Business, Content Management Systeme, Barrierefreiheit u.v.m. Auf der bootfähigen DVD: PHP Editor, e-Books, Lernvideos, Grafiktools und Codes zum sofortigen Einsatz.

Tobias Hauser; Christian Wenz; Florence Maurice
ISBN 978-3-8272-4465-9
39.95 EUR [D]

Die Markt+Technik Informationsriesen. Der Leser findet darin alles, was es zum Thema gibt und kann jede Information zur richtigen Zeit abrufen.
Mehr auf www.mut.de

Ihre Erfolgsstrategie

Dieses Buch richtet sich an kleine und mittlere Unternehmen, die im Internet bereits aktiv sind oder gerade starten. Hier bekommen Sie hervorragendes Coaching für mehr Erfolg. Mit genauen Anleitungen.
Für Ihre Business-Webseite: Sinnvolle Strategien, hervorragende Usability, richtigen Content, leistungsfähiges Webtracking. Für die Kundenbindung: Newsletter, Google Adwords, Bannerschaltung, Web2.0-Elemente, Suchmaschinenoptimierung. Für einen besseren Shop: Findability, exzellente Navigation, leichter Produktvergleich, leichte Nachbestellung, Wahl der Bezahlart, Gutscheine, Cross-Selling etc.

Anna Buss
ISBN 978-3-8272-4402-4
29.95 EUR [D]

Für jeden etwas! Zum günstigen Preis!
Mehr auf www.mut.de